Dong-Hee Sohn

Die Straße zum Himmel

Dong-Hee Sohn

Die Straße zum Himmel

Sie kämpften und starben für Gott und Menschen

Das Schicksal einer Familie in Korea

BRUNNEN
VERLAG GIESSEN · BASEL

Die englische Ausgabe erschien unter dem Titel
„My Cup Overflows – The Wonderful Testimony of Three Martyrs, Her Father and Two Brothers!“ bei Christian Literature Crusade, Seoul 2001. Übersetzung aus dem Koreanischen von Ava Lawrence

Das Gedicht am Schluss übersetzte Haeng-Sun Lee aus dem Koreanischen ins Englische

Übersetzung aus dem Englischen ins Deutsche von Ulrike Zellmer

Wiedergabe der Bibelzitate in der deutschen Ausgabe nach:
Hoffnung für alle – Die Bibel, Brunnen Verlag Gießen und Basel 2002,

www.brunnen-verlag.de
Umschlagfotos: Fotosearch; Getty Images, München
Umschlaggestaltung: Ralf Simon
Innenfotos: privat
Satz: DTP Brunnen
Druck: Ebner und Spiegel, Ulm
ISBN 3-7655-3866-3

Inhalt

Nord- und Südkorea 2001

Vorwort

Jeder von uns hat wahrscheinlich schmerzliche Erinnerungen, die er möglichst nicht wieder aufleben lassen möchte. Manche sind gegen ihren Willen von ihrer Familie getrennt worden, andere haben durch einen Unfall Eltern oder Geschwister verloren.

Besonders in der Generation von Koreanern, die die japanische Besatzung und den Koreakrieg erlebt haben, trägt jeder viele schlimme Erinnerungen mit sich herum, für die es eigentlich keine Worte gibt. Zu ihnen gehöre auch ich.

Obwohl unser Land inzwischen 55 Jahre von Japan unabhängig ist, rührt mich die Freude über unsere Freiheit heute noch genauso zu Tränen wie damals. Und mein Herz tut weh vor Sehnsucht nach meinem Vater und meinen beiden älteren Brüdern. Der Kummer über die Teilung unseres Volkes betrübt mich über alle Maßen. Wenn ich an diese schlimmen Ereignisse denke, spüre ich Schmerzen am ganzen Körper.

Jetzt gehe ich daran, diese schmerzlichen Erinnerungen noch einmal zu durchleben. Das ist mit Sehnsucht und Tränen verbunden und geschieht im Vertrauen auf Gottes Macht und seine Hilfe.

Vor vielen Jahren verfasste Pastor Yong-Joon Ahn ein Buch unter dem Titel „The Seed Must Die" („Das Saatkorn muss sterben") über meine beiden Brüder und meinen Vater, die als Märtyrer starben. Es bewegte viele Christen auf der ganzen Welt, wurde in fünf Sprachen übersetzt und verfilmt. Doch ich hatte immer den Eindruck, dass es teilweise nicht genau der Wahrheit entsprach und wichtiges Material über meine Familie fehlte. Viele Jahre lang dachte ich, dass ich die genaue Wahrheit über unsere Situation in dieser Zeit veröffentlichen sollte. Ich wollte die Tatsachen über meine Familie genau aufzeichnen.

Glücklicherweise habe ich während meiner Highschool-Zeit Tagebuch geführt, in dem ich das, was wir in der Familie durchlebten, in allen Einzelheiten festgehalten habe. Es lag jahrzehntelang in einer Schublade und hat die Zeit überdauert.

Wenn Gott existiert – wie konnte er solche Dinge zulassen? Warum hat er gerade meiner Familie ein so unerträgliches Leid auferlegt? Diese Fragen habe ich oft voller Zorn innerlich geschrien, während ich in mein Tagebuch schrieb. Doch mit der Zeit hatte ich das Gefühl, dass ich diese Erinnerungen, den schmerzlichsten Besitz meines Lebens, nicht für mich behalten durfte. So beschloss ich, für spätere Generationen koreanischer Christen und vielleicht für die Welt aufzuzeichnen, was wirklich geschehen ist. Nun mache ich mit über 60 Jahren dieses Vorhaben wahr. Während ich in meinem zerfledderten alten Tagebuch las, das all meine Gefühle der damaligen Zeit wieder aufleben ließ, erlebte ich auch wieder Gottes große Liebe und Macht, die mir an Stelle des Zornes und des furchtbaren Schmerzes meiner frühen Jahre Frieden geschenkt haben.

Auch wenn ich keine großen schriftstellerischen Fähigkeiten besitze, habe ich mir doch ein Herz gefasst, diesen Bericht aufzuschreiben, nicht aus Stolz, sondern in der Hoffnung, dass Gott mir darin bis zum Ende beisteht. Es ist mein Wunsch, dass jeder einzelne Leser und die Gemeinde Jesu insgesamt auf ihrem Weg mit Christus ermutigt werden.

Für die Schilderung der Ereignisse um den Märtyrertod meines Vaters habe ich mich der Genauigkeit halber auf den Augenzeugenbericht von Chang-Soo Kim gestützt, der in derselben Gefängniszelle einsaß wie mein Vater und ein

Klassenkamerad meines zweitältesten Bruders war. Er blieb bei meinem Vater bis zum Augenblick seines Todes. Dann gelang es ihm auf wunderbare Weise, einem Erschießungskommando zu entkommen. Augenblicklich lebt er in Seoul und steht bis zum heutigen Tag in engem Kontakt zu meiner Familie.

Den Märtyrertod meiner Brüder habe ich nach dem Augenzeugenbericht von Dr. Jae-Min La geschildert, einem Freund meines zweitältesten Bruders, der später an der strafrechtlichen Verfolgung ihres Mörders beteiligt war. Dr. La ist der Sohn des besten Freundes meines Vaters, Pastor Duk-Hwan La. Als meine beiden Brüder noch lebten, arbeiteten sie in Pastor Las Gemeinde mit. Weil meine Brüder Dong-In und Dong-Shin so häufig erwähnt werden und sich ihre Namen so sehr ähneln, habe ich sie für die Übersetzung in Matthew (Dong-In, mein ältester Bruder) und John (Dong-Shin, mein zweitältester Bruder) geändert.

Am Schluss möchte ich aus ganzem Herzen meiner Tante Duk-Sohn Hwang danken, meinem Onkel, Pastor Moon-Joon Sohn, Pastor Kwang-Il Lee vom Ae-Yang-Won-Leprazentrum und den vielen Patienten dort, ebenso Pastor Yong-Joon Ahn vom Redaktionsteam des Christian Literature Crusade Korea und den vielen anderen, die wie sie zur Entstehung dieses Buches beigetragen haben.

Seoul, Korea *Dong-Hee Sohn*

Teil 1

Eine große Liebe

1. Drei Gräber

Weit draußen im Ozean vor der Küste der Provinz Süd-Cholla liegen die winzigen, malerischen Inseln Odongdo, Dolsando und Kumodo wie Kieselsteine, die in der Sonne glänzen. Hier oben auf dem Hügel, wo sich das Ae-Yang-Won-Leprazentrum befindet, rieche ich die vertraute, salzige Meeresbrise, während sich tief unter mir die Wogen des Ozeans brechen. Am Eingang zum Leprazentrum erhebt sich ein hoher Wald von Kiefern und Laubbäumen als stummer Zeuge der vielen Jahre, die verstrichen sind, seit mein Vater hier gewirkt hat.

Bei Ebbe ist es so friedlich hier. Die Frauen sammeln Herz- und Venusmuscheln in den Wasserstellen im Watt und raffen dabei ihre langen Röcke. Die älteren Patienten unterhalten sich auf den Gartenbänken des Leprazentrums und ihre von der Krankheit gezeichneten Gesichter strahlen. Sie sind hier ganz unter sich und die Außenwelt kann ihnen nichts anhaben.

Das Leprazentrum wirkt von außen so malerisch und friedlich, ist jedoch eine Zuhause für viele Kranke, die ein leidvolles Leben hinter sich haben. Aber sie sind eine Familie im Glauben, und ihr Leben und Sterben ist von Gebet begleitet. Sie kommen aus verschiedenen Orten im ganzen Land, denn ihre Krankheit macht es ihnen unmöglich, bei ihren Verwandten zu leben. Doch an diesem Ort sind sie eine Familie in Christus und stärker untereinander verbunden als mit ihrem eigenen Fleisch und Blut.

„Ae-Yang-Won" – „Garten der liebevollen Fürsorge" – wurde als Leprazentrum in der Stadt Kwangju erbaut und begann ursprünglich 1909 als Projekt der amerikanischen

Southern Presbyterian Church Mission. 1925 wurde das Zentrum an seinen jetzigen Ort auf der Insel Dong-Do umgesiedelt. Am Anfang wohnten nur neun Leprakranke dort. Doch in der Zeit, als mein Vater, Yang-Won Sohn, sie als Pastor betreute, stieg die Zahl der Patienten auf 1200. Später wurden im Rahmen des Wohnprogramms für Leprakranke ungefähr 300 Patienten in zwei andere Gemeinden umgesiedelt. Im Augenblick wohnen nur 700 Menschen auf der Insel.

Die Kirche von Ae-Yang-Won ist für die Leprapatienten ein Symbol der Hoffnung und des Glaubens. Seit dem Tod meines Vaters wurde sie renoviert und ist nun in einem viel besseren Zustand. Wenn man hinter der Kirche oberhalb des Meeres ein Stück weiter geht, gelangt man zu einem gepflegten Friedhof. Hier befinden sich drei Grabstätten, von denen aus man weit über den Ozean blickt. Hier ruhen mein Vater und zwei meiner Brüder. Meine Brüder wurden am selben Tag getötet. Matthew war 25, John erst 19 Jahre alt. Mein Vater, der alle Widrigkeiten und Verfolgungen durchgestanden hatte, ohne faule Kompromisse zu machen, und der Gottes Liebe und Wahrheit lebte, die sich im Leiden verbirgt, beendete sein irdisches Leben mit 48 Jahren.

Sie alle wurden schuldlos von Erschießungskommandos getötet. Doch bis zum letzten Augenblick ihres Lebens lobten sie Gott und nahmen den Tod mit Freuden an. Ich war damals ein Mädchen und konnte ihren Tod nicht akzeptieren. Ich litt große innere Qualen. Wenn die Mörder gefasst würden, so dachte ich, sollten sie zu Tode gesteinigt werden. Auch wenn ich Gottes Gebot: „Liebet eure Feinde", auswendig kannte, war es für mich unmöglich, dies zu praktizieren. Ich war bitter, zornig, innerlich rastlos und zutiefst traurig.

Wenn ich an meine verträumten Jugendtage mit meinen

Die Kirche von Ae-Yang-Won, in der mein Vater predigte (erbaut 1909).

geliebten Eltern und den beiden Brüdern denke, sehe ich vor meinem geistigen Auge ihre strahlenden, freundlichen Gesichter, und Erinnerungen steigen auf.

Wenn ich meinen Vater beobachtete, wie er unter den Leprakranken lebte und die Liebe Christi in ihre Herzen pflanzte, empfand ich tiefe Ehrfurcht, grenzenlosen Respekt und kindliches Vertrauen. Doch bis heute habe ich auch das schreckliche Geräusch des Gewehrfeuers in den Ohren – obwohl ich nicht dabei war, als sie meinen Vater töteten. Selbst in meinen Träumen vergesse ich nicht, wie die schweren Tritte der Soldatenstiefel immer näher kamen, und dann … das ratternde Geräusch des Kugelhagels!

Wie die meisten Schulmädchen wollte ich endlich flügge werden und meine Träume wahr werden lassen. Doch als ich meine beiden Brüder verlor, wurden mir beide Flügel gestutzt. Und als sei das noch nicht zu schwer, kam es zwei Jahre später noch schlimmer, als auch mein Vater von den Kugeln seiner eigenen Landsleute niedergestreckt wurde. Da schrie ich auf vor Verzweiflung und Seelenqual und leugnete selbst Gott, an den ich bis dahin so fest geglaubt hatte.

Ich weiß nicht, wie ich diese furchtbaren Ereignisse überlebt habe. Auch wenn es töricht war, Gottes wunderbare und souveräne Herrschaft mit dem begrenzten menschlichen Verstand zu messen, war mein Geist in jener Zeit so ausgedörrt, dass für nichts anderes Raum blieb außer meinem Kummer. Wenn ich diese drei geliebten Menschen vermisse, die vor mir in den Himmel gegangen sind, fahre ich noch immer gern ins Leprazentrum. Dieser Ort ist für mich wie der Garten Eden. Wenn ich zum Meer gehe, erinnere ich mich an so viele glückliche Erlebnisse mit meiner Familie: Wie mein Bruder Matthew in diesem herrlichen Wasser angelte! Wie glücklich ich war, wenn ich seinen Liedern lauschte und dabei unter dem Felsen eindöste, der wie eine Schildkröte aussah! Der alte Felsen steht nach wie vor unverändert, aber meine Brüder sehen wir nicht mehr. Das Meer war mein bester Freund ... ein Ort der Zuflucht, wie meine Brüder, auf die ich mich immer verlassen konnte. Wie oft stand ich seitdem am Strand und schickte alle meine Sorgen und Bitterkeit mit den Wellen fort!

In Ae-Yang-Won in Südkorea wohnen etliche Leprapatienten, die meinen Vater noch erlebt haben. Ihr Haar ist jetzt weiß und ihr Rücken gebeugt, aber wenn ich sie bitte, eine Geschichte von meinem Vater zu erzählen, erinnern sie sich so deutlich, als hätte sie sich gestern zugetragen.

Wenn ich sie besuche, erzählen sie mir bis tief in die Nacht Erinnerungen an meinen Vater. Es sind lustige Geschichten, bei denen wir alle in Lachen ausbrechen, aber auch traurige, die uns zu Tränen rühren. Selbst heute noch, nach Jahrzehnten, ist die tiefe Liebe zu meinem Vater in ihren Herzen lebendig.

Mein Vater Yang-Won Sohn.

So gern ich diesen Patienten begegne, die sich noch an meinen Vater erinnern, so ist es doch noch wichtiger für mich, die drei Gräber zu besuchen und die Gedenkstätte für meinen Vater, die hinter ihnen errichtet wurde. In seinem Leben genügte es ihm, einer der Geringsten zu sein, und so ist auch seine Gedenkstätte nicht protzig, sondern klein und gepflegt. Aber sie ist zu einem berühmten und heiligen Ort geworden, den jährlich mehr als 40 000 Pilger besuchen. Viele kirchliche Gruppen kommen immer wieder hierher, um sich von dem wunderbaren Geist dieses Mannes und seiner Söhne inspirieren zu lassen, die für ihren Glauben sterben mussten. Je mehr diese Welt aus den Fugen gerät, desto wichtiger scheint es, die wunderbaren Blumen der Liebe Gottes zu betrachten, die sich im Leiden entfalteten, und die Saat des Evangeliums, die durch diese Blumen in der Welt ausgestreut wurde.

Im Jahr 1991 ist Land gekauft worden, um eine Märtyrergedenkstätte zu errichten. Sie war am 27. April 1993 fertig. Ich erinnere mich noch daran, wie Pastor Kwang-Il Lee und sieben Älteste unser Haus in Pusan ganz im Süden besucht hatten. Viele Stunden hatten sie darüber gesprochen, wie wichtig es sei, neben den drei Gräbern auch eine richtige Gedenkstätte zu errichten. Auch wenn jeden Monat mehrere Tausend Pilger kamen, um des Lebens und Sterbens der Märtyrer zu gedenken und so ihren eigenen Glauben zu stärken und zu erneuern, glaubten die Ältesten, dass die stillen Gräber alleine dafür nicht ausreichten. Ihrer Meinung nach war die Zeit reif für eine Gedenkstätte. Besucher fuhren oft mehrere Stunden, um nach Ae-Yang-Won zu gelangen. Es war nicht sehr gastfreundlich, sie nach nur wenigen Minuten des Gebets vor den Gräbern wieder nach Hause fahren zu lassen.

Da es in Ae-Yang-Won nur noch wenige Leprapatienten gab, die aus eigenem Erleben von meinem Vater und meinen Brüdern berichten konnten, waren sich alle einig, dass man nun alles Wissenswerte über die drei Männer systematisch ordnen müsse, um die Erinnerung an sie zu bewahren. Die, die meinen Vater noch persönlich gekannt haben, sind mittlerweile so alt, dass niemand sagen kann, wann auch sie zu Gott, dem Herrn gehen. Aber vor ihrem Tod hatten sie den Wunsch, mit eigenen Händen eine Gedenkstätte zu errichten, die an ihren geliebten Pastor Yang-Won Sohn erinnerte. So sollte sein tiefer Glaube noch vielen Generationen vor Augen geführt werden. Pastor Kwang-Il Lee, der heute das Leprazentrum leitet, erklärte, diese Gedenkstätte solle dazu dienen, den Geist der Märtyrer lebendig zu erhalten.

Die drei Gräber in Ae-Yang-Won: das Grab meiner Eltern, die zusammen dort bestattet liegen, und die Gräber meiner Brüder Matthew und John.

Heute kann man in einer Ausstellung die alte Bibel meines Vaters besichtigen, ein Gesangbuch, Briefe, die er während seiner Haft geschrieben hat, ein paar Kleidungsstücke und die Bücher und Besitztümer meiner Brüder. Unterhalb der Gedenkstätte befinden sich die drei Gräber. Die feierliche Atmosphäre dieses stillen Ortes überwältigt jeden Besucher, so dass sie ihre Kleidung zurechtrücken und den Kopf in Ehrfurcht neigen. Als mein Vater und meine Brüder begraben wurden, pflanzten wir kleine Kiefern, die nun wie zu mächtigen Wächtern herangewachsen sind. Sie überragen die drei Gräber und schützen sie vor den heftigen Meeresstürmen. Sie wiegen sich sanft in der Brise, hüllen sich aber über jene leidvollen Tage in Schweigen …

Obwohl inzwischen 52 Jahre vergangen sind, erinnere ich mich noch deutlich an das furchtbare Chaos vor diesen Gräbern. Ich höre meine Mutter, die außer sich vor Kummer schrie, ihre Söhne rief: „Matthew! John!“, und dann ihren ermordeten Mann beschuldigte: „Wie kann ich ohne dich weiterleben, wenn du den Weg des Todes wählst?“

Ich sehe mich selbst als 16-jähriges Mädchen neben ihr am Boden liegen. Auch ich war vor Kummer außer mir und schrie meinen Brüdern zu: „Wenn ihr mich im Stich lasst, wer wird mich so lieb haben wie ihr?“

Aber die Kiefern stehen still und stumm. Was auch immer uns an Not im Leben begegnen mag – selten wird es so schlimm kommen wie bei denen, die in diesen Gräbern ruhen. Und nun will ich ihre Geschichte erzählen.

2. Großvaters glühender Glaube

Korea wurde zwischen 3000 und 2000 v. Chr. gegründet. Man nennt es auch das „Land der Morgenstille". Doch im Verlauf seiner Geschichte war dem friedliebenden koreanischen Volk selten dauerhafter Friede beschert, denn immer wieder wurde es von seinen imperialistischen Nachbarn China, Japan oder Russland angegriffen. Jede dieser mächtigen und nach noch mehr Macht hungernden Nationen kämpfte um die Herrschaft über die kleine koreanische Halbinsel, denn mit ihrer strategischen Lage war sie ein guter Ausgangspunkt für die Herrschaft in Asien. Doch immer wieder trafen sie auf heftigen Widerstand der Koreaner. Das koreanische Volk kämpfte jahrhundertelang tapfer um die Freiheit und Unabhängigkeit.

1860, zur selben Zeit, als China angesichts der Expansionspläne von Großbritannien, Frankreich und Russland für seine eigene Souveränität kämpfte, entschloss sich der koreanische Herrscher Taewongun zu einer Politik der Abschottung, um die Westmächte abzuwehren. Er ließ alle Häfen schließen und ein „Chokhwa"-Monument errichten, dessen Inschrift die Koreaner anwies, Fremde und alles, was aus dem Westen kam, abzulehnen, auch ihre Religionen. Während seiner Regierung brachen Verfolgungswellen gegen alle fremden Religionen aus, hauptsächlich gegen den römischen Katholizismus und den Protestantismus. Viele neu bekehrte Christen fanden so den Tod. Dazu kam, dass die konfuzianischen Vorstellungen von Regierung und Gesellschaft, die früher eine so große Bedeutung für das Leben Koreas gehabt hatten, immer weniger die aktuelle Situation bestimmten, die sich im 19. Jahrhundert rasch veränderte.

Doch Königin Min, Taewonguns Schwiegertochter, passte sich den veränderten Zeiten an. Als sie an die Macht kam, begann sie 1876, die Häfen wieder zu öffnen, um den Handel voranzutreiben und westliche Technologie und Waffen einzuführen. Auf diese Weise hoffte sie, Wohlstand zu schaffen und die nationale Unabhängigkeit zu erhalten. Königin Min war sich sehr wohl bewusst, dass Japan territoriale Ansprüche auf ihr Land erhob. Japan hatte Waffenhandel mit Portugal und Spanien getrieben und entwickelte sich in dieser Zeit rasch zu einer starken Militärmacht.

Um Japans wachsender Macht entgegenzuwirken, empfing Königin Min andere ausländische Botschafter in Seoul: Reinsdorf aus Deutschland, Dr. Allen aus den USA, Plancy aus Frankreich und Jordan aus Großbritannien. Durch den positiven Einfluss von Dr. Allen, der auch als christlicher Missionar wirkte, wurde die Verfolgung von Gläubigen, die Taewongun veranlasst hatte, beendet. Nun konnten sich die koreanischen Christen wieder in Freiheit versammeln und Gottesdienste abhalten. In dieser Zeit, um das Jahr 1896, kamen viele protestantische Missionare nach Korea und begannen nun ernsthaft, die Saat des Evangeliums auszustreuen. In dieser Zeit nahm meine Familie den christlichen Glauben an.

Schon 1883 hatte Japan viele Techniker nach Korea geschickt und versprochen, das Land bei der Modernisierung zu unterstützen. Doch mit ihnen kam auch die japanische Militärpolizei. Im März 1895 wandte sich Königin Min an westliche Diplomaten, besonders an die Russen. Sie sollten ihr helfen, der zunehmenden japanischen Vorherrschaft entgegenzuwirken. Als Reaktion auf die prorussische Einstellung der Königin plante Japan, sie und ihre Anhänger dauerhaft auszuschalten. Sie hofften, dass Taewonguns Hass auf seine Schwiegertochter ihn dazu veranlassen würde, bei diesem Plan mitzuwirken. Er sollte dann wie zuvor der Regierung vorstehen, dieses Mal jedoch unter japanischer Schirmherrschaft. Die Verschwörung sollte als Zusammenstoß zwischen den Palastwachen und unzufriedenen Soldaten einer Ausbildungseinheit getarnt werden, die aufgelöst werden sollte.

Am 8. Oktober 1895 marschierte ein Trupp japanischer Soldaten zusammen mit einigen geheimnisvollen japanischen Zivilisten, offensichtlich Kriminelle, um drei Uhr morgens zum Kyungbok-Palast, eröffnete das Feuer auf die königlichen Wachen und plünderte den Palast. Für Königin Min gab es kein Entkommen. Als sie sie fanden, hackten sie sie in Stücke und verbrannten ihre Überreste, um die Mordbeweise zu vernichten. Alle Offiziere und Minister der Königin wurden ebenfalls getötet. Die japanischen Truppen besetzten den Palast, nahmen König Kojong in Gewahrsam und setzten eine projapanische Regierung ein.

Ihr Vorgehen rief große Entrüstung im ganzen Land und der Welt hervor. Die japanische Regierung tat indes so, als wisse sie von nichts, und schickte einen Sondergesandten nach Korea, der die Angelegenheit aufklären sollte. Die Mörder, Minister Miura und ungefähr vierzig weitere Personen, wurden verhaftet, in Hiroshima inhaftiert und vor Gericht gestellt. Doch sie wurden alle kurz darauf aufgrund „mangelnder Beweise" entlassen. So kamen die Schuldigen mit einem Denkzettel davon, und Japan versuchte wie zuvor, sein „Reformprogramm" in Korea durchzusetzen. Das koreanische Volk beobachtete argwöhnisch und mit Unwillen die weitere Entwicklung.

In einem armen Bauerndorf in der Provinz Süd-Kyongsan lebte mein Großvater väterlicherseits, Jong-Il Sohn. Im Mai 1905 nahm er mit 38 Jahren durch das Bekenntnis eines älteren Nachbarn Christus an. Das kam so:

Eines Tages hörte er, wie dieser Nachbar ihn mit leiser Stimme rief.

„Wer ist da?“, fragte mein Großvater.

„Herr Sohn, ich bin es. Ich muss Ihnen etwas sagen.“

Es war ein älterer Nachbar, der ihn regelmäßig besuchte. Er hatte seine eigene politische Überzeugung und besuchte meinen Großvater jeden Tag, um mit ihm über seine Sorgen und seinen Ärger über die japanische Eroberungspolitik zu reden.

Auch mein Großvater wusste, dass es bei den gegenwärtigen Veränderungen nicht mit rechten Dingen zuging, darin waren er und sein Nachbar sich einig. So sprachen sie jeden Tag über ihren Ärger und Kummer und beklagten die Missstände dieser bewegten Zeit. Sie waren zwar arme, ungebildete Bauern, doch konnten sie sich nicht damit abfinden, dass die Japaner Korea mit Militärgewalt beherrschten.

An jenem Tag sprachen sie über das ungewisse Schicksal ihres Volkes und die Unterdrückung durch die Japaner, die immer schlimmere Ausmaße annahm. Mein Großvater war ein glühender Patriot. Als er aufstand, um zur Beruhigung ein wenig kaltes Wasser zu trinken, drängte ihn der ältere Nachbar, sich wieder hinzusetzen, und flüsterte ihm zu: „Bitte hören Sie genau zu. Ich sage Ihnen jetzt etwas, was ich Ihnen schon lange habe sagen wollen. Ich möchte Ihnen heute das allerschönste Geschenk machen.“

„Was für ein Geschenk?“

Als Antwort nannte der alte Mann den Namen einer Person, der mein Großvater später nachfolgte und bis zu seinem Tod gehorsam war: „Es ist Jesus.“ Der Nachbar erzählte ihm leise, aber voller Begeisterung alles, was er selbst von Jesus und dem Evangelium wusste. Von diesem Tage an begann ein ganz neuer Glaube in meinem Großvater aufzukeimen. Tief in seinem Herzen war der Name Jesus eingewurzelt.

Mein Großvater freute sich jetzt auf den kommenden Sonntag. Sein Herz klopfte heftig, als er an jenem Morgen zum ersten Mal die Kirche betrat. Dort wurde er herzlich empfangen. Sein älterer Nachbar umfasste mit beiden Händen die Hand meines Großvaters, so sehr freute er sich. Während dieses allerersten Gottesdienstes, den er miterlebte, spürte mein Großvater, wie eine geheimnisvolle Kraft sein ganzes Wesen umhüllte und alle Verlegenheit von ihm abfiel. Ein Gemeindeglied betete für ihn, was ihn tief bewegte, so dass sein Herz vor innerer Erregung schneller schlug: „Lieber himmlischer Vater, dein geliebter Sohn ist zu dir gekommen. Nachdem er durch diesen Irrgarten des Lebens gewandert ist, hat er jetzt den rechten Weg gefunden und ist umgekehrt. Während der vergangenen Jahre seines Lebens ist er von vielen Dornen der Sünde gestochen worden und in den Abgrund gefallen und hat sich dabei verletzt. Aber nun hat dein Sohn Vertrauen zu dir gefasst, Vater. Schenk ihm einen unbeugsamen Geist, der sich niemals den Widrigkeiten dieser Welt beugt. Lass ihn in diesem Land, das noch immer zu dunkel ist, zu einer Kerze werden. Mach ihn zu einem kostbaren Samen für die Ausbreitung des Evangeliums in diesem dürren Land …"

Von dem Augenblick an, als er Jesus Christus als seinen persönlichen Retter und Herrn angenommen hatte, loderte im Herzen meines Großvaters ein mächtiges Feuer, und er wurde von einer glühenden Leidenschaft für Gott erfüllt. Dieses verzehrende Feuer erlosch nicht, bis es alle Schlacken in seinem Herzen verbrannt hatte. Das alte Wesen meines Großvaters verschwand. In einem einzigen Augenblick hatte Jesus sich seiner Seele angenommen und veränderte ihn. Mein Großvater wurde mit Leib und Seele Christ.

Regelmäßig durchwachte er die Nacht, oft bis zur Morgendämmerung, und vertiefte sich in das Studium der

Bibel. Er erzählte jedem, dem er begegnete, von seinem neuen Glauben. Eine unglaubliche Veränderung ging mit ihm vor. Doch je mehr der Glaube meines Großvaters wuchs, desto heftiger wurde er von den älteren Mitgliedern seiner Familie angefeindet und verspottet. Selbst der Mensch, der ihm am nächsten stand, seine Frau, versuchte nicht, ihn zu verstehen.

„Glaubt an Jesus! Vertraut ihm!“ So rief mein Großvater jeden Tag auf der Straße. Die Frauen im Dorf machten sich über ihn lustig und hielten ihn für verrückt. Meine Großmutter seufzte dann nur, und ihre Wangen röteten sich vor Verlegenheit.

„Dieser … dieser unmögliche Mann! Wenn er nach Hause kommt, werde ich ihm das schon austreiben!“ Meine Großmutter kochte vor Wut und zerknautschte mit den Fäusten ihre Röcke, während sie auf seine Rückkehr wartete. Sie war schon lange sehr aufgebracht über das „absonderliche“ Verhalten ihres Mannes. Als er schließlich durch das Reisigtor in den Hof trat, schrie sie ihn an: „Hast du den Verstand verloren? Warum läufst du durchs Dorf und murmelst wie ein Verrückter? Wirst du wohl endlich aufhören, von diesem Jesus zu reden? Werd endlich wieder normal! Du beschämst mich so sehr, dass ich am liebsten sterben würde.“

An diesem Abend fielen hitzige Worte zwischen den beiden.

Die Bekehrung meines Großvaters zum Christentum verursachte einen großen Aufruhr in dem eng miteinander verbundenen Familienclan der Sohns. Manche glaubten, er sei wahnsinnig geworden. Ein Lehrsatz von Konfuzius besagt: „Wir haben jeden Teil unseres Körpers von unseren Eltern empfangen, und daher sollten wir gegen ihren Willen nicht einmal ein Haar unseres Kopfes krümmen.“ Und so galt der Respekt gegenüber den Eltern als die höchste Tugend in der koreanischen Gesellschaft. Doch mein Großvater ließ seinen Haarknoten abschneiden und trug sein Haar kurz, als Zeichen für seinen Entschluss, der Lehre Jesu zu gehorchen. Das genügte schon, um in jener Zeit für verrückt gehalten zu werden. Und als sei dies noch nicht schlimm genug, weigerte er sich nicht nur, sich vor den Gräbern der Ahnen zu verbeugen, sondern stieß auch die Tische mit den zeremoniellen Speiseopfern um, die für das Ritual der Ahnenverehrung sorgfältig vorbereitet worden waren.

Er hörte von einem Tag auf den anderen zu trinken und zu rauchen auf, was er beides immer sehr gerne getan hatte, und bei jeder passenden und unpassenden Gelegenheit sprach er nur von Jesus Christus. Die starrsinnigen Dorfbewohner, deren Geist tief in konfuzianischem Gedankengut verwurzelt war, mussten meinen Großvater zwangsläufig für verrückt halten. Doch nicht nur die Dorfbewohner, auch Familienmitglieder und Verwandte kamen zu dem Schluss, dass Jong-Il Sohn den Verstand verloren hatte.

Jedes Jahr, wenn der Festtag nahte, an dem man den Ahnen an ihrem Grab Ehrerbietung erwies, wurde mein Großvater von innerer Unruhe erfüllt, und so traf er eine wichtige Entscheidung. Er glaubte, dass sein verändertes Leben allein die Mauer der Missverständnisse nicht durchbrechen konnte. *Ganz gleich, was geschieht,* dachte er, *meinem Glauben kann es nichts anhaben. Selbst wenn man mir mit einem Schwert die Kehle durchtrennen sollte, werde ich immer noch erklären, dass mein Herr allein Gott ist. Das muss ich den Menschen in meiner Umgebung deutlich machen.*

Mein Großvater kam zu dem Schluss, dass es keinen anderen Weg gab, um Gott treu zu bleiben, als der alten konfuzianischen Tradition der Ahnenverehrung mutig entgegenzutreten. Er dachte sich einen waghalsigen Plan aus und beschloss, diesen am Neujahrstag, dem größten Fest in Korea, auszuführen.

An diesem Morgen versammelte sich der gesamte Familienclan der Sohns. Man begann, sich wie gewohnt vor den Gräbern der Ahnen zu verneigen. Während die anderen tief gebeugt vor den Gräbern verharrten, stand Großvater als Einziger stocksteif wie eine Statue da. Plötzlich stieß er den Tisch mit den Opfergaben um, der mit allen möglichen Früchten und Gemüsen sowie rituellen Gefäßen beladen war. Nun lagen diese Dinge überall verstreut, manche Gefäße waren zerbrochen und einige Gaben waren in einen Bach gefallen. Zuerst waren die Leute so verblüfft, dass sie eine Weile entgeistert dastanden. Es war eine unvorstellbare Entweihung der Ahnen, die schlimmste aller Sünden.

Als sie sich von ihrem ersten Schrecken erholt hatten, brach das Chaos aus. Die älteren Familienmitglieder sprangen auf Großvater zu und begannen, ihn fast eine Stunde lang erbarmungslos zu schlagen.

„Du musst völlig verrückt sein!“, schrien sie, während sie ihn unentwegt mit Tritten drangsalierten.

„Du bist von diesem ausländischen Dämon verhext worden, und wir müssen ihn dir austreiben!“ Bei diesen Worten schlugen sie mit Fäusten auf ihn ein.

Mein Großvater wehrte sich nicht gegen ihren Wutausbruch. Doch die Prügel reichten nicht, um ihren Zorn zu besänftigen, und so hängten sie ihn kopfüber an einen Kakipflaumenbaum. Aber mein Großvater blieb seiner Überzeugung treu, trotz der Wunden, die seinen ganzen Körper bedeckten. Selbst als er dort hing, redete er voller Eifer auf sie ein: „Bitte, liebe Leute, hört mir doch zu. Gott ist der einzige Gott, und wir dürfen keinen anderen anbeten als ihn allein. Verneigt euch nicht vor den Toten in diesen Gräbern, denn das missfällt Gott!“

„Du … du … Wahnsinniger!“, riefen sie zurück.

Sie erkannten jedoch, dass es vergeblich war, ihm noch mehr anzutun, und so schüttelten sie schließlich den Kopf, schnalzten angewidert mit der Zunge und machten sich auf den Heimweg. Doch damit war die Sache noch nicht ausgestanden.

Einige Tage vergingen und mein Großvater hielt sich gerade in einem Nachbardorf auf. Als er nach Hause kam, durchsuchte er den Vorratsschuppen und holte alle rituellen Gefäße heraus, die dort für die Ahnenverehrung aufbewahrt wurden. Dann zündete er ein Feuer im Hof an und warf alle diese Gegenstände hinein. Das Feuer flammte hoch auf. Während er zusah, wie alles verbrannte, wurde er in der Überzeugung bestärkt, dass alle Dinge, die zur Ahnenverehrung benutzt wurden, verbrannt werden müssten. Doch leider trug der Wind die Funken zu einem Strohbündel, das in der Ecke lag. Alle Nachbarn kamen herbeigelaufen und brachten mit Müh und Not das Feuer unter Kontrolle.

Als das Feuer gelöscht war, wollten die Leute wissen, wie es denn hatte ausbrechen können. Als sie erfuhren, dass mein Großvater es verursacht hatte, während er die heiligen Gegenstände für die Ahnenverehrung verbrannte, starrten sie ihn entgeistert an. Sie schüttelten den Kopf und machten sich auf den Heimweg. Wegen dieses Vorfalls musste mein Großvater noch mehr erdulden.

In diesen Tagen der jahrhundertealten Gebräuche und Traditionen mussten die Dorfbewohner meinen Großvater für wahnsinnig halten. So wurde überall das Gerücht verbreitet, dass er den Verstand verloren hatte.

Doch bei allen Widerständen und Missverständnissen hielt mein Großvater an seinem Glauben fest und legte weiterhin Zeugnis für Christus ab. Und schließlich durfte er auch erleben, dass seine Beharrlichkeit Früchte trug – zuerst kam meine Großmutter zum Glauben und später fanden auch andere Verwandte, einer nach dem anderen, zum Glauben an Jesus. Diejenigen, die meinen Großvater am Anfang in aller Öffentlichkeit so verächtlich behandelt hatten, wurden nun von seinem Glauben und seiner Liebe überwältigt.

Das veränderte Leben meines Großvaters und sein unbeugsamer Glaube besänftigte sie und rührte ihr Herz. Das geschah natürlich, weil Gott seinen Segen zum Wirken meines Großvaters gab und er unter Gottes Schutz stand. Als schließlich alle in der Familie zum Glauben an Christus gefunden hatten, wurden Gebete im Morgengrauen, Familienandachten am Morgen und Abend, die Abgabe des Zehnten und die Einhaltung des Sonntags als Tag des Herrn zu unverbrüchlichen Traditionen unserer Familie.

Zu der Zeit war mein Vater, Yang-Won, sieben Jahre alt, und mein Großvater schickte ihn in die Sonntagsschule. Wenn es regnete, trug ihn mein Großvater auf dem Rücken in die Kirche und später wieder nach Hause. Er sagte dann immer: „Wenn man etwas über Gott erfahren will, kann man nicht einfach zu Hause bleiben, bloß weil es regnet oder schneit."

Mein Großvater hatte drei Söhne, darunter meinen Vater, Yang-Won, und eine Tochter, Bong-Yun. Alle drei Söhne (Yang-Won, Moon-Joon und Yee-Won) wurden später Pastoren. Hier erfüllte sich das Sprichwort: „Wie der Vater, so der Sohn." Die Tatsache, dass alle drei Söhne in den hauptamtlichen geistlichen Dienst traten, war nicht nur Gottes Segen und seiner Macht zu verdanken, sondern auch dem tiefen Glauben meines Großvaters.

Als mein Großvaters im Glauben reifer geworden war, wurde er Ältester in seiner Gemeinde. Ja, er gründete die Gemeinde in Chilwon, wo es zuvor keine gegeben hatte. Im Frühjahr 1923 wurde dort eine Erweckungsversammlung mit dem berühmten Pastor Sun-Joo Kil als Hauptprediger abge-

Meine Großeltern, die in unserer Familie die Grundlage des christlichen Glaubens gelegt haben.

halten. Mit den Einnahmen wollte man die Kirche bauen. Zu der Zeit bestand der einzige Besitz meines Großvaters in fünf Reisfeldern von ungefähr 10 Hektar.

Mein Großvater gab außer den Küchengeräten alles, was er besaß, für das Kirchengebäude. Zuerst wollte er wohl nur drei Felder hergeben, doch meine Großmutter beschloss, auch die anderen beiden wegzugeben. Daher zeigten die anderen Verwandten verächtlich mit dem Finger auf ihn und sagten: „Jetzt bist du pleite, bloß weil du eine Kirche bauen willst." Sie zeigten keinerlei Verständnis für meinen Großvater, sondern kritisierten ihn nur.

Doch er entgegnete ihnen: „In dieser Welt gibt es verschiedene Möglichkeiten, sein Geld zu verlieren. Ein Feuer kann dein Haus verbrennen, du kannst mit deinem Geschäft bankrott gehen, und auch ein ausschweifendes Leben mit Alkohol, Prostitution und Glücksspiel kann einen Mann in äußerste Armut bringen. Aber selbst wenn ich pleite gehe, weil ich Gottes heiligen Tempel baue, so bleibt doch die Kirche bestehen, und es ist nichts verloren. Habe ich nicht Recht?“ Mit diesen Worten tröstete er sich selbst, denn in jenen Tagen hatten sie gerade eben genug zu essen.

Dann gab es ein großes Erdbeben in Tokio, wo sein zweiter Sohn, Moon-Joon, studierte. Tausende verloren ihr Leben und mein Großvater wusste nicht, ob sein Sohn noch lebte oder tot war. Er konnte weder essen noch schlafen und betete nur. Doch nach einiger Zeit kam ein Brief von Moon-Joon. In dem Umschlag befand sich auch ein Scheck, dessen Summe ausreichte, um acht Reisfelder zu kaufen. Mein Onkel hatte dieses Geld mit Aufbauarbeit und Hilfsdiensten nach dem Erdbeben verdient. Neben dieser Episode gibt es so viele Anekdoten von Wundern im Leben mein Großvaters, dass ich sie hier nicht erzählen kann.

Doch mein Großvater war nicht etwa einseitig oder extrem in seinem Denken. Er lebte nur seinen tiefen Glauben, ohne Rücksicht auf die Meinung anderer Leute oder der japanischen Oberherren. Wie jeder Patriot sorgte er sich sehr um das Schicksal seines Landes. Nach dem Mord an Königin Min übernahm Japan mit Militärgewalt die Kontrolle über das Land und zwang bald darauf König Kojong abzudanken. Weil der König sich weigerte, die Annexionsdokumente zu unterzeichnen, vergifteten ihn die Japaner. Diese Gelegenheit ergriff die koreanische Unabhängigkeitsbewegung und organisierte bei der Beerdigung des Königs landesweite friedliche Demonstrationen gegen die japanischen Gräueltaten, die als „Mansei-Bewegung“ bekannt wurden.

Die Koreaner hofften, dass landesweite Demonstrationen für die Freiheit von Japan die Aufmerksamkeit des Auslands auf ihre kleine Halbinsel lenken und Japan unter Druck setzen würden, seine Kolonialherrschaft aufzugeben, so dass Korea sich wieder selbst regieren könnte. Die Demonstrationen sollten gewaltlos verlaufen, denn ein bewaffneter Widerstand gegen die Japaner hätte nur zu einer raschen Niederlage geführt, da Japan mit seinen modernen Waffen militärisch weit überlegen war. Auch hätte Japan im Fall von gewaltsamen Demonstrationen Vergeltungsmaßnahmen ergriffen, mit der Begründung, dass man eine bewaffnete Rebellion niederschlagen müsse.

Am 1. März 1919 versammelten sich 53 Führer der koreanischen Unabhängigkeitsbewegung im Pagodapark und verlasen öffentlich eine Unabhängigkeitserklärung. Sie erklärten der Weltöffentlichkeit, dass Korea das Recht habe, als freie und unabhängige Nation zu existieren, und Japan gegen den Willen des koreanischen Volkes das Land widerrechtlich annektiert habe. Nach dieser Proklamation marschierten die Demonstranten durch die Straßen, nicht nur in Seoul, sondern in jeder anderen Stadt in Korea. Wie es beschlossen war, verliefen die Demonstrationen friedlich, es gab weder einen bewaffneten Aufstand noch andere Gewalttätigkeiten. Tausende von Menschen, die anlässlich der Beerdigung von König Kojong nach Seoul gekommen waren, schlossen sich spontan der Demonstration dort an und schwangen dabei die koreanische Flagge. Insgesamt nahmen über zwei Millionen Menschen an den Demonstrationen teil, und Koreaner, die im Ausland wohnten, folgten ihrem Beispiel und demonstrierten dort ebenfalls. Es schien, als forderte jeder Koreaner auf der Welt die Freiheit seines Volkes.

Die Japaner bekamen Angst und reagierten mit Gewalt. Japanische Polizei und Soldaten feuerten wahllos in die große, unbewaffnete Menge. 7 000 Menschen wurden getötet und ungefähr 15 000 verletzt. Die Japaner brannten auch

Häuser und Kirchen nieder, in denen sich Menschen befanden. Dann wurden 46 000 Leute verhaftet und gefoltert, darunter 10 000 Frauen und Schulkinder, die anschließend vor Gericht gestellt und hingerichtet wurden. Mein Großvater hatte bei einer Demonstration am 1. März eine führende Rolle, wurde von der japanischen Polizei verhaftet und verbrachte 18 Monate im Gefängnis in Masan.

Wieder in Freiheit, lebte er weiter ein ärmliches und einfaches Leben, und es war ihm eher daran gelegen, seinen Nachkommen den Glauben an Jesus Christus weiterzugeben, als irdische Schätze zu vererben. Er säte die Saat des Evangeliums in die Herzen seiner Kinder und seines Volkes, so wie jener Älteste gebetet hatte, als mein Großvater zum ersten Mal in die Kirche ging. Mein Großvater war im wahrsten Sinn des Wortes ein Sämann für das Evangelium.

3. Ein großes Erbe

Mein Vater wurde am 3. Juni 1902 als ältester Sohn von Jong-Il Sohn und Eun-Soo Kim geboren. Er wuchs unter freundlichen Menschen auf dem Land auf, wo das Wasser sauber und die Landschaft unzerstört war, und verlebte eine glückliche Kindheit. Christliche Werte waren in unserer Familie mittlerweile verwurzelt, dazu kam der tiefe Glaube meines Großvaters, und so erfuhr mein Vater den Segen einer christlichen Erziehung. Er teilte den leidenschaftlichen Glauben meines Großvaters und bereitete sich schon in jungen Jahren auf den Dienst als Pastor vor. Er war ein intelligenter Junge, aber nicht kühl, sanft, aber nicht schwach.

Mit 11 Jahren, 1913, kam mein Vater in die Grundschule in Chilwon. In jener Zeit zwangen die Japaner jeden Koreaner, sich in Anbetung Richtung Osten zu verneigen, wo der japanische Kaiser Hirohito lebte. Es war in dieser Zeit schwierig, Koreaner zu bleiben, da die Japaner versuchten, die koreanische Kultur auszulöschen. Geschichtsbücher wurden umgeschrieben, um Japan in einem günstigen Licht erscheinen zu lassen und Korea zu verunglimpfen. Schulbücher wurden geändert, um die japanische Kultur zu verbreiten. Die Japaner verboten die koreanische Sprache, selbst beim Spielen, damit die Kinder ihr koreanisches Erbe vergaßen und aufhörten, Koreaner zu sein. In alle öffentlichen Schulen Koreas kamen japanische Lehrer, und selbst die Stundenpläne der Privatschulen wurden streng reglementiert und zensiert. Doch vor allem ächteten die japanischen Herren jede andere Religion. Es galt nur die religiöse Verehrung ihres eigenen Kaisers als Zeichen der Unterwerfung gegenüber den Eroberern.

Die Schule, die mein Vater besuchte, hatte darüber hinaus einen japanischen Direktor. Daher wurde in seiner Schule noch viel strenger auf die Verehrung des Kaisers geachtet als in den umliegenden. Der Direktor war ein außerordentlich strenger und grausamer Mann und durch und durch ein Materialist. Das Christentum lehnte er ab, ohne seinen Inhalt überhaupt zu prüfen. Für meinen Vater war schon der morgendliche Schulanfang ein schmerzliches Erlebnis.

Jeden Morgen mussten sich Schüler und Lehrer versammeln und ohne Ausnahme vor dem japanischen Kaiser verneigen. Die meisten Kinder verneigten sich ohne nennenswerten Widerstand. Manchen Christen widerstrebte diese Regelung zutiefst, sie machten das Ritual jedoch mit, da sie sich vor Bestrafung fürchteten. So wurden noch nicht einmal die Kinder vor dem Leid ihres unterdrückten Volkes verschont.

Mein Vater konnte jedoch das höhere Gebot Gottes nicht brechen, der uns in den Zehn Geboten jeglichen Götzendienst untersagt hat. Das war eine wichtige Lektion, die mein Großvater seinen Söhnen immer wieder eintrichterte. Ganz gleich, wie große Angst mein Vater vor einer Bestrafung haben mochte – er wusste, dass er sich noch mehr vor Gottes Zorn fürchten müsste, wenn er sich gegen die Heilige Schrift stellte. So stand mein Vater als Einziger mit erhobenem Haupt da und betete zu Gott, während die anderen Kinder sich tief zu Boden neigten.

Der unbarmherzige japanische Direktor konnte diese „Unverschämtheit“ natürlich nicht einfach ignorieren. Viele Male warnte und bedrohte er meinen Vater. Doch der weigerte sich standhaft, sich vor dem japanischen Kaiser zu verneigen und ihm damit göttliche Verehrung zu erweisen. Der Direktor war sehr erbost über so viel „Sturheit“. „Du sagst, dass du dich nicht vor dem Kaiser verneigst, weil du an Jesus glaubst. Der Glaube ist deine persönliche Freiheit, doch wenn du das Gesetz des Landes brichst, ist das ein Verbrechen!"

Trotz dieser Drohung wusste mein Vater, dass der Direktor sich eher darüber ärgerte, dass er sich als Christ bekannte, als dass er das Gesetz brach. Da er schon lange vorgehabt hatte, meinen Vater zu bestrafen, wurden seine Stimme und sein Gesichtsausdruck jetzt sehr feindselig.

Mein Vater blieb jedoch ruhig und mutig, obwohl er noch ein Kind war. „Auch ich möchte das Gesetz einhalten. Doch es gibt Dinge, die wichtiger sind als andere. Ich kann nicht das Gebot Gottes brechen, um dem Gesetz der Menschen zu gehorchen. Wenn der Kaiser hier vor mir stünde, würde ich mich aus Respekt vor ihm verneigen, wie vor jedem Älteren. Doch wenn Sie uns zwingen, uns nach Osten zu verbeugen, so ist das ganz offensichtlich Götzendienst."

Der tiefe Glaube meines Vaters konnte sich mit der hartnäckigen Entschlossenheit jedes Erwachsenen messen. Seine Antwort war klar und deutlich, und er trug sie mit großer Entschiedenheit vor.

„Verdammt noch mal! Ja glaubst du denn, dass dein Gott wichtiger ist und der Kaiser, die aufgehende Sonne unseres Landes, unbedeutend?", wollte der Direktor von meinem Vater wissen.

„Genau! Gott ist der einzig wahre Gott im ganzen Universum."

Der japanischen Direktor wurde rot vor Zorn und stieß Drohungen aus. Doch es gelang ihm nicht, die unverbrüchliche Treue des kleinen Jungen zu seinem Gott zu brechen. Aber der Direktor saß am längeren Hebel, und da diese Abfuhr eine schwere Beleidigung für ihn war, spuckte er meinem Vater ins Gesicht und schlug ihm immer wieder auf die Wangen, so dass sie anschwollen und bluteten. Er kochte jetzt vor Zorn. „Du frecher Bengel! Heute werde ich dich von der Schule verweisen!“, drohte er und schnaufte und keuchte vor Wut. Doch trotz der Tatsache, dass hier ein Erwachsener einem Kind und ein Lehrer seinem Schüler gegenüberstand, war alles nur leeres Gerede.

Als mein Vater blutend nach Hause kam, sprach mein Großvater mit tiefem Ernst dieses Gebet: „Herr, ich danke dir, dass du dem Sohn deines geringen Dieners die Ehre erweist, eine solche Prüfung zu bestehen. Man sagt, dass das Eisen umso härter wird, je mehr Schläge es erhält. Ich bitte dich, schlage meinen Sohn in Zukunft mit einem noch größeren Hammer und noch heftiger und bereite ihn so vor, etwas Großes in deinem Reich zu tun. Bitte bewahre ihn nicht vor dem Schmerz deiner Schläge, bis er sich in deinen Augen als würdiger Diener erweist …“

Während mein Vater dem Gebet meines Großvaters lauschte, wurde ihm klar, dass der Schulverweis eine nur geringe Bedeutung hatte. Von Anfang an hatte er sich nicht vor den leeren Drohungen des Direktors gefürchtet. Warum sollte er sich vor irgendetwas oder irgendjemandem fürchten, wenn der allmächtige Gott auf seiner Seite war?

Bevor der japanische Direktor meinen Vater von der Schule verweisen konnte, wurde er an eine andere Stelle versetzt. So hat Gott den Direktor von der Schule verwiesen, und mein Vater konnte die Grundschule ohne weitere Probleme abschließen.

Als es an der Zeit war, in die Mittelschule zu wechseln, konnte er jedoch wegen der finanziellen Situation der Familie seine Ausbildung nicht fortsetzen. Mein Großvater, ein armer Bauer in einem armen Land, hätte seinem Sohn gern eine höhere Schulbildung ermöglicht, aber er hatte nicht genügend Geld. Doch mein Vater wünschte sich so sehr, weiter zur Schule zu gehen. Er war der Ansicht, er müsse noch vieles lernen, wenn er in Zukunft ein Diener Gottes sein wollte. Er konnte seine weitere Bildung nicht einfach abschreiben, nur weil kein Geld dafür vorhanden war.

Nach gründlichem Nachdenken beschloss er, nach Seoul zu gehen, um dort weiter die Schule zu besuchen und nebenher seinen Lebensunterhalt und das Schulgeld zu verdienen. Er fing in einer Mittelschule an, lernte bei Tag und arbeitete nachts. Er wanderte in der Kälte durch die Straßen und Gassen und verkaufte Eierbrötchen. Das waren schwierige und erbärmliche Zeiten für ihn, denn er war körperlich erschöpft und furchtbar einsam. Doch noch schlimmer war der Spott, den er ertragen musste, weil er in seinem Umfeld immer wieder seinen Glauben an Gott bekannte. Wo immer er hinkam, wurde er missverstanden und wegen seines christlichen Glaubens verhöhnt. Und wenn er weniger Brötchen verkaufte als die anderen, musste er sich die höhnischen Bemerkungen seines Chefs und seiner Kollegen anhören: „Du sagst doch immer, dass deinem Gott nichts unmöglich ist. Warum kann er dir dann nicht einmal helfen, alle Brötchen zu verkaufen? Dein so genannter großer Gott kann dich noch nicht mal ernähren!“, spotteten sie.

Doch noch weit schlimmer als der Spott war für ihn die Tatsache, dass er am Sonntag arbeiten sollte. Sonntag war der beste Tag für den Verkauf der Brötchen, und sein Chef konnte nicht verstehen, warum mein Vater darauf bestand, an diesem heiligen Tag auszuruhen. Alle Versuche, meinen Vater umzustimmen, schlugen fehl. Er konnte nicht den Tag des Herrn missachten, um Geld zu verdienen oder seine Studien zu betreiben. Seiner Meinung nach war es wichtiger, am Sonntag am Gottesdienst teilzunehmen, selbst wenn er dafür hungern oder die Schule aufgeben müsste. Dafür stand er dann eher auf als die anderen und reinigte jeden Winkel des Hauses.

Es gelang dem Chef nicht, den Glauben meines Vaters zu

brechen. Das bedeutete jedoch nicht, dass er die religiösen Überzeugungen meines Vaters akzeptierte. Als er begriff, dass er ihn nicht umstimmen konnte, feuerte er ihn: „Deine Arbeit machst du wirklich gut, nur deinen Glauben an Jesus kann ich nicht tolerieren."

Es war ein bitterkalter Tag, und mein Vater bat seinen Chef, ihn nur noch einen weiteren Tag bleiben zu lassen, doch vergeblich. Nun wusste er nicht, wo er wohnen sollte, und musste einen Freund nach dem anderen aufsuchen und seine missliche Lage erklären, in der Hoffnung, dass man ihn irgendwo aufnehmen würde. Doch sie waren alle keine Christen und konnten seine schwierige Situation nicht verstehen. Sie rieten ihm, seinen Chef um Verzeihung zu bitten, damit er ihn wieder einstellte.

„Wenn du weiterhin auf deinen religiösen Überzeugungen beharrst und für deine Schulbildung arbeiten musst, wirst du hier in Seoul keine Arbeit finden", versuchten sie ihn umzustimmen.

Schließlich musste mein Vater alle Ersparnisse aufbrauchen und dann hungerte er drei Tage. Er besaß nur noch 70 Chun – den Zehnten, den er der Gemeinde spenden wollte. „Selbst wenn ich vor Hunger sterbe, werde ich diesen Zehnten nicht stehlen", sagte er sich. Er gab das gesamte Geld als Opfer seiner Gemeinde.

Wie heute war es auch in jener Zeit sehr schwierig, als Lohnarbeiter den Tag des Herrn heilig zu halten. Trotz alledem zog mein Vater von einem Ort zum anderen und erarbeitete sich seine Schulausbildung. Wenn ein Chef von ihm forderte, am Sonntag zu arbeiten, zögerte er nicht, die Arbeit aufzugeben und sich eine andere Stelle zu suchen. Trotz dieser schwierigen Umstände konnte er seine Ausbildung weiterführen.

Dann wurde er eines Tages im März – kurz nach den friedlichen, landesweiten Demonstrationen gegen die japanische Herrschaft – ins Büro des Schuldirektors bestellt. „Heißt dein Vater Jong-Il Sohn?“, fragte er meinen Vater.

„Ja“, entgegnete der zögernd. Was mochte wohl der Grund für diese plötzliche Befragung sein?

„Dann wirst du von der Schule verwiesen!“, rief der Direktor aus, ohne eine weitere Erklärung abzugeben. Widerstrebend ließ mein Vater die Schule hinter sich und kehrte in sein Heimatdorf zurück.

Erst später fand er heraus, dass er entlassen worden war, weil sein Vater, mein Großvater, wegen der Teilnahme an den Märzdemonstrationen im Gefängnis in Masan einsaß. Die Japaner wollten dem Sohn eines Rebellen keine Schulausbildung gestatten.

Nach ungefähr einem Jahr in seinem Dorf beschloss mein Vater, das Meer zu überqueren und seine Ausbildung in Japan fortzusetzen. Wie in Seoul verdiente er sich auch hier wieder den Lebensunterhalt. Am Tag arbeitete er als Zeitungsausträger und für eine Molkerei. Am Abend besuchte er den Unterricht an einer Mittelschule. Das Leben und Arbeiten in Japan war noch weitaus schwieriger als in Korea. Doch er ertrug alle Widrigkeiten, um seine Ausbildung zu schaffen. Und natürlich ließ er auch in Japan, dem Zentrum des Schintokultes, nicht in seinem Glauben nach. Am Sonntag arbeitete er nicht, sondern besuchte die „Tokyo Mission Church“ und beteiligte sich an deren Straßenevangelisationen. Er trommelte auf den Straßen die Menschen zusammen, damit sie das Evangelium hörten.

Wenn ihm das Herz schwer wurde oder ihn Furcht überkam, suchte er sich einen ruhigen Platz im Wald oder auf einem Friedhof und betete laut. Oft ging er in ein Sumpfgebiet, wo es vor riesigen Schwärmen von Stechmücken wimmelte. Dadurch wollte er sich am Schlafen hindern, wenn er die Nacht hindurch betete. Manchmal, wenn er ein wenig eindöste, weil er von der täglichen Arbeit müde und erschöpft war, stachen ihn die Mücken so heftig, dass er wieder aufwachte. Er machte es sich auch zur Gewohnheit, seine Bibel überallhin mitzunehmen. Wann immer sich die Gelegenheit dazu bot, las er darin.

Und wenn er einmal wieder großes Heimweh bekam, schrieb er einen liebevollen Brief an seine Familie. Allein der Gedanke an seine Heimat bestärkte ihn in dem Entschluss, so bald wie möglich dorthin zurückzukehren, um das Evangelium zu predigen.

Ich darf keine Zeit verlieren, ermahnte er sich immer wieder.

Nach Abschluss der Mittelschule kehrte er 1923 nach Korea zurück, um dort als Evangelist zu wirken und die gute Nachricht von Jesus weiterzusagen. Das, worum mein Großvater immer gebetet hatte, war nun eingetreten. Als mein Großvater aus dem Gefängnis entlassen wurde und nach Hause zurückkehrte, teilte ihm mein Vater seinen Entschluss mit: „Vater, ich möchte Pastor werden, damit ich ein Licht sein kann, das in diesem dunklen Land hell erstrahlt. Ich glaube, das ist die wertvollste Arbeit für einen Menschen, der in diese Welt geboren wurde."

Mein Großvater war außer sich vor Freude. Seine Augen röteten sich, während ihm die Tränen herunterliefen. „Natürlich! Du hast eine gute Wahl getroffen. Seit du ein Kind warst, habe ich darum gebetet und immer geglaubt, dass Gott dies in dir bewirken würde. Jetzt, wo ich es aus deinem Mund höre, bin ich überglücklich. Ich werde bis zu meinem letzten Atemzug für dich beten."

In jener Zeit wollten viele Theologie studieren, um Pastor zu werden. Doch sie konnten sich diesen Wunsch nicht erfüllen, weil ihre Eltern und Verwandten strikt dagegen waren. Denn sie wussten nur zu gut, dass das geistliche Amt einem dornigen Weg glich. Doch bei meinem Vater war es anders. Er stieß auf keinen Widerstand, im Gegenteil: Seine Eltern bestärkten ihn in seinem Entschluss und waren voller Vorfreude. Das war ein großer Segen Gottes.

Im März 1926 fing mein Vater auf dem „Kyungnam Bible College“ an und begann nun systematisch, die tiefe Wahrheit der Bibel in sich aufzunehmen. Er finanzierte sein Studium selbst, und mein Großvater half ihm, wo immer er konnte. Jetzt, da sein geliebter ältester Sohn ein Diener Gottes wurde, sparte er weder Zeit noch Mühe, um ihn darin zu unterstützen. Er hatte einen wahrhaft glühenden Glauben.

Wenn ich an meinen Großvater denke, fällt mir immer ein Bibelvers ein. Diesen Vers hat er meinem Vater zugesprochen, als die japanische Polizei ihn am 25. September 1940 verhaftete. Als sie meinen Vater wegzerrten, sagte mein Großvater mit ruhiger Stimme, als seien dies seine letzten Worte: „Mein Sohn, behalte diese Worte in deinem Herzen: Lukas 9,62 und Matthäus 10,37-39.“ Ich war damals noch ein Mädchen, und als ich diese Verse bei der Beerdigung meines Großvaters las, weinte ich bitterlich:

„Jesus antwortete: Wer beim Pflügen nach hinten blickt, den kann Gott in seiner neuen Welt nicht brauchen.“

„Wer seinen Vater oder seine Mutter, seinen Sohn oder seine Tochter mehr liebt als mich, der ist es nicht wert, mein Jünger zu sein. Und wer nicht bereit ist, sein Kreuz auf sich zu nehmen und mir nachzufolgen, der kann nicht zu mir gehören. Wer sich an sein Leben klammert, der wird es verlieren. Wer es aber für mich einsetzt, der wird es für immer gewinnen.“

Dies waren die letzten großen Worte, die mein Großvater zu meinem Vater sprach.

4. Die verhängnisvolle Generalversammlung der Presbyterianer

Im Jahr 1924 hatte mein Vater mit 23 Jahren Yang-Soon Chung geheiratet. Zu der Zeit ging er noch aufs Bible College. Seine Braut war im selben Ort wie er geboren und aufgewachsen. An ihrem Hochzeitstag war sie 18 Jahre alt. Sie sah wunderschön aus in ihrem Hochzeitsstaat, wie sie dasaß und ihren Kopf scheu gesenkt hielt.

Als er seine Braut begrüßte, war das Herz meines Vaters voller Freude und großer Hoffnung. Während der lauten und fröhlichen Feier legte er das Versprechen ab, seine wunderschöne Frau bis zum Tod zu lieben. Schließlich war die Zeremonie zu Ende. Im Haus seiner Braut verbeugte sich mein Vaters respektvoll vor seinen Schwiegereltern. Während sie dann zusammensaßen und miteinander plauderten, kamen einige Christen aus der Gemeinde, um meinen Vater zu sprechen. Sie hatten gehört, dass er ein getreuer Christ und Evangelist war. Nachdem sie über einige Bibelstellen und Gottes Gnade geredet hatten, bat einer der Besucher meinen Vater, im Gottesdienst am Mittwochabend in ihrer Kirche zu predigen. Mein Vater, der nie eine Gelegenheit ausließ, um über seinen Glauben zu sprechen, nahm die Einladung mit Freuden an.

So stand er an jenem Abend auf der Kanzel und hielt eine glühende Predigt über Gottes große Liebe zu den Menschen und seine Gnade in Jesus Christus. Er erinnerte die Gemeinde an die unbegrenzte Macht Jesu, die er in seinen Wundertaten bewies, und ermutigte seine Zuhörer, in einer Welt voller Bosheit, Verwirrung und Unglauben nicht die Hoffnung zu verlieren. An diesem Tag waren viele Gemeindeglieder tief bewegt von der Botschaft des jungen Evangelisten.

Unter ihnen war eine Diakonisse, Frau Na, die im Kammandong-Leprazentrum in Pusan lebte. Es war reiner Zufall, dass sie an jenem Abend in diesem Gottesdienst saß. Die Predigt meines Vaters bewegte sie so, dass sie das Gefühl hatte, in ihrem Innern lodere ein Feuer auf. Im Rückblick erwies sich diese Predigt als eine Fügung des Schicksals, da sie schließlich dazu führte, dass mein Vater als Pastor unter Leprakranken arbeitete. Als Frau Na nämlich in ihr Leprazentrum zurückkehrte, sprach sie in den höchsten Tönen von diesem jungen Evangelisten: „In meinem ganzen Leben war ich noch nie so sehr zu Tränen gerührt wie an jenem Abend. Er ist zwar noch sehr jung, hat aber trotzdem so gut gepredigt. Gottes Wort ist wahrhaftig mächtig! Ach, wie hat seine Predigt mein Herz bewegt! Ich kann es gar nicht mit Worten ausdrücken …!“

Nach diesem Bericht beschlossen die ungefähr 600 Leprakranken im Kammandong-Zentrum noch am selben Tag, meinen Vater einzuladen, bei ihnen Erweckungsversammlungen abzuhalten. Er nahm auch diese Einladung ohne Zögern an.

Als die heiß ersehnten Versammlungen begannen, kamen alle Leprakranken, die großen Hunger nach dem Wort Gottes hatten, zusammen und wurden jedes Mal mit Freude erfüllt, wenn sie ihm zuhörten. Sie lobten Gott laut für seine überschwängliche Gnade. Zwar war ihr Körper von der Krankheit geschwächt, doch ihr Herz wurde so bewegt, dass sie nicht still sitzen konnten, sondern Lieder sangen und in die Hände klatschten. So wirkte der Heilige Geist auf bewegende Weise.

Als die Versammlungen zu Ende gingen, waren viele traurig darüber, denn die Ansprachen meines Vaters hatten einen starken Eindruck bei ihnen hinterlassen. Auch nachdem etliche Zeit verstrichen war, konnten die Kranken meinen Vater nicht vergessen und sehnten sich danach, noch mehr dieser bewegenden Predigten zu hören.

„Wir müssen den Evangelisten Sohn wieder einladen. Hört mal zu ..., wenn wir alle einen Löffel Reis weniger essen, dann könnten wir doch 600 Löffel Reis einsparen. Er könnte bei uns wohnen, und wir würden ihn und seine Familie unterstützen. Wo können wir mehr über die Gnade Gottes erfahren als durch ihn?"

So beschlossen sie, meinen Vater einzuladen, bei ihnen zu leben. Das war der erste Schritt in seiner Arbeit unter Leprakranken, zuerst im Kammandong-Zentrum in Pusan und dann schließlich in Ae-Yang-Won. Mein Vater teilte die Freuden und Sorgen der Kranken. Vom Beginn seines Dienstes als Pastor bis zu seinem Tod folgte das Wort „Lepra" ihm wie ein Schatten.

Die Leprakranken, die ganz besonders der Zuneigung und Liebe bedurften, hatten einen großen Hunger nach dem Wort Gottes. Noch wichtiger als Medizin für ihre körperlichen Wunden waren Bibelverse als Trost für ihr verwundetes Herz. Ihr Körper war von der Krankheit entstellt, aber ihre Seele rein wie der Morgentau. Der Dienst meines Vaters war für sie wie kühles, erfrischendes Wasser zum Leben. Das war der Beginn seines Wirkens als Pastor. Daneben war er zehn Jahre lang als Evangelist tätig, seit er 24 Jahre alt war. Zu seinem Verantwortungsbereich gehörten Gemeinden in fünf Städten: Pusan, Masan, Tongyoung, Chinjoo und Kuhchang. In Pusan gab es ungefähr 70 Gemeinden. Mein Vater tat seinen Dienst in den kleineren Gemeinden, die keinen eigenen Pastor hatten. Sein Monatseinkommen belief sich auf nur 45 Won.

Einerseits war es für meinen Vater wichtig, hauptamtlich

für die Gemeinden zu arbeiten, andererseits wusste er, dass es sinnvoll war, noch weiter zu lernen, um seinen Dienst zu verbessern. Als er 34 war, spürte er diese Notwendigkeit sehr deutlich und gab seine Stelle im Distrikt Pusan auf, um das Bible College in Pjöngjang zu besuchen. Am 5. April 1935 begann er dann seinen Dienst dort als Pastor der Neungrado-Gemeinde.

Während dieser Zeit begannen die Japaner ihre Kolonialherrschaft. Sie zwangen die Koreaner überall, vor den japanischen Schintoschreinen anzubeten. Das begann zuerst im Norden Pjöngjangs. 1937, als diese Weisung ausgegeben wurde, war Japan im Pazifik und in China in Kriege verwickelt, und je mehr die Niederlage abzusehen war, desto härter wurde das koreanische Volk unterdrückt. Beim Ausbruch des Krieges mit China diente Korea den Japanern als Vorratslager. So wurden nicht nur Nahrungsmittel und Metall beschlagnahmt und nach Japan geschafft, sondern ungefähr 2,6 Millionen Menschen zur Zwangsarbeit verpflichtet und weitere 723 900 junge Koreaner zum Dienst in der japanischen Armee im Ausland eingezogen. Die koreanischen Christen litten am meisten unter der Anweisung, sich vor den japanischen Schintoschreinen zu verneigen. Viele Christen wurden verhaftet, weil sie sich weigerten. Als Folge der berüchtigten „Assimilationspolitik" wurden viele Bibelschulen geschlossen.

Von nun an wurden alle koreanischen Bildungseinrichtungen gezwungen, ausschließlich die japanische Sprache zu benutzen. Alle Versammlungen und Zeremonien, einschließlich der Gottesdienste, sollten mit einem Treueid für den japanischen Kaiser beginnen. Jeder Koreaner musste vor japanischen Schreinen anbeten. Später wurden die Koreaner auch gezwungen, japanische Namen anzunehmen. Die Weigerung, sich vor einem Schintoschrein zu verneigen, wurde als Blasphemie gegen die Göttlichkeit des japanischen Kaisers angesehen.

So wie wir Christen glauben, dass unser Gott der einzig wahre Gott ist, so verehrten die Japaner Kaiser Hirohito als ihren Gott. Für die Christen war dies natürlich Götzendienst. Japan dagegen vertraute auf die Macht seiner überlegenen Waffen. So kam es, dass viele Koreaner die Japaner mehr fürchteten als Gott. Auch viele in der koreanischen Kirche beugten sich dem Druck und den Drohungen der Japaner. Immer mehr Gemeinden passten sich der unseligen Politik Japans an und rechtfertigten diesen Kompromiss mit erbärmlichen Ausreden. Sie legten sich zurecht, dass die Verneigung vor den Schintoschreinen einfach eine politische Zeremonie sei und nichts mit Religion zu tun habe.

Am 9. September 1938 begann um acht Uhr abends in Pjöngjang die 27. Generalversammlung der presbyterianischen Kirche in einer feierlichen Atmosphäre. An diesem Tag sollte das Leitungsgremium gewählt werden. Mehr als 800 Menschen nahmen daran teil, darunter viele Pastoren und Gemeindeleiter. Unter den Anwesenden befanden sich auch schätzungsweise 97 japanische Polizisten, die die Anwesenden und den Verlauf der Veranstaltung argwöhnisch beobachteten. Die Stimmung war sehr ernst. Pastor Taek-Ki Hong von der „Northern Pyongyang Provincial Mission" wurde zum Präsidenten gewählt und Pastor Kil-Chang Kim von der „Kyungnam Mission" zum Vizepräsidenten.

Am folgenden Tag beschloss die Generalversammlung, die Schinto-Gottheiten anzubeten – mit der Begründung, das sei lediglich eine „patriotische Zeremonie" und keine Gotteslästerung. Über 90 Prozent der Gemeindeleiter verneigten sich vor dem Schrein, um anderen ein Beispiel zu geben. Auf diese Weise konnten die Leiter, die einen solchen Kompromiss eingingen, unter dem Schutz des imperialistischen Japan ein bequemes Luxusleben führen. Die Generalversammlung stimmte also für die Teilnahme am Schintokult, und führende Persönlichkeiten forderten, die Bibel umzuschreiben und auf die geistlichen Lieder im Gemeindeleben zu verzichten. So verleugnete die koreanische Kirche in aller Öffentlichkeit ihren Gott.

Jetzt musste der aktive Widerstand gegen den Schintokult statt von den Leitungen der verschiedenen Konfessionen von Menschen kommen, die zu ihrem Glauben standen. Es gab Verfolgung und Opfer. Bis 1945 wurden über 2 000 Christen inhaftiert und gefoltert, schätzungsweise 200 Kirchen mussten geschlossen werden, und viele Christen starben den Märtyrertod.

1945, als Korea wieder unabhängig wurde, kam die Generalversammlung wieder zusammen. Jetzt war man sich einig, dass der Schintokult eine Sünde gewesen war und sich gegen das erste und zweite Gebot richtete. Doch selbst da blieben einige Pastoren, die zuvor der Teilnahme an der Schintozeremonie zugestimmt hatten, unbußfertig und begannen sogar, die Märtyrer als unflexibel und ultrakonservativ zu kritisieren. Sie waren der Ansicht, die Märtyrer hätten sich ihr eigenes Grab geschaufelt, da sie sich nicht den neuen Gesetzen der Japaner angepasst hatten.

Das begründeten sie folgendermaßen: „Hätten sich alle Kirchen in Korea in jener Zeit dem Schintokult widersetzt, wer wäre jetzt noch da, um wieder Leitungsfunktionen in der koreanischen Kirche zu übernehmen? Wir haben die koreanische Kirche geführt, obwohl wir sogar gezwungen waren, an den Schintoschreinen anzubeten." Sie rechtfertigten sich damit, dass sie sich ohne Widerstand der japanischen Politik angepasst hätten, um Japan in ferner Zukunft unter die Herrschaft Gottes zu führen, sie hätten nur den rechten Zeitpunkt abwarten wollen. Die Leute, die solchen Götzendienst getrieben hatten, brüsteten sich also noch damit und kritisierten die vor kurzem aus dem Gefängnis entlassenen Christen, die in der Haft furchtbare Qualen erlitten hatten.

Mit dieser verdrehten Logik versuchten diese Kompromissbereiten, die zu ächten, die um Christi willen hatten leiden müssen, indem sie sie als zu stolz oder zu dumm hinstellten. Diese Kritiker behaupteten, „die Teilnahme am Schintokult ist eine Sache der individuellen Gewissensentscheidung und keine religiöse Angelegenheit, daher ist auch keine Buße nötig. Jeder soll in dieser Sache selbst entscheiden und sich nicht von anderen zu einer Entscheidung zwingen lassen." So rechtfertigten sie ihren Irrweg auch nachträglich noch mit schamloser Logik.

Doch nicht alle Pastoren, die an der Schintozeremonie teilgenommen hatten, waren innerlich verhärtet und ohne jedes Gewissen. Einige Pastoren hatten sich vor den Schinto-Gottheiten verneigt, obwohl sie wussten, dass sie gegen Gottes Willen handelten, weil sie von ihrer Familie, besonders von ihren Frauen, unter Druck gesetzt worden waren. Einer von ihnen war Pastor Bae. Er wurde am Anfang ebenfalls verhaftet, weil er sich geweigert hatte, sich vor dem Schintoschrein zu verneigen, doch seine Frau besuchte ihn im Gefängnis und flehte ihn an, den Japanern nachzugeben.

„Weil du so stur bist, werden deine Kinder und ich sterben!"

Da war sein Wille gebrochen, und er wurde entlassen, nachdem er an der Schintozeremonie im Gefängnis teilgenommen hatte. Seine Kapitulation war das traurige Ergebnis eines schwachen Glaubens und der mangelnden Unterstützung durch seine Frau.

Das Bible College in Pjöngjang hatte 33 Jahre lang viele Christen ausgebildet. Doch im Zuge des erzwungenen Schintokultes musste es seine Tore schließen. Deswegen erhielt mein Vater sein Abschlusszeugnis per Post. Normalerweise hätte er es erst am 16. März 1938 bekommen.

In jenen Tagen stieg mein Vater regelmäßig auf einen Berg, um zu beten. Auf diesem Berg gab es eine Gebetsstätte, und dort hielt er sich jeweils mehrere Tage auf und widmete sich ganz und gar dem Gebet. Als Proviant nahm er etwas ungekochten Reis mit. Den weichte er in Wasser ein und aß jeden Tag eine Hand voll, während er im Gebet verharrte. Wenn er am Abend zu beten begann, verharrte er bis zum Morgen an derselben Stelle. Es war ihm egal, ob es regnete oder schneite. Wenn mein Vater dort oben laut betete, sagten die Dorfbewohner am Fuß des Berges zueinander: „Ach, sicher ist dieser Fuchs wieder auf der Pirsch", so laut war seine Stimme.

Als er wieder einmal auf dem Berg betete, brach mitten in der Nacht plötzlich ein Sturm los und eine Flutwelle ergoss sich über die Stelle, wo er sich befand. Da es völlig dunkel war, konnte er sich nicht mehr orientieren. Er klammerte sich an Äste, Wurzeln und Pflanzen – was ihm gerade in die Hand kam, aber er wurde von der trüben Flut mitgerissen. Dann sah er in der Ferne ein Licht und konnte sich gerade noch dorthin retten. Es war ein buddhistischer Tempel.

„Hallo, ist hier jemand?", rief mein Vater. Da kam ein Mönch heraus und starrte ihn an.

„Wenn du ein Mensch bist", schrie der Mönch, „dann komm herein. Bist du aber ein Geist, dann verlass diesen Ort!"

„Ich bin ein Mensch", sagte mein Vater und betrat den Tempel. Menschlich gesprochen war mein Vater eine wirklich außergewöhnliche Persönlichkeit. Daher erhielt er den Beinamen: „Sohn des Feuers".

Mit seinem Abschlusszeugnis wurde mein Vater Evangelist im Distrikt Pusan und predigte abwechselnd an verschiedenen Orten in der Stadt. Seine Aufgabe war es, dem Schintokult entgegenzuwirken. Mein Vater beriet sich mit Pastor Sang-Dong Han und Pastor Ki-Chul Joo, wie man den naiven jungen Christen beibringen könnte, dass die Verehrung der Schinto-Gottheiten eine große Sünde gegen Gott sei. So bereisten sie den Norden und Süden des damals noch vereinten Koreas, predigten und lehrten. Die japanische Polizei war meinem Vater stets auf den Fersen, um ihn bei passender Gelegenheit zu verhaften. Und tatsächlich wurden alle drei Männer nach nur einem Jahr festgenommen.

Doch vor seiner Verhaftung wirkte mein Vater in Ae-Yang-Won und folgte so der Berufung des souveränen Gottes.

5. Tiefe Liebe zu den Ausgestoßenen

Am 14. Juli 1939 trat mein Vater seine neue Stelle als Bibellehrer im Leprazentrum in Ae-Yang-Won an. Die Leitung der „South Kyungsang Provincial Mission" hatte beschlossen, sich aktiv am Schintokult zu beteiligen, doch mein Vater wandte sich offen dagegen und konnte daher nicht länger für sie arbeiten. So weigerten sie sich, ihn als Pastor zu ordinieren, und später durfte er auch nicht mehr als Bibellehrer arbeiten. Sie rechtfertigten diese Maßnahme, indem sie das Gerücht in die Welt setzten, dass mein Vater Bücher von Uchimura Kanjo lese (einem Irrlehrer) – daher seien seine Ideen suspekt. Doch der wahre Grund war, dass mein Vater sich weigerte, am Schintokult teilzunehmen. Mehr noch: Kurz vor seiner Verhaftung, während die Generalversammlung in Pusan sich in heftige Diskussionen wegen des Schintokultes verstrickte, beschuldigten sie ihn, ein Sektenführer zu sein:

„Glauben Sie im Ernst, dass Sie allein den wahren Glauben gepachtet haben? Ihretwegen werden wir womöglich alle unter schlimmen Folgen zu leiden haben. Warum halten Sie überall ohne unsere Genehmigung Erweckungsversammlungen ab? Verlassen Sie sofort unsere Missionsgesellschaft!" Erst als Korea von den Japanern befreit wurde, gaben die Leiter der Mission ihren Irrtum zu und ordinierten meinen Vater in Masan offiziell zum Pastor.

Ins Leprazentrum Ae-Yang-Won kam mein Vater so: Im Herbst 1937 wurde er eingeladen, in Ae-Yang-Won eine Erweckungsversammlung abzuhalten. Damals studierte er im zweiten Jahr am Bible College in Pjöngjang. Weil die Leprapatienten von seinen Predigten so angerührt waren, beschlossen sie, ihn als ihren Pastor zu berufen. Ein Pastor und Freund aus der Bibelschule schrieb ihm ein Empfehlungsschreiben für Pastor J.K. Unger, einem amerikanischen Missionar und Leiter von Ae-Yang Won. Damals betrug das monatliche Gehalt 65 Won. Pastor Unger und der andere amerikanische Leiter des Zentrums, Dr. Wilson, die ihr Leben der Missionsarbeit unter den Leprakranken gewidmet hatten, waren integre und tief gläubige Männer. Voller Freude hießen sie meinen Vater willkommen. Pastor Unger wies ihm die Leitung der Gemeinde der Leprakranken zu. So begegnete mein Vater zum ersten Mal jenen Menschen, die später Teil unserer Familie wurden.

Diese Männer und Frauen mit gekrümmten Fingern, entstellten Gesichtern und ohne Augenbrauen waren von ihren Eltern verstoßen und von der Gesellschaft schlecht behandelt worden. Sie hatten kein anderes Zuhause mehr als das Leprazentrum Ae-Yang-Won. Welche Schmerzen mögen sie wohl gelitten haben, so ungewollt und verachtet zu sein! Sie hatten niemanden, dem sie ihren kranken Körper anvertrauen konnten, bis sie nach Ae-Yang-Won kamen. Fast alle hatten mehr als einmal einen Selbstmordversuch unternommen oder zumindest daran gedacht.

Von Zeit zu Zeit wurde der eine oder andere Patient vollkommen gesund und trug nur noch die Narben der Krankheit im Gesicht und auf den Armen und Beinen. Er konnte so zu einem „normalen" Leben in der Gesellschaft zurückkehren. Aber für die meisten war das Leprazentrum bis ans Lebensende ihr Zuhause.

Doch selbst wenn die Patienten Ae-Yang-Won verließen, wurden sie dennoch nie mehr als vollwertige Menschen behandelt. Selbst ihre eigenen Familien wandten sich in der Regel von ihnen ab. Deshalb war der Glaube der Leprakranken tiefer und inniger als der gesunder Menschen. Den größten Teil ihres täglichen Lebens verbrachten die Kranken mit Bibellesen, Gebet und Liedern. Mehr als jede Medizin brachte ein Wort des Gebets oder ein Bibelvers himmlischen Frieden in ihr Herz. Im Leprazentrum hörte man aus jeder Ecke Menschen beten und Lieder singen. Gebetsgottesdienste am frühen Morgen, Familiengottesdienste und Gebetsversammlungen, die die ganze Nacht hindurch dauerten ... Im Glauben und unter Tränen versuchten sie, mit ihrem verachteten Leben fertig zu werden. Nur die Hoffnung auf den Himmel gab ihnen Kraft zum Weiterleben.

Mein Vater liebte jeden Einzelnen von ihnen. Obwohl er unser leiblicher Vater war, schien er noch mehr ein Vater für die Leprakranken zu sein. Oft sagte er: „Ihr Körper ist zwar von der Krankheit entstellt, aber ihre Seele ist reiner als die der Heuchler draußen." Er tat sein Möglichstes, um ihnen Heilung für Seele und Geist zu schenken. Das folgende Lied drückt sehr eindrucksvoll aus, was er für sie empfand:

Herr, schenk mir Liebe für Ae-Yan-Won!

Herr, schenk mir wahre Liebe für Ae-Yan-Won!
Lass mich diese Menschen lieben, wie du sie liebst.
Sie sind von der Welt verstoßen
und spüren nicht mehr die Liebe ihrer Eltern und Geschwister.
Auch wenn alle Menschen auf der Welt sie verachten und aussondern,
oh Herr, lass mich sie wahrhaft lieben.

Oh Herr, lass mich sie mehr lieben als meine Eltern,
meine Geschwister, meine Frau und Kinder.

Selbst wenn ich einer von ihnen werde mit einem
entstellten Körper,
lass mich sie dennoch lieben.
Ich würde lieber einer der Ihren werden und meine
Freude ein Leben lang mit ihnen teilen.
So lass mich sie wahrhaft lieben, wie du sie liebst
und berührst.

Herr, selbst wenn sie mich meiden und enttäuschen,
lass mich sie dennoch wahrhaft lieben und sie nie
zurückweisen.
Selbst wenn man mich von diesem Ort vertreibt,
lass mich sie lieben und für den Rest meines Lebens
mit wahrer Liebe für sie beten.

Ach Herr, wenn ich sie liebe,
lass es keine gekünstelte, humanistische Liebe sein.
Lass mich sie nicht um der Menschen willen lieben,
sondern um deinetwillen.
Herr, lass mich diese Menschen lieben.
Aber ich will sie nicht mehr lieben als dich, mein Herr.
Denn meine Liebe kommt von dir, Herr, und
geschieht um deinetwillen.
Wie könnte ich sie mehr lieben als dich, mein Herr?
Aber lass mich sie mehr lieben als mich selbst, meine
Eltern, meine Frau und Kinder.
Meine Liebe für Ae-Yang-Won soll gleich nach
meiner Liebe zu dir kommen, Herr.

Und, Herr, ich will diese Menschen nicht lieben, weil
mir das in dieser Welt Ehre einbringt
oder weil ich mir eine Belohnung am Ende dieser
Welt erhoffe.

Lass meine Liebe für diese armen Menschen ganz
einfach sein,
ich will sie lieben, weil Christus sie liebt.

Oh Herr, ich weiß nicht, wie lange ich noch auf
dieser Welt lebe,
doch lass mich Ae-Yang-Won von ganzem Herzen
lieben,
so wie ich meinen Leib und meine Seele ganz und gar
dir anbefehle, oh Herr.
Amen.

Selbst für diese Leprapatienten gab es in jedem Jahr einige glückliche Tage. Einer war der Picknicktag. An diesem Tag im Herbst nahmen sie an einem Schulpicknick für Grundschüler der Schule teil, die mit Ae-Yang-Won verbunden war. Dies war der einzige Tag im Jahr, an dem die Patienten die Außenwelt sehen durften. Die kleinen Schüler des Leprazentrums marschierten durch den Ort und sangen das Schullied, angeführt von ihren Lehrern, und mein Vater marschierte als ihr Direktor hinter ihnen her. Manche Jungen und Mädchen hatten stark entstellte Gesichter, einige hinkten, anderen fehlten Gliedmaßen, wieder andere hatten schiefe Lippen oder andere Gebrechen. Das war für die Leute in der Stadt ein rechtes Spektakel. Jung und Alt hielten in ihrer jeweiligen Tätigkeit inne und starrten die vorüberziehenden Kinder verächtlich an. Doch diese sangen weiter: „Was für eine schöne Welt hat Gott erschaffen", während sie hinter ihren Lehrern hergingen. Gelegentlich wandten sie sich um, um sicherzugehen, dass mein Vater noch hinter ihnen herging. Denn ohne ihren heiß geliebten Direktor wäre der Picknicktag nur halb so schön gewesen, weil er sie immer mit seinen Späßen unterhielt.

Einmal stand er ohne seinen Hut unter einer Kastanie, und eine stachelige Schale fiel ihm auf den Kopf. Da fasste er sich in die Haare, hüpfte auf und ab und tat so, als sei er verletzt. „Autsch! Autsch! Mein Kopf, mein Kopf!" Er verzog das Gesicht. Die Kinder hielten sich den Bauch vor Lachen. So hatte er immer witzige Einfälle, damit sie etwas zum Lachen hatten und diesen Tag in Gottes wunderbarer Schöpfung genießen konnten. Deshalb beteten die Kinder immer vor dem heiß ersehnten Picknicktag, dass mein Vater sich an diesem Tag nicht um andere Dinge kümmern musste und an ihrem Picknick teilnehmen konnte. Viele dieser Kinder waren Waisen. Manche waren wegen ihrer Krankheit von ihren Eltern verlassen worden. Andere wurden zu Waisen, nachdem ihre leprakranken Eltern in Ae-Yang-Won gestorben waren.

Ein Mädchen kam mit vier Jahren mit ihrer Mutter in unser Leprazentrum. Ihr Vater hatte beide verlassen, weil die Mutter an Lepra erkrankt war. Kurz darauf starb die Mutter. Und obwohl das Mädchen gesund war, wollte ihr Vater sie nicht zu sich nehmen. Er heiratete wieder und vergaß seine Tochter. Sie blieb acht Jahre lang bei uns im Leprazentrum. Immer, wenn sie sich einsam fühlte, sang sie ein Lied, das sie selbst verfasst hatte:

> Wenn die Sonne weit draußen im Meer versinkt,
> gehen die Kinder, die Muscheln gesucht haben,
> wieder nach Hause.
> Auch die kleinen Möwen, die über dem Wasser
> tanzen, fliegen fort,
> weit weg in ihre Nester auf der Insel.
>
> Der Abendwind über dem Strand fühlt sich einsam.
> Auch die wunderschöne Mondsichel scheint ein
> Zuhause zu haben.

Doch ich habe schon vor acht Jahren meine Heimat
verlassen.
Wann werde ich wieder zurückkehren?

Im Leprazentrum gab es viele einsame Kinder wie dieses Mädchen. Deshalb bemühte sich mein Vater, sie zum Lachen zu bringen und sie durch seine liebevolle Fürsorge und sanfte Berührung die Liebe Gottes spüren zu lassen.

Nachdem er am Picknicktag vor dem Essen gebetet hatte, suchten sich die Kinder einen Platz und begannen zu essen. Dann blickte er in die Runde und fragte: „Ach, jetzt hab ich ganz vergessen, mir was zum Essen mitzubringen. Wer von euch gibt mir etwas ab?" Doch keiner sagte: „Setz dich zu uns und iss mit." Nicht, dass sie ihr Essen für sich behalten wollten. Sie hätten ihrem geliebten Pastor mit Freuden ihr ganzes Essen gegeben. Doch sie waren sich immer ihrer Krankheit bewusst und wollten ihr Essen und Trinken nicht mit ihm teilen, damit er sich nicht ansteckte.

Mein Vater kannte ihre Gedanken. Als sich keiner meldete, ging er zu dem Kind, das die schlimmsten Symptome von Lepra aufwies. Zuerst weigerte sich das Kind, seine Mahlzeit mit ihm zu teilen, weil es ihn schützen wollte, doch schließlich gewann mein Vater und sie aßen zusammen und tranken aus derselben Tasse.

„Meine Güte! Wenn unser Pastor nun auch Lepra kriegt?", fragten einige Kinder besorgt.

„Das ist noch gar nichts! Ich habe gesehen, wie er die eiternden Wunden der schwer kranken Patienten in der Intensivstation berührt und mit ihnen gebetet hat", flüsterten andere einander zu. Wenn sie so mit ihm aßen, waren sie alle zufrieden und glücklich, weil sie wussten, dass sie geliebt und angenommen wurden, so wie sie waren. Sie waren dankbar, dass sie wegen ihrer Krankheit jederzeit die Freiheit hatten,

Gott zu loben. Denn niemand wollte ihnen so nah kommen, dass er ihnen untersagen konnte, die schönen Lieder zu singen, die die Japaner verboten hatten.

Mein Vater verbrachte den Großteil seiner Zeit mit den Leprapatienten. Wann immer er konnte, besuchte er sie. Er verstand ihren Schmerz und wollte ihr Leiden mit der Liebe Christi lindern.

Natürlich vernachlässigte er dabei seine eigene Familie. Er hatte nicht viel Zeit für vertraute Gespräche mit uns. Als kleine Kinder spürten wir diesen Mangel wohl. Aber keiner von uns, auch nicht meine Mutter, beklagte sich bei meinem Vater oder begegnete ihm mit Verärgerung und Groll.

Auch meine Mutter nahm sich von ganzem Herzen der Leprapatienten an. Man sagt ja, dass ein Ehepaar sich mit der Zeit immer ähnlicher wird. So empfand meine Mutter eine ebenso große Liebe zu den Kranken wie mein Vater. Von Zeit zu Zeit bereitete sie besondere Gerichte wie Reiskuchen und Brot zu und brachte sie den Patienten in der Intensivstation, die Zimmer Nr. 14 genannt wurde.

In dieser Abteilung waren die Menschen untergebracht, denen es am schlimmsten ging. Die Patienten waren furchtbar entstellt. Viele hatten Finger verloren, und ihre Gesichter waren so verzerrt, dass man sie kaum wiedererkennen konnte. Sie boten wahrhaft ein Bild des Jammers.

Manche hatten am ganzen Körper harte rote Beulen, die wie rote Bohnen aussahen. Andere hatten ständig entzündete, eitrige Wunden, die ihre Unterwäsche und sogar die äußere Kleidung durchweichten. Daher herrschte in diesem Zimmer ein unbeschreiblicher Gestank. Mein Vater wandte sich ganz besonders diesen Patienten zu. Auch wenn sie sich weigerten, hielt er ihre Hände und aß mit ihnen.

Vor einiger Zeit erhielt ich den folgenden Bericht des Ältesten Il-Hong Baek, einem der Leprakranken, die damals die Patienten im Zimmer Nr. 14 pflegten: „In jener Zeit bestand unser Gebäude aus siebzehn Zimmern. In Zimmer 1-10 waren die relativ gesunden Patienten untergebracht und in 11-13 welche mit nur leichten Symptomen. In Zimmer Nr. 14 lebten die Patienten, die Lepra im weit fortgeschrittenen Stadium hatten. Man konnte sie oft kaum anschauen, denn ihre furchtbar entstellten Gesichter legten Zeugnis ab vom schrecklichen Kampf dieser Menschen mit der Lepra. Ich entsinne mich, dass Herr Bong-Hwan Kim und Herr Chang-Shik Park besonders krank waren. Herr Park war ein hoch gebildeter, belesener junger Mann, dem man den Spitznamen ‚Alleswisser' gegeben hatte.

Um die Wunden dieser Patienten zu versorgen, brauchten zwei Krankenpfleger mindestens zwei oder drei Stunden. Weil der Boden in diesem Zimmer mit Absonderungen, Blutflecken und Schweiß bedeckt war, mussten sie ständig zusammengerollte Zeitungen auf den Boden legen. Die benutzten sie sozusagen als Trittsteine, um zu den Patienten zu gelangen, die sie behandeln sollten. Vielleicht können Sie sich vorstellen, unter welch erbärmlichen Umständen die Patienten in jener Zeit lebten! Damals waren Nahrung und Medikamente knapp. Und die Bewohner des Zimmers Nr. 14 führten natürlich ein besonders jämmerliches Dasein.

Versuchen Sie sich einmal in diese Menschen hineinzuversetzen, die als Bekleidung von Kopf bis Fuß in Verbandsmull eingewickelt waren, der ständig von Blut und Eiter durchtränkt war. Besonders ein Erlebnis werde ich nie vergessen:

Eines Tages öffneten die Krankenpfleger Oh-Jae Kim und Bae die Tür zu Zimmer Nr. 14, um die Patienten zu versorgen. Sie verzogen das Gesicht, weil es so stank, und bedeckten die Nase mit einem Taschentuch. Dann legten sie die zusammengerollten Zeitungen auf den Boden, der naß war von Blut und Eiter. Plötzlich stand Herr Park (ein Patient) auf, kickte die Zeitungen beiseite und stieß hervor: ‚He, ihr Hundesöhne, habt ihr nicht auch Lepra?' Er schnaufte und keuchte und schaute sie mit seinen verdrehten Augen finster an. Dann warf er sein hölzernes Kissen auf die Pfleger. Er traf Herrn Kim so hart am Kopf, dass er einige Monate unter den Folgen litt und dann in den Himmel gerufen wurde. Solchen Zorn hatten diese Kranken auf ihr Schicksal! Gerade in diesem Moment kam Pastor Sohn ins Zimmers Nr. 14 und sah, was passiert war. Rasch lief er mit bloßen Füßen herein, ergriff Herrn Parks Hand und betete für ihn, dass er sein Schicksal im Glauben ertragen und anderen aus Liebe vergeben könne.

Wenn die Leute in jener Zeit einen Leprakranken sahen, zeigten sie mit dem Finger auf ihn und sagten: ‚Seht mal, da kommt einer, der Lepra hat', und dann wandten sie sich angewidert ab. Es war eine schwere Zeit, in der jeder sein eigenes Brot mit Tränen aß und nur Pastor Sohn uns aus Liebe berührte und tröstete. Wenn ich an ihn denke, halte ich oft inne, schaue in den Himmel und verliere mich stundenlang in Erinnerungen."

Mein Vater ging im Zimmer Nr. 14 ein und aus. Es gab zwar strenge Bestimmungen, dass Gesunde in diesem Raum Gesichtsmasken, Handschuhe und Gummistiefel tragen mussten. Doch mein Vater setzte sich über diese Regeln hinweg. Furchtlos hielt er die nässenden, blutigen Hände der Leprakranken und redete lange mit ihnen. Als er erfuhr, dass Speichel wie Medizin auf die nässenden Wunden der Leprakranken wirkte, saugte er oft ihren Eiter und Blut mit dem Mund aus. Zuerst waren die Patienten schockiert und bestürzt. Sie sprangen auf und traten einen Schritt zurück und warfen ihm zweifelnde Blicke zu.

Manche starrten meinen Vater auch argwöhnisch an und fragten sich, warum dieser junge Mann an einen Ort wie Ae-

Yan-Won gekommen war und so freundlich mit ihnen umging. Und wer konnte es ihnen verdenken? Sie hatten ja bisher ganz andere Erfahrungen gemacht. Jeder, sogar ihr eigenes Fleisch und Blut, selbst ihre Frauen und Männer, die ihnen lebenslange Treue versprochen hatten, sogar ihre eigenen Kinder, die sie großgezogen hatten, hielten sie für unrein, fürchteten sich vor ihnen und jagten sie davon. Warum sollte also ein völlig Fremder wie dieser junge Pastor sich weder vor ihnen fürchten noch sie als unrein betrachten? Wie konnte er sie so annehmen, wie sie waren, und sogar seinen Mund auf ihre nässenden Wunden pressen? Kein Wunder, dass sie die Freundlichkeit meines Vaters mit Misstrauen aufnahmen.

Doch selbst als sie begriffen, dass mein Vater lautere Absichten hatte, wichen sie vor ihm zurück. Aber dieses Mal aus einem anderen Grund!

„Was, wenn Pastor Sohn nun auch Lepra bekommt?", sagten sie und versuchten, jeden Körperkontakt mit ihm zu vermeiden. Da er sich ohne jegliche Sicherheitsvorkehrungen unter den Leprakranken bewegte, ging das Gerücht herum, mein Vater habe sich bereits angesteckt. Doch er lächelte nur und meinte: „Am liebsten würde ich tatsächlich an Lepra erkranken. Dann würde kein Patient mehr vor mir zurückweichen und mich anflehen, nur nicht näher zu kommen. Ich könnte dann immer mit ihnen Gemeinschaft haben und mit ihnen lachen, reden und spielen." Als das Krankenhaus von den Gerüchten erfuhr, überredeten sie meinen Vater zu einem Bluttest, den er nur widerwillig durchführen ließ. Als die Laborergebnisse zurückkamen, stellte sich heraus, dass sein Blutbild besser aussah als das der meisten gesunden Erwachsenen. Mein Vater meinte dazu lakonisch: „Na, dann wird es wohl stimmen." Er hatte überhaupt keine Angst davor, selbst an Lepra zu erkranken.

6. Erinnerungen an das Leprazentrum

Jedes Jahr wurde im Leprazentrum ein Fest zu Ehren der älteren Bewohner gefeiert. Die jungen Leute bereiteten das Essen vor und überlegten sich ein Unterhaltungsprogramm. Auch wenn es nur ein einziger Tag war, freuten die alten Leute sich an all den Delikatessen, mit denen der Tisch über und über beladen war. So wurden sie kurzfristig von ihrem Leiden abgelenkt und waren glücklich. Zwar war ihr Körper furchtbar entstellt, und sie wurden in der Welt draußen abgelehnt und wie Dreck behandelt, doch dieser eine Tag war für die alten Leute der Höhepunkt des Jahres, und mein Vater versuchte sein Bestes, um sie glücklich zu machen.

So sparte er für diesen Festtag Reis und Kürbisse auf, die an Erntedank gebracht wurden. Die Bewohner unter 40 sammelten ein besonderes Opfer ein, um im nahe gelegenen Soonchun Lebensmittel einzukaufen und sie besonders liebevoll zuzubereiten. Schließlich kamen sie alle zusammen, klatschten mit ihren verkrümmten Fingern in die Hände, sangen mit verzerrten Lippen und tanzten voller Festfreude.

Mein Vater liebte dieses Fest sehr. Er saß bei ihnen und sagte: „Mütter und Väter, wir wollen an diesem wunderbaren Tag nicht ein Teufelsgesicht machen, sondern das Gesicht eines Engels aufsetzen. Es kostet uns doch nichts." Er selbst lächelte den ganzen Tag über, während er die fütterte, die ihr Augenlicht oder ihre Hände verloren hatten.

Mein Vater liebte alle Patienten wie seine eigene Familie – ganz besonders war er mit seinen Eltern verbunden –, doch sein Herz schlug besonders für die Älteren, und er erwies ihnen großen Respekt. Neben diesem Fest für die Betagten gab es noch andere, jährlich wiederkehrende Ereignisse, wie Bootstouren im Sommer, ein sportlicher Wettbewerb im Herbst und das Yoot-Spiel im Winter.

Diese Festtage wurden eingeführt, als mein Vater nach Ae-Yang-Won kam. Vielleicht dachte er sie aus, um seine Sohnespflichten zu erfüllen, die er seinen eigenen Eltern nicht mehr erweisen konnte. Anfang 1935 hatte er seine Mutter verloren. Er vermisste sie sehr. Frau Choi, eine 70-jährige Patientin, sah seiner Mutter so ähnlich, dass er sie oft besuchte. Und sie wiederum behandelte ihn wie ihren eigenen Sohn. Sie freute sich jedes Jahr auf das Fest für die alten Leute, aber dann starb sie nur zwei Wochen vor diesem Fest, während mein Vater an einem anderen Ort eine Erweckungsversammlung leitete.

Während sie starb, rang sie nach Luft und redete im Delirium: „Wo ist Pastor Sohn? Wann kommt er? Wie kann ich ohne ihn die Augen schließen? Bitte schickt schnell jemanden, um ihn zu holen. Ich kann nicht sterben, ohne ihn noch einmal zu sehen, ich kann nicht …“ Dann tat sie ihren letzten Atemzug. Als mein Vater spät an jenem Tag nach Hause kam, meinte er traurig: „Hätte sie doch nur drei Wochen länger leben können, dann hätte sie das Fest noch erlebt.“ Und er wischte sich die Tränen aus den Augen.

Ein anderer älterer Mann im Zimmer Nr. 14 musste einen Luftröhrenschnitt und ein Röhrchen in die Luftröhre zum Atmen bekommen. Bei ihm war die Lepra schon weit fortgeschritten, und seine Luftröhre und Speiseröhre waren blockiert. Er war kaum noch am Leben, atmete durch dieses Loch, wurde durch einen Schlauch ernährt und wartete nur noch auf seinen Tod. Ständig murmelte er: „Ich möchte am liebsten in den Himmel eingehen. Warum wird mein erbärmliches Leben denn verlängert?“ Dann verlangte er eines Tages dringend nach meinem Vater: „Wenn ich die Augen schließe, möchte ich meinen Pastor bei mir haben. Holt schnell Pastor Sohn, aber beeilt euch!"

Mein Vater rannte sofort zu dem Mann, dessen Körper schon so gut wie tot war. Während das Leben aus ihm wich, flüsterte er mit heiserer Stimme, wobei er zwischendurch immer wieder nach Luft rang: „Pastor, ich hätte gern ein Soda! Soda!" Mein Vater hielt ihm die Hand und bat jemanden, rasch Soda holen. Wie durstig muss er gewesen sein, wenn Soda sein letzter Wunsch war!

Um Soda zu kaufen, musste man in die Stadt Soonchun fahren. Obwohl mein Vater zur Eile gemahnt hatte, ging es nicht schnell genug. Als das Getränk endlich da war, war der alte Mann bereits gestorben. Mein Vater war sehr betrübt, dass es nicht möglich gewesen war, dem Mann rechtzeitig seinen letzten Wunsch zu erfüllen. „Wie viel besser wäre es gewesen, hätte er vor dem Sterben noch erfrischendes, kühles Soda getrunken!", sagte er traurig. Selbst nach Jahren dachte mein Vater immer an diesen Mann, wenn er eine Flasche Soda sah. Er erzählte mir die Geschichte viele Male, und jedes Mal standen ihm Tränen in den Augen. Er seufzte schwer beim Gedanken an den alten Mann und versäumte es nie, mich zu ermahnen: „Selbst Gutes tun ist nur möglich, wenn Gott es zulässt. Wenn du also anderen Gutes erweisen kannst, dann tu es, wie gering oder groß es auch sein mag." Wie diese beiden wollten auch die anderen Bewohner meinen Vater um sich haben, wenn sie im Sterben lagen.

Die meisten Patienten schätzten diesen liebevollen Mann und reagierten positiv auf seine Zuwendung. Doch einigen anderen war er nicht genehm, und sie hatten dauernd etwas an ihm auszusetzen. In jeder Organisation und Gemeinschaft gibt es auch Widersacher, und Ae-Yang-Won bildete da keine Ausnahme. Auch hier gab es einen Mann, der voller Hass war und sich ständig beklagte – Herr Sang-Jip Kwon. Wenn mein Vater predigte, hackte er auf jedem Wort herum, was er sagte, und verbreitete seine kritischen Gedanken in seiner Wohngruppe.

Viele Kranke nahmen die Predigten meines Vaters dankbar auf und wurden mit Freude und Gottes Lob erfüllt. Aber Herrn Kwon war die Botschaft des Evangeliums ein Dorn im Auge. Zwar hielt er meinen Vater für ehrlich und offen und manchmal für sehr vollmächtig. Aber leider verschloss sich sein Herz völlig gegen meinen Vater. Vielleicht war er neidisch darauf, dass mein Vater sich viel mehr um die „schweren Fälle" kümmerte als um die, die nur leichte Symptome aufwiesen.

„Hört mal, was er gesagt hat. Solche sarkastischen Bemerkungen … Klingt fast, als hätte er mich im Visier. Das ist wirklich unverschämt! Ich werde es nicht dulden, dass er noch mal so etwas sagt. Ich werde ihn ruinieren!", flüsterte er den anderen zu.

Eines Tages heckte Herr Kwon einen Plan aus, um meinen Vater zu demütigen. Er und einige andere nahmen sich vor, meinen Vater mit Gewalt von der Kanzel zu zerren, wann immer er predigte. So wollten sie ihn vom Predigen abbringen.

Glücklicherweise war mein Vater an einen anderen Ort gefahren, um dort eine Erweckungsversammlung abzuhalten. Auf dem Heimweg wurde er auf dem Wasser von Wind und Wellen so hin- und hergeschüttelt, dass er nicht wie geplant am Samstagabend, sondern erst kurz vor Beginn des Gottesdienstes am Sonntagmorgen eintraf. Ohne zu essen und sich zu waschen, eilte er zur Kirche. Der Gottesdienst hatte bereits begonnen, daher marschierte er direkt zur Kanzel, um seine Predigt zu halten. Herr Kwon und die anderen Männer warfen sich gegenseitig Blicke zu und warteten auf eine Gelegenheit, sich auf ihn zu stürzen und ihn von der Kanzel zu zerren. Aber Gott wirkte ein Wunder.

Als sie Gottes Gnadenbotschaft hörten, wurden ihre verhärteten Herzen weich, und sie vergossen Tränen der Reue. Bis dahin hatten sie den Predigten meines Vaters immer voller Spott zugehört und ihn sogar manchmal ausgepfiffen. Doch an diesem Tag, zu dieser Stunde und an diesem Ort wurden ihnen die Ohren geöffnet, und sie vernahmen seine Botschaft wie eine Stimme vom Himmel. Später hörte ich diese Geschichte direkt von einem der Männer, die sich gegen meinen Vater verschworen hatten.

Ich habe viele Erinnerungen an das Leprazentrum, und nie werde ich meine Freunde vergessen, die mit mir zusammen aufwuchsen. Am 22. November 1991 nahm ich an der bewegenden Einweihungsfeier der Gedenkstätte für meinen Vater teil. Dort traf ich meinen alten Freund Tae-Soo. Da wir seit vielen Jahren nichts mehr voneinander gehört hatten, wusste ich nicht, wie es ihm ging. Wenn ich an ihn denke, spüre ich selbst heute eine schmerzliche Sehnsucht.

In meiner Erinnerung höre ich ihn Mundharmonika spielen. Im Leprazentrum gab es ein Mundharmonika-Orchester, dessen Musik direkt vom Himmel zu kommen schien, so bewegend hörte sie sich an. Alle Orchestermitglieder wurden später blind, weil ihnen die Lepra das Augenlicht nahm. Einer von ihnen war Tae-Soo. Sie alle trugen die schmerzlichen Spuren der Lepra, die ihre Sehnerven immer mehr angriff, so dass später ihre Augäpfel entfernt werden mussten. Doch sie hörten nie auf, Gott zu danken und ihn zu loben. Warum ausgerechnet Mundharmonika? Weil sie mit ihren verkrümmten Händen oder fingerlosen Stummeln nicht Gitarre oder Klavier spielen konnten.

Da sie in ständiger Dunkelheit lebten, war ihr Gefühl für Musik viel stärker ausgeprägt als das der meisten anderen Menschen. Als sie bei der Einweihungsfeier auf ihren Mundharmonikas spielten, war ihre Lobpreismusik so bewegend, dass sie die Zuhörer tief ergriff. Als ich nun, nach so vielen Jahren, wieder zuhörte, wie Tae-Soo auf der Mundharmonika spielte, spürte ich tiefes Mitgefühl mit ihm. Er konnte mich nicht sehen, als ich ihn beobachtete, wie er mit ganzer Hingabe spielte und sein Instrument mit gekrümmten Händen hielt, so, als wolle er sagen: „Freut mich, dich zu sehen, Dong-Hee! Ich weiß, dass du da bist. Wie klingt meine Mundharmonika?"

Während ich jetzt wieder einer Mundharmonika lauschte, wanderten meine Gedanken zu den Freunden meiner Kindheit im Leprazentrum zurück. Wenn wir im blauen Wasser des Ozeans spielten, vergaßen wir die Zeit. Wie wir den lieben langen Tag auf dem weißen Sandstrand herumtollten – meine geliebten Freunde Young-Chul, Soon-Ok und Tae-Soo und ich!

Young-Chul war meine erste Liebe. Er war ein stiller Junge und sein Gesicht war immer überschattet. Aber er sah gut aus und war so musikalisch, dass er immer den Kirchenchor dirigieren oder ihn auf dem Klavier begleiten musste. Auch ich liebte die Musik. Vielleicht war es unser gemeinsames Interesse, das uns zusammenbrachte. Bis spät abends gingen wir am Strand entlang und redeten über Musik. Mit der Zeit wuchs eine tiefe Liebe zwischen uns. Selbst seine Krankheit konnte nicht verhindern, dass wir uns bis zum Tod liebten.

Das Gelände des Leprazentrums war von einem Stacheldrahtzaum umgeben, und normalerweise wagte sich nachts niemand nach draußen. Aber wenn es dunkel wurde, stahlen wir uns immer wieder hinaus und verbrachten Stunden miteinander am Strand. Mit der Zeit reifte die Liebe zwischen uns. Aber die Zeit lehrte uns auch, dass es zwischen uns eine undurchdringliche Mauer gab, die wir nicht überwinden konnten.

Young-Chul beklagte oft seine Lebensumstände und

trauerte um unsere hoffnungslose Liebe, die niemals Erfüllung finden konnte. Später erfuhr ich, dass er sein Leben verfluchte und jegliche Hoffnung verlor. Schließlich beging er Selbstmord. Er wurde nicht einmal vierzig Jahre alt. Auch wenn er nicht mehr an meiner Seite ist, bleibt er als funkelnder Stern in meinem Herzen.

Auch Tae-Soo erblindete eines Tages, nach einem plötzlichen Lepraschub. Er verlor mit 30 sein Augenlicht. Immer wieder versuchte er, Selbstmord zu begehen, scheiterte aber jedes Mal. Als ich davon hörte, war ich so traurig und machte mir solche Sorgen um ihn, dass mir die ganze Welt tiefschwarz erschien, so wie auch er sie sah. Wie konnte es passieren, dass er seine funkelnden Augen verlor? Das war ein furchtbarer Schock für mich. Eine solche Krankheit zu bekommen, war schon unfair genug, doch nun hatte die tückische Lepra ihm sein Augenlicht genommen. Er hatte so helle Augen gehabt, aber nun ... Ich drückte ihm fest die Hand. Aber der erwachsene Tae-Soo, dem ich an jenem Tag begegnete, war ein ganz anderer als der unserer Kinderzeit.

Er nahm mich mit nach Hause. Ich hielt seine Hand in meiner und sagte: „Tae-Soo, unsere Reise in dieser Welt hat einmal ein Ende. Bald gehen wir in unsere himmlische Heimat. Dann kannst du mich mit den hellen Augen deiner Kindheit sehen. Wir wollen uns auf diesen Tag freuen und unseren Pilgerweg fortsetzen."

„Dong-Hee, mach dir keine Sorgen um mich. Ich bin Gott ganz dankbar. Denn schließlich bin ich nicht taub. Ich kann hören, was du jetzt zu mir sagst. Ich bin nicht stumm, so dass ich nicht mit dir reden könnte. Für diese Gaben will ich dankbar sein!"

Ich hörte ihm zu und wäre am liebsten weinend zusammengesunken. Verglichen mit seinem Glauben erschien mir der meine so schwach, klein wie ein Sandkörnchen. Ich sah mich in ganz neuem Licht: Äußerlich so gesund, aber innerlich leer. Ich schämte mich und beneidete ihn gleichzeitig um seinen Glauben, als ich voller Bewunderung in seine eingesunkenen Augen blickte.

Teil 2

Die Saat des Leidens

7. „Herr, ich bin dein Diener“

Mittwoch, 25. September 1940. Der stickig heiße Sommer war vorbei, und der Herbst war ins Land gekommen. Auf den Feldern wogten die goldenen Reishalme und beugten sich unter ihrer Last. Die Blätter an den Bäumen veränderten ihre Farbe und der Wind trieb sie über die Felder. Die schillernden Libellen flogen gemächlich in den weiten Himmel. Der Tag war friedlich und heiter.

Doch dunkle Wolken begannen sich über dem Leprazentrum zusammenzubrauen. Meine Familie betrat an diesem unvergesslichen Tag den Weg des Leidens. Bis dahin hatte die Gemeinde im Leprazentrum größere Freiheiten gehabt als andere. Die japanische Forderung nach Teilnahme am Schintokult wurde hier weniger streng gehandhabt, und wir fühlten uns nicht so stark kontrolliert. Weil hier gewissermaßen eine Ausnahmesituation herrschte, sahen die japanischen Behörden über kleinere Gesetzesbrüche hinweg.

Doch selbst jetzt behielt die strenge japanische Polizei meinen Vater im Auge, der sich in seinen Predigten offen gegen den Schintokult wandte. Er predigte überall und bei jeder Gelegenheit, dass die Verehrung des Kaisers am Schintoschrein Götzendienst sei und eine Übertretung der Gebote Gottes.

Wo immer sich Gläubige versammelten, suchte mein Vater sie auf und wandte sich ganz offen gegen diese Sünde. Solche Reden konnten die Japaner nicht länger tolerieren.

Die zarten Kosmeen wiegten sich sanft im Wind, als zwei Polizeibeamte plötzlich auf unser Haus zumarschiert kamen. An der Tür fragten sie sofort nach meinem Vater: „Ist Pastor Sohn zu Hause?“

Meine Mutter erschrak über die fordernden Stimmen der ungebetenen Gäste. „Wer sind Sie?“, fragte sie mit zitternder Stimme.

„Wir sind Beamte vom Polizeirevier in Yeosoo. Wir sind gekommen, um Pastor Yang-Won Sohn zu verhaften.“

Mein Vater hatte drei Abende lang in der Kirche des Leprazentrums Anbetungsgottesdienste gehalten. Weil sich gerade die Gemeindeleitung versammelte, war er immer noch dort, und nur meine Mutter war früher zurückgekehrt. Als sie den Beamten sagte, dass ihr Mann nicht zu Hause sei, setzten sie sich und blickten arrogant um sich.

Meine Familie ahnte schon, weshalb sie gekommen waren, und bekam es mit der Angst zu tun. Unser Vater war eine Säule nicht nur für unsere Familie, sondern für das Leprazentrum. Was würde mit uns allen geschehen, wenn sie ihn abholten? Eben in diesem Augenblick kam mein Vater durch das äußere Tor. Die beiden Beamten sprangen sofort auf, packten ihn und zerrten ihn hinaus. Mein Vater hatte die Situation schnell erfasst und folgte ihnen, ohne sich zu wehren. Er drehte sich nur kurz zu meiner Mutter um, die totenbleich in der Tür stand. „Mach dir keine Sorgen“, sagte er zu ihr. „Bete nur für mich.“

Von diesem Tag an bis 1945, als unser Land von Japan unabhängig wurde, verbrachte mein Vater fünf lange Jahre im Gefängnis. Später erfuhren wir, was ihm vorgeworfen wurde: Er hatte sich geweigert, die Schinto-Gottheiten zu verehren, und auch andere dazu angestiftet. Doch mein Vater fürchtete solche „Verbrechen“ nicht. Er fürchtete sich nur vor einer Sünde, nämlich das Gebot Gottes zu übertreten.

Seit dem Tag seiner Verhaftung vergingen zehn Monate ängstlicher Anspannung, in denen wir nichts von ihm hörten. Wir erfuhren nicht, ob man ihn entlassen würde oder ob er verurteilt worden war und eine Haftstrafe absitzen musste.

Mehr als die Bewohner des Leprazentrums und wir Kinder litt meine Mutter unter diesem Zustand. Plötzlich war sie das Haupt der Familie, aber sie konnte nicht alle Aufgaben bewältigen, die damit verbunden waren. Wir konnten nichts für unseren Vater tun, außer jeden Tag darum zu beten, dass er heil zu uns zurückkehrte. Zu der Zeit erschien uns ein Tag wie ein Jahr. Wir wussten, dass die japanische Polizei ihre Häftlinge folterte. So fragten wir uns immer wieder, ob unser Vater Folterungen erleiden musste, ob er gesund war und wann er wieder entlassen werden würde.

Meine Mutter machte sich natürlich große Sorgen um das körperliche Wohlergehen meines Vaters. Doch mehr noch hoffte sie inständig, dass er unter dem Druck der grausamen Folter Gott die Treue hielt. Sie hatte nämlich viele Geschichten über andere Pastoren gehört, die verhaftet und gefoltert worden waren, und die schließlich ihren Widerstand gegen den Schintokult aufgaben, um entlassen zu werden. Auch wenn sie wusste, dass ihr Mann nie solche Kompromisse eingehen würde, blieb doch immerhin die Möglichkeit offen, dass er in einem Augenblick der Schwachheit seinen Glauben verleugnete. Eines Tages hielt meine Mutter diesen Zustand der Ungewissheit nicht länger aus und fuhr mit dem Zug nach Yeosoo, mit meinem Bruder Dong-Lim auf dem Rücken, der noch ein Baby war.

Als sie in die Stadt kam, suchte sie alle Bekannten auf, um etwas über den Aufenthaltsort meines Vaters zu erfahren und ob er entlassen werden würde. Und schließlich wurde sie mit einem Mann bekannt gemacht, der als Koch im Gefängnis arbeitete.

„Pastor Sohns Verhandlung ist abgeschlossen, und ich habe gehört, dass er das Polizeirevier heute oder morgen verlassen wird", antwortete der Koch auf die Fragen meiner Mutter.

So erfuhr sie, dass am folgenden Tag über die Entlassung meines Vaters entschieden werden sollte. Früh am nächsten Morgen fuhren wir alle mit dem Zug nach Yeosoo und stellten uns vor dem Polizeirevier auf. Unser Herz klopfte heftig, weil wir uns so darauf freuten, endlich wieder das Gesicht unseres Vaters zu sehen. Als das Tor geöffnet wurde, war es mein ältester Bruder, der meinen Vater zuerst erblickte.

„Da hinten kommt er!“, schrie Matthew. Wir schauten in die angegebene Richtung. Aber irgendetwas stimmte nicht. Der Kopf meines Vaters war kahl geschoren, und er hatte Bewacher an seiner Seite. So wurde er also nicht entlassen. Meine Mutter war niedergeschmettert, doch sie lief schnell zu ihm hinüber, während die Beamten mit jemand anderem redeten. „Wohin kommst du?“, fragte sie ihn.

„Nach Kwangju …“ Bevor mein Vater seinen Satz beenden konnte, schlug meine Mutter rasch die Bibel auf und zeigte auf einen bekannten Vers: „Wenn du mir treu bleibst bis zum Tod, werde ich dir als Siegespreis das ewige Leben geben“ (Offenbarung 2,10). Mit tränenerstickter Stimme flüsterte sie: „Mein Liebster, dieses Wort kennst du ja. Wenn du Kompromisse eingehst und den Schintokult mitmachst, bist du nicht mehr mein Mann. Und außerdem verwirkst du dein Seelenheil.“

„Mach dir keine Sorgen“, entgegnete er. „Bete nur für mich.“ Sein Gesicht war verhärmt und schmal. Dann führte der Beamte ihn fort. So konnten wir ihn nur flüchtig sehen und wurden wieder für lange Zeit getrennt. Mein Vater wurde mit dem Zug nach Kwangju gebracht.

Zu der Zeit war ich zu jung, um das alles zu verstehen. Aber wenn ich als Erwachsene heute auf diese Zeit zurückblicke, habe ich großen Respekt vor meiner Mutter. Ihre Hauptsorge war nicht, dass es meinem Vater körperlich gut ging oder welche Torturen er während seiner Haft zu erdulden hatte, sondern ihr ging es vor allem darum, dass er in seinem Glauben nicht schwach wurde und keinen Kompromiss mit dem Götzendienst einging.

Mein Vater war 38 Jahre alt, als er verhaftet wurde. Während der 10 Monate, die er in Polizeihaft war, wurde er immer wieder zum Verhör geladen und von Polizeibeamten und dem Staatsanwalt in die Mangel genommen. Sie drohten und redeten ihm mit schönen Worten zu und versuchten teilweise die ganze Nacht mit verschiedensten Foltermethoden, auf ihn einzuwirken.

„Hören Sie mal, Pastor Sohn! Alle anderen Pastoren und Professoren, selbst die mit einem Doktorgrad in Theologie, haben sich vor dem Schintoschrein verneigt. Weshalb bestehen Sie als Einziger darauf, allein Jesus zu verehren?“, brüllten sie und schlugen ihm ins Gesicht.

„Es ist so“, erwiderte mein Vater. „Das Christentum ist nicht eine Religion, die auf Wissen gegründet ist, sondern auf den Glauben, nicht auf Gefühle, sondern auf Erfahrung. Wenn Gebildete diese Wahrheit nicht glauben, können doch unwissende, ältere Menschen sie fassen. Die Erfahrungen, die sie machen, verstehen die Gebildeten nicht. Zwar gibt es zwischen den Bereichen von Glaube und Wissen einige Berührungspunkte, aber manche Dinge können nicht mit dem Verstand erklärt werden. Das Christentum ist also eine Religion, die nicht von dieser Welt ist.“

„Pastor Sohn, ich merke schon, Ihnen ist nicht leicht beizukommen. Aber eines sage ich Ihnen: Sie kommen hier nicht raus, bis Sie vor dem Schintoschrein anbeten!“ Auf diese Weise befragten sie ihn viele Male zu seinem christlichen Glauben. Besonders ging es um die Endzeit und die Kaiserverehrung. Immer wieder versuchten sie, ihm eine Falle zu stellen. Aber mein Vater antwortete ihnen stets klar und in sich stimmig und fürchtete sich nicht vor ihren Finten.

Sie konnten zwar seinen Körper gefangen halten, nicht aber seinen Geist.

Eines Tages befragte ihn der Beamte, ein Herr Bae, wieder einmal zur Bibel. Mein Vater erklärte ihm alle 66 Bücher vom ersten Buch Mose bis zur Offenbarung in einfacher Form, so dass der Beamte begreifen konnte, dass Jesus Christus der Dreh- und Angelpunkt der ganzen Bibel ist. Er erläuterte ihm, dass Jesus die Prophezeiungen erfüllt und uns gezeigt hat, wie wir leben sollen, und dass wir allein durch ihn Hoffnung auf Auferstehung zu einem ewigen Leben im Himmel haben. Mein Vater erläuterte ihm, dass Gott ein dreieiniger Gott ist – der Vater, der Sohn und der Heilige Geist.

Auch wenn er inhaftiert war, antwortete er auf die Fragen, die ihm gestellt wurden, nicht wie ein Gefangener, sondern wie ein Pastor, der mit einem Ungläubigen redet.

„Was genau ist denn Gott für euch Christen?“, fragte der Beamte mit eisiger Stimme und verzerrtem Gesicht.

Auch das erklärte mein Vater ihm Schritt für Schritt: „Gott ist Liebe. Gott ist Gerechtigkeit. Gott ist Licht. Gott ist Geist. Gott ist der Schöpfer des Universums. Gott ist der souveräne Herr. Gott ist der oberste Richter aller Menschen.“

„Und was bedeutet das alles?“

„Ich erkläre es Ihnen genauer. Erstens: Gott ist Liebe. Das heißt, dass die Menschen wegen ihrer Sünde zum Tode verurteilt sind. Doch um uns vor Sünde und Tod zu retten, hat Gott seinen einzigen Sohn, Jesus, in diese Welt gesandt, um an unserer Stelle am Kreuz zu sterben. Jesus Christus ist für uns gestorben und hat so die Strafe für unsere Sünden bezahlt.

Zweitens: Gott ist Gerechtigkeit. Das bedeutet, dass Gott alle Gerechtigkeit und Bosheit der Menschen aufdecken wird, und er wird die Gerechten belohnen und die Bösen bestrafen. Gerechtigkeit bedeutet das, was nach der Bibel, dem Wort Gottes, gut und richtig ist. Gottes Wort, die Heilige Schrift, ist vollkommen gerecht und wahr."

„Ist denn die Erziehungspolitik der Japaner gerecht oder ungerecht?", unterbrach ihn Herr Bae.

„Wenn diese Politik die biblischen Grundsätze nicht verletzt, ist sie gerecht, wenn sie es tut, ist sie ungerecht."

Da schlug der Beamte mit der Faust auf den Tisch und schrie wütend: „Unverschämt!"

Doch trotz dieses Wutausbruchs fuhr mein Vater ruhig mit seiner Erklärung fort. „Drittens: Gott ist Licht. Das heißt, dass Gott die Menschen, die sich ihrer Sünde nicht bewusst waren, erleuchtet hat. So wissen sie um die Sünde und auch, dass es einen Himmel und eine Hölle und einen Tag des Gerichts gibt. So können die Menschen erfahren, wer der wahre Gott ist.

Viertens: Gott ist Geist. Wir können ihn nicht mit unseren Augen sehen. Gott wohnt in unseren Herzen. Gott ist allgegenwärtig und allmächtig. Das bedeutet, dass er überall zur gleichen Zeit ist und dass für ihn nichts unmöglich ist.

Fünftens: Gott ist der Schöpfer des gesamten Universums. Es gibt nichts, was er nicht geschaffen hat. In 1. Mose 1 steht geschrieben: ‚Am Anfang schuf Gott Himmel und Erde.'"

„Wenn Gott das Universum und alles, was darin ist, geschaffen hat, heißt das dann, dass auch die japanische Nation von ihm geschaffen wurde?", warf der Beamte ein und hoffte, meinem Vater mit seinen eigenen Worten eine Falle zu stellen.

„Selbstverständlich. Gott hat nicht nur Japan, sondern jedes Land der Erde geschaffen. Sie alle entwickeln sich nach seinem Willen, weil die ganze Welt und alle Menschen unter seiner souveränen Herrschaft stehen."

Herr Bae konnte nur mit Mühe seinen Zorn unterdrücken. „Ihr Jesusanhänger könnt gut mit Worten umgehen!“, meinte er widerwillig.

„Sechstens: Gott ist unser souveräner Herr. Das heißt, dass alles, was auf der Welt geschieht, auch wann Menschen geboren werden und sterben, in Gottes Hand liegt. Selbst der Kaiser erhält sein Leib und Leben, sein Land und Volk, seine Stellung und Autorität von Gott.

Schließlich“, so fuhr mein Vater fort, „ist Gott der oberste Richter über alle Menschen. Am Ende der Welt, nachdem Gott 1 000 Jahre auf der Erde geherrscht hat, werden alle Ungläubigen eine harte Bestrafung erhalten und in die Hölle kommen. Nur die wahren Gläubigen werden die Ewigkeit im Himmel verbringen, wo es keine Tränen, kein Leiden, keine Krankheit oder Tod mehr geben wird. Dort werden wir wahrhaft glücklich leben. Über das Ende der Welt kann man Genaueres im Buch der Offenbarung nachlesen. Ich habe hier nur eine kurze Erläuterung des christlichen Glaubens an Gott gegeben.“

„Die japanische Regierung verbietet ja nicht Ihren Glauben an das Christentum. Sie können glauben, was Sie wollen, solange Sie unserem Kaiser göttliche Verehrung erweisen. Nur dann wird unsere Regierung Sie gut leben lassen.“

„Das Christentum hat nicht in Japan seinen Ursprung, sondern in Gott. Wenn Sie also versuchen, das Christentum in eine japanische Religion umzuwandeln, kann es kein Christentum mehr sein. Wie können Sie den Gott des Universums unter den kleinen japanischen Gott zwingen? Das wäre so, als würde man versuchen, ein großes Fass in eine kleine Schüssel zu zwängen.“

Trotz der Wut und Einschüchterungsversuche des Vernehmungsbeamten ließ mein Vater sich in seinen Ausführungen über seinen Glauben nicht beirren. Er beantwortete alle Fragen ohne Furcht und Zögern. Immer wieder wurde er auch zum Schintokult befragt. Doch auch dann vertrat er mutig seine persönliche Überzeugung. Von Anfang an schob er jeden Gedanken an eine Befreiung aus seiner schrecklichen Haft beiseite. Er konzentrierte sich in jeder Lage einzig und allein auf die Ausbreitung des Evangeliums und benutzte dazu jede Gelegenheit, die sich ihm bot.

Eines Tages wurde er zu einem Verhör ins Büro des Staatsanwalts gebracht.

„Ist Ihnen bekannt, dass 1938 in Kurye die ‚Korean Christian Conference' abgehalten wurde und man während der Tagung der ‚Soonchun Mission' beschlossen hat, an den Schintoschreinen anzubeten?", fragte Staatsanwalt Yoda meinen Vater.

„Ja, das weiß ich."

„Die ‚Soonchun Mission' hat diese Entscheidung abgelehnt und sich von den anderen getrennt. Haben Sie auch das gewusst?"

„Ja, ich habe davon gehört."

„Dann hat sich also auch Ae-Yang-Won davon distanziert?"

„Ja, das stimmt", entgegnete mein Vater ehrlich.

Der Staatsanwalt Yoda kniff die Lippen zusammen und begann entschlossen, den Glauben meinen Vaters zu hinterfragen. „Was halten Sie von Gott?"

Mein Vater zögerte nicht mit der Antwort: „Der Herr, unser Gott ist der einzig wahre Gott, der ewig und allmächtig ist. Er ist der Schöpfer des Universums und hält es in seiner Hand."

„Gibt es außer ihm noch einen anderen Gott?"

„Ja, es gibt andere Götter. Aber niemand steht höher als Gott. Das steht im Alten Testament geschrieben."

„Also gut. Was ist denn Ihre Einstellung zum Schintokult?"

Als hätte er diese Frage vorhergesehen, legte mein Vater eindrücklich dar, welch eine Verirrung der Schintokult ist, so wie er sich immer dagegen gewandt hatte, wenn er in andere Gemeinden eingeladen worden war.

„Du sollst außer mir keine anderen Götter verehren. Fertige dir keine Götzenstatue an und auch kein Abbild von irgendetwas. Auch wenn der Schintogott eine Gottheit ist, ist er nicht der einzig wahre Gott, und da er nur ein Götze ist, dürfen wir ihn nicht anbeten. Wenn wir uns vor Götzen verneigen und dann Gott anbeten, wird er eine solche Anbetung nicht annehmen."

„Sehen Sie, Pastor Sohn, unser Kaiser ist der Mensch gewordene Gott, der Sohn Gottes. Das glaube nicht nur ich, das glauben auch die 100 Millionen Bürger unseres Landes. Warum wollen Sie als Einziger dies nicht glauben?" Yoda musterte meinen Vater mit durchdringendem Blick.

„Selbst wenn alle meine Landsleute das glauben, tue ich es nicht, weil Jesus Christus der einzige Sohn Gottes ist. Er ist der einzige Mensch gewordene Gott, und der japanische Kaiser ist nur ein Mensch. Wenn Sie mir beweisen, dass Ihr Kaiser der Sohn Gottes, der Mensch gewordene Gott ist, dann sage ich Ihnen, warum Jesus Christus der Sohn Gottes, der einzige Mensch gewordene Gott ist", entgegnete mein Vater.

Natürlich konnte Yoda keinen Beweis für seinen Glauben vorbringen, sondern befragte mein Vater weiter: „Pastor Sohn, erklären Sie mir, warum Sie darauf bestehen, dass allein Jesus Christus der Sohn Gottes ist."

„Zunächst einmal wurde die Geburt Jesu auf Erden vor 4000 Jahren prophezeit. Sagen Sie mir, wann wurde die Geburt Ihres Kaisers vorhergesagt? Zweitens: Jesus Christus wurde vom Heiligen Geist gezeugt und von einer Jungfrau geboren. Ihr Kaiser dagegen wurde von zwei menschlichen Eltern in die Welt gesetzt. Drittens: Jesus Christus hat während seines irdischen Lebens 33 Jahre lang viele Zeichen und Wunder getan. Ich habe aber nie gehört, dass Ihr Kaiser irgendein Wunder vollbracht hat. Viertens: Jesus Christus starb an einem Kreuz für die Sünden der ganzen Menschheit. Ihr Kaiser ist jedoch nie wegen der Sünden irgendeines Menschen gekreuzigt worden. Fünftens: Jesus Christus wurde am dritten Tag von den Toten auferweckt. Aber gibt es irgendeinen Beweis dafür, dass japanische Kaiser von den Toten auferweckt wurden? Sechstens: Jesus Christus verbrachte nach seiner Auferstehung 40 Tage mit seinen Jüngern und ist dann in den Himmel aufgefahren. Alle diese Tatsachen beweisen, dass Jesus Christus der Sohn Gottes ist. Doch gibt es irgendeinen Anhaltspunkt dafür, dass Ihr Kaiser der Sohn Gottes ist?"

Der Staatsanwalt Yoda war erstaunt und bestürzt und brachte kein Wort hervor. Auf diese Weise wurde mein Vater 10 Monate lang im Polizeirevier von Yeosoo schikaniert. Schließlich verschlechterte sich sein Gesundheitszustand so sehr, dass sein Leben in Gefahr war. Wenn er dem Staatsanwalt vorgeführt wurde, war er sogar zu schwach zum Gehen und musste auf einer Trage zum Verhör gebracht werden. Einige andere Gefangene wurden wegen ihres schlechten Gesundheitszustands entlassen. Doch mein Vater durfte nicht nach Hause gehen, weil er sich weigerte, seine Überzeugung den japanischen Forderungen anzupassen. So verhärteten sich ihre Herzen immer mehr gegen ihn, bis schließlich die Beamten einen 500-seitigen Bericht über die Verhöre meines Vaters verfassten und ihn an eine höhere Gerichtsbarkeit verwiesen. Und so begann sein Leben im Gefängnis.

Am 21. Juli 1941 wurde mein Vater vom Polizeirevier ins Gefängnis von Kwangju überstellt und kam dort vor Gericht. Am 4. November desselben Jahres wurde er zu einem

Jahr und sechs Monaten verurteilt, die er im Gefängnis von Kwangju absitzen sollte. Am letzten Tag seiner Haft, dem 17. Mai 1943, wurde mein Vater jedoch nicht entlassen, weil er sich in seiner gesamten Haftzeit geweigert hatte, seinen Glauben zu verleugnen. Der Staatsanwalt verhandelte den ganzen Tag und kam zu dem Schluss, dass sich Pastor Sohn, wenn man ihn aus dem Gefängnis entließe, öffentlich gegen den Schintokult stellen würde. Es wurde beschlossen, ihn nie wieder in die Freiheit zu entlassen, und man nahm ihn in Vorbeugehaft. So wurde mein Vater, nachdem er seine Strafe abgesessen hatte, zu einer lebenslangen Gefängnisstrafe verurteilt, weil er sich weigerte, den Schintokult auszuüben. Seine Situation in dieser Zeit ersehen wir aus einem Brief, den er am 8. Juni desselben Jahres an meinen Großvater schrieb:

„Wie überrascht und voller Sorge wirst du am 17. Mai gewesen sein, dem Tag, auf den du dich am meisten gefreut hast! Mit welchem Wort kann dein unwürdiger Sohn Yang-Won dich trösten? Es gibt kein Wort dafür. Ich wünsche nur, dass du Trost und Segen aus der festen Grundlage des Glaubens empfängst, wie ihn auch Abraham und Hiob hatten. Ich wurde am 20. Mai in der Vorbeugehaft zu lebenslänglich verurteilt, weil ich mich geweigert habe, meinen Glauben an die Bibel zu verleugnen. Also habe ich für den 20. Juni Berufung eingelegt. Das habe ich nicht getan, um Unannehmlichkeiten oder Leiden aus dem Weg zu gehen, sondern um die biblische Lehre zu bezeugen. Wenn ich am 20. dieses Monats nach Taegu geschickt werde, wird die Sache womöglich im August beendet sein, und ich komme ins West-Gate-Gefängnis in Kyungsung. Ich habe gehört, dass man dort jeden Monat Briefe erhalten oder Familienbesuche empfangen kann. Mach dir keine Sorgen um mich, wir können hier frei leben. Könntest du mich auf dem Weg zu meinem jüngeren Bruder in der Mandschurei besuchen …?“

Das folgende Gedicht verfasste mein Vater am 9. September, kurz nachdem er zu einer lebenslangen Haftstrafe verurteilt worden war. Es zeigt anschaulich, welche Gefühle er zu jener Zeit hatte:

Wenn der Herbst naht, fliegen die Krähenschwärme
 zur rechten Zeit davon,
die Schwalben, die am 3. März gekommen sind,
 flogen in ihre südliche Heimat nahe dem Jangtse.
Doch für den einsamen Wanderer fern von zu Hause
 liegt der Heimweg noch im Dunkel.
Jeden Morgen und Abend kündet der kalte Wind
 den nahenden Herbst an,
die Zeit des hohen Himmels und der stämmigen
 Pferde,
die Zeit der eisigen Winde und des kalten Mondes.
Die fallenden Blätter kehren auch dorthin zurück,
 woher sie gekommen sind.
Mehr als drei Jahre ist es schon her, seit ich von zu
 Hause fortgegangen bin,
aber für mich liegt der Heimweg noch im Dunkel.
Es scheint, dass alle Zeichen des Universums den
 Herbst der Menschheit ankündigen
und alle Sünden der Milliarden von Menschen den
 Herrn zum Gericht eilen lassen.
Doch für diesen unvorbereiteten sterblichen Leib
liegt der Weg zur himmlischen Heimat noch im
 Ungewissen.

8. Im Gefängnis

Die Haft meines Vaters begann im Yeosoo-Polizeirevier, danach wurde er viermal in ein anderes Gefängnis überstellt – in zwei verschiedene Haftanstalten in Kwangju, in die Vollzugsanstalt von Kyungsung und schließlich im November 1943 ins Gefängnis von Chungju. In Chungju verbrachte er den Rest seiner Haftzeit bis zu seiner Entlassung. Fast fünf Jahre lang war er von seiner Familie getrennt und durchlebte eine einsame und schmerzerfüllte Zeit. Doch machte er in diesen schweren Jahren auch wertvolle Erfahrungen.

Eines Tages konfiszierte der Aufseher in Kyungsung die Bibel und das Gesangbuch meines Vaters und brachte ihm stattdessen einen Arm voll buddhistischer Bücher. Die sollte er lesen und zu einem Sinneswandel gelangen. Das war eine ihrer Strategien, mit denen sie ihn dazu bringen wollten, Kompromisse zu schließen und seinen Glauben zu verleugnen.

Als mein Vater alle Bücher gelesen hatte, kamen der Aufseher, der Generalinspektor, der Pressesekretär und der berühmteste japanische buddhistische Mönch jener Zeit und setzten sich zu ihm. Die Gefängnisleitung wollte meinen Vater durch eine Debatte mit ihrem berühmten Mönch überzeugen. So begann zwischen den beiden eine heiße Auseinandersetzung darüber, ob das Christentum oder der Buddhismus der wahre Glaube sei.

Die Diskussion dauerte mehrere Stunden, und keiner gab in irgendeinem Punkt nach. Von Anfang an betrachtete der buddhistische Mönch das Christentum als eine minderwertige Religion. Das Streitgespräch wurde immer heftiger. Doch irgendwann gingen dem Mönch die Argumente aus.

Auf dem Höhepunkt der Auseinandersetzung fragte er meinen Vater: „Hat denn irgendjemand Gott je gesehen?"

„Wir können Gott nicht mit unseren Augen sehen. Wir erstarren ja schon vor Ehrfurcht, wenn wir einen großen König auf Erden zu Gesicht bekommen. Wie viel überwältigender wäre es für uns Sterbliche, Gott von Angesicht zu Angesicht zu sehen. Gott wohnt in einem großen Licht. Wenn wir ihn auch nur eine Minute lang direkt ansähen, würden wir blind. Doch würden wir Gott mit unserem fleischlichen, sündigen Wesen gegenübertreten, würden wir sofort sterben." Aber der Mönch wollte unbedingt, dass mein Vater ihm Gott offenbare.

„Wenn Sie darauf bestehen, zeigen Sie mir Ihren buddhistischen Gott. Dann werde ich Ihnen den Gott zeigen, an den ich glaube", schloss mein Vater.

Dass der wichtigste buddhistische Mönch die religiöse Debatte mit diesem unbedeutenden Häftling ganz offensichtlich verloren hatte, war unerträglich für ihn, und er wurde wütend. Er sprang auf und schlug meinen Vater auf die Wange. „Wie kannst du es wagen, mich herauszufordern!"

Doch mein Vater antwortete dem zornigen Mönch mit ruhiger Stimme: „Auch wenn der Jünger von Avalokitesvara der Großen Liebe und des Vollkommenen Mitgefühls einem armen Gefangenen wie mir auf die Wange geschlagen hat, werde ich, ein Kind Gottes, der Lehre Jesu Christi folgen. Er hat uns gelehrt: ‚Wenn jemand dir eine Ohrfeige gibt, dann halte die andere Wange auch noch hin!' Also, schlagen Sie mich auch auf die andere Seite."

„Was für ein Gefangener! Was bildest du dir ein, du könntest die Debatte gewinnen!" Der japanische Mönch verlor jegliche Selbstbeherrschung. Er sprang wie eine Furie auf und ab, trat meinen Vater mit Füßen und schlug ihn mit

Fäusten. Diese unvorhergesehene Wendung überraschte die Wärter, und sie geleiteten den Mönch aus dem Raum, bevor noch Schlimmeres passierte.

Als der Mönch Gewalt anwendete, hatte er die Debatte verloren. Später lud die „Gedankenpolizei" des Gefängnisses in Chungju einen anderen Mann ein, der sich mit dem Christentum sehr gut auskannte, um meinen Vater endlich dazu zu bewegen, seinen Glauben den japanischen Forderungen anzupassen. Dieser Mann hatte eine christliche Schule und ein christliches College besucht und war angeblich selbst früher Christ gewesen. Er versicherte der Gefängnisleitung, dass es ihm gelingen werde, meinen Vater innerhalb eines Monats zu überzeugen.

„Pastor Sohn", begann er, „die koreanische Kirche macht gerade eine äußerst schwierige Zeit durch. Jetzt ist es notwendig, dass der Hirt seine Herde zusammenhält, meinen Sie nicht auch? Wollen Sie sich wirklich weiterhin so störrisch verhalten und sich hier einlochen lassen? Sie verhalten sich doch wie der Apostel Petrus, der seine Gemeinde in Rom verlassen hat, als sie von Nero verfolgt wurde."

Mein Vater war sprachlos angesichts dieser Argumentation. Aber dann antwortete er: „Ja, dies sind schwere Zeiten für die koreanische Kirche. Wir dürfen uns nicht frei und offen zur Wahrheit bekennen, und jeder, der versucht, die Wahrheit zu predigen, wird eingesperrt wie ich. Sollte ich angesichts einer solchen Unterdrückung meine Herde töten, indem ich sie mit vergiftetem Gras füttere, nur um selbst zu überleben? Oder sollte ich nicht lieber ohne Worte durch meine Inhaftierung Zeugnis für die Wahrheit ablegen? So wie die Lotosblüte in einem trüben Teich erblüht und ihren Duft verbreitet, ist dies die Zeit, in der sich Christen zur Wahrheit bekennen müssen ..."

Von diesem Tag an bestraften sie meinen Vater noch härter,

und er erhielt nur die halbe Essensration. Grund dafür war nicht nur seine hartnäckige Weigerung, seinen Glauben den Verhältnissen anzupassen, sondern weil er vor den anderen Gefangenen über seinen Glauben sprach. Und dann wurde seine tägliche Ration nochmals halbiert, so dass er kaum genug bekam, um am Leben zu bleiben.

Doch der Nahrungsentzug war nicht die einzige Strafmaßnahme. Die Gefängnisleitung ordnete an, dass mein Vater täglich buddhistische Bücher lesen und jeden Tag einen Lesebericht vorlegen musste. Das war dem Einfluss des gedemütigten buddhistischen Mönches zu verdanken, der nun an meinem Vater Rache nahm.

Eines Tages schrieb mein Vater in seinen Bericht: „Kann es denn zwei Sonnen am Himmel geben, zwei Könige in einer Nation? Oder zwei Herren des Universums? Wo sonst können wir Erlösung finden, als durch den Weg des Kreuzes?

In der Welt gibt es viele Herren und Götter, aber für mich gibt es keinen anderen Gott als Jesus Christus. Buddha ist berühmt. Auch Konfuzius ist ein bedeutender Mensch gewesen, aber allein Jesus Christus ist mein Retter. Wie kann ich daher zwei Herren dienen? Wer außer Jesus ist ein Erlöser? Was würde ich nicht für meinen Gott geben? Wohin könnte ich gehen, wenn ich meinem Gott abschwöre?"

Mein Vater wurde zunehmend schwächer. Sein Körper brauchte mehr Nahrung. Wenn er eine seiner kleinen Rationen gegessen hatte, wurde er noch hungriger und konnte sich kaum auf den Beinen halten. Mit der Zeit bestand er nur noch aus Haut und Knochen. Seine Sehkraft ließ nach, und die Handschrift in den Briefen, die er nach Hause schrieb, sah so groß und krakelig aus wie die eines Erstklässlers. In einem Brief an Duk-Soon Hwang, seine Schwester im Glauben, schrieb er: „Duk-Soon, ich werde immer blinder."

Tante Hwang arbeitete in einer Bekleidungsfabrik, und als

sie seinen Brief erhielt, kaufte sie zwei große Flaschen Lebertran und sandte sie ihm ins Gefängnis. Eine davon schickte er meiner Mutter und nahm die andere als Nahrungsergänzung. Danach wurde seine Sehkraft mit jedem Tag wieder besser.

Das Leben im Gefängnis bedeutete Kälte, Hunger und Einsamkeit. Ganz gleich, wie viele Jahre man einsaß – die Anpassung an diese Verhältnisse war nie leicht. Weil es so wenig zu essen gab und es in der Zelle so heiß war und weil sie sich nach Freiheit sehnten, wurden die meisten Gefangenen mit der Zeit willensschwach und immer lethargischer. Doch mein Vater mit seinem Schutz durch den Glauben war eine Ausnahme. Auch wenn seine äußere Erscheinung immer mehr dahinsiechte, wurde sein Geist stets erneuert. Er sang mit kräftiger Stimme Loblieder und erzählte vor den Wärtern und Mitgefangenen bei jeder Gelegenheit von Jesus.

Eine Ausnahme unter den Wärtern war ein Koreaner, der meinem Vater mit Mitgefühl und Achtung begegnete. Er war sehr beeindruckt von seinem Glauben und versuchte ihm auf verschiedene Weise zu helfen. Einmal berichtete er gar, mein Vater habe sich vor dem Schintoschrein verneigt. „Dieser Tage nimmt Pastor Sohn an der Schintozeremonie teil und sein Verhalten ist vorbildlich", berichtete er dem Staatsanwalt, Herrn Yoda.

Er kam voller Mitgefühl zu meinem Vater und sagte: „Pastor Sohn, Sie sind ein großer Mann, wie man ihn nicht oft in dieser Welt findet. Daher sollten Sie sich um Entlassung bemühen, damit Sie viele gute Werke tun können, statt hier eingelocht zu sein. Ihr Verbrechen besteht ja einzig und allein darin, dass Sie sich weigern, sich vor dem Schintoschrein zu verneigen. Machen wir doch Folgendes. Sie müssen sich gar nicht wirklich verbeugen. Drücken Sie nur Ihren Fingerabdruck hierher als Zeichen, dass Sie es getan haben. Dann können Sie auf der Stelle entlassen werden." Das

Schriftstück, das er ihm hinhielt, war eine schriftliche Zusage meines Vaters, nicht mehr die Teilnahme am Schintokult zu verweigern, da dieser eine patriotische Zeremonie sei.

„Nein, das kann ich nicht“, wies mein Vater das Angebot rundheraus zurück. „Ich danke Ihnen für Ihr Mitgefühl, aber dies ist eine sehr wichtige Angelegenheit. Wie kann ich sagen, dass ich etwas getan habe, wenn es nicht der Wahrheit entspricht? Wie kann ich versprechen, etwas zu tun, was ich nie zu tun beabsichtige?“

Die Gefangenen saßen wegen aller möglicher Delikte ein, etwa wegen Diebstahls oder Schlägereien. Einige Menschen waren ins Gefängnis gekommen, weil sie für die Unabhängigkeit unseres Landes gegen Japan gekämpft hatten.

Auch in der Zelle meines Vaters waren Patrioten und Freiheitskämpfer. Sie wurden immer um Mitternacht hinausgeführt, und bald darauf konnten alle die furchtbaren Schreie der Gefolterten und die zornigen Forderungen des Folterers hören:

„Nenne mir die Namen deiner Mitverschwörer!“

„Du weißt doch ganz genau, wo sie sich verstecken! Sie arbeiten für die Unabhängigkeitsbewegung, oder nicht? Nenne mir sofort das Versteck ... Wie kannst du es wagen zu schweigen!“

Die Stimme des Folterers war regelrecht blutrünstig, doch von den Freiheitskämpfern hörte man nur qualvolles Stöhnen. Wenn sie die Qualen nicht mehr ertragen konnten, wollten sie lieber sterben, als ihre Freunde zu verraten. Bei ihnen wandte man die Bambusfolter an, das heißt man stieß scharf geschnittene Bambusmesser unter jeden einzelnen ihrer Fingernägel. Wenn sie dann immer noch nicht reden wollten, wurden sie kopfüber aufgehängt und heißes, mit Chilipulver gemischtes Wasser in ihre Nasenlöcher gegossen, so dass sie fast erstickten. Manchmal bekamen sie auch Elektroschocks.

Aber auch wenn die ständigen Folterungen für die Freiheitskämpfer unerträglich wurden, bissen sich viele von ihnen lieber die Zunge ab, statt Informationen preiszugeben.

Als mein Vater sah, wie treu sie in ihrer Liebe zu Korea blieben, wurde er in seinem eigenen Glauben noch mehr bestärkt. Diese Menschen waren bereit, ihr Leben für unser Land hinzugeben. Wie viel mehr sollte er dann bereit sein, sein Leben für Gott zu opfern? Wie konnte er sagen, dass dieses Leiden kaum zu ertragen war? Seine Erfahrung mit den brutalen japanischen Foltermethoden bestärkte ihn in der Überzeugung, dass Japan eine Niederlage erleiden werde. Sicher würde Gott diese Nation der Götzendiener zerschlagen und die Menschen bestrafen, die zu allen bösen Taten bereit waren, die sich Menschen nur ausdenken konnten.

Im Gefängnis in Chungju litt mein Vater am meisten. Jeden Morgen, wenn er aufwachte, begann er, vor den Mitgefangenen von Jesus zu sprechen, und das den ganzen Tag über bis zur Schlafenszeit. Das ging so weiter, bis die Gefängnisleitung schließlich beschloss, ihn in eine Einzelzelle zu verlegen, weil er angeblich „zu laut“ sei.

Einsamkeit ist leichter zu ertragen als eisige Kälte. Es war Winter und -10 Grad. Die Kälte durchdrang den mageren Körper meines Vaters, und er hatte noch nicht einmal eine Decke, in die er sich ein wenig einwickeln konnte. In der Einzelhaft fehlte ihm die Körperwärme der anderen Gefangenen. Er bekam Frostbeulen an Händen und Füßen, und schließlich wurden seine Finger- und Zehennägel brandig und fielen ab.

Wenn mein Vater besonders unter der Kälte litt, schrieb er Briefe an seine Familie oder Gedichte, die seinen ungebrochenen Glauben ausdrückten:

Ich bin allein in dieser leeren Zelle, und eine überwältigende Einsamkeit schlägt über mir zusammen. Aber da der Vater, der Sohn und der Heilige Geist hier bei mir sind, sind wir ja schon zu viert. Ach, du Leiden in vielerlei Gestalt, wenn du kommen musst, dann komm, so dass ich all die Wahrheit, die im Leiden verborgen ist, erfahre.

Weit weg von zu Hause und in Haft
ist tiefe Nacht,
ich sitze tief drinnen im Gefängnis,
und tief ist auch die Sorge in meinem Herzen.

Doch auch wenn es tiefe Nacht ist
und ich tief drinnen im Gefängnis sitze
und tiefe Sorge in meinem Herzen ist –
weil ich mich an den Herrn halte,
bin ich voller Freude.

Vier Leidensjahre im Gefängnis sind wie ein langer, langer Tag.
Doch weil mein Herr bei mir ist, ist es wie ein einziger Tag.
In diesen vier Jahren hat mein Herr mich in Frieden bewahrt,
und das wird er auch weiterhin tun."

Doch das Schreiben von Briefen und Gedichten konnte ihn nicht warm halten. Die klirrende Kälte bedrohte seine Gesundheit. Einmal kauerte er sich deshalb in eine Ecke. In dieser Embryostellung war er bald so steif gefroren, dass er nicht mehr aufstehen oder sich hinlegen konnte. Er war so zusammengekrümmt; normalerweise hätten alle körperlichen Funktionen aufhören und der Tod eintreten müssen.

An diesem Abend war es ungewöhnlich kalt. Mein Vater war nicht nur unterernährt, sondern litt unter einer schlimmen Grippe mit hohem Fieber und furchtbaren Kopfschmerzen. Nach einiger Zeit konnte er nur noch verschwommen denken, fiel ins Delirium und verlor schließlich das Bewusstsein. Am frühen Morgen fand ihn der Wärter steif gefroren. Er schien nicht mehr zu atmen. Da hielt er meinen Vater für tot und ließ ihn ins Leichenhaus bringen.

Am nächsten Morgen kam mein Vater wieder zu Bewusstsein und blickte um sich, um zu sehen, wohin man ihn gebracht hatte. Gott hatte ihn wieder von den Toten auferweckt!, dachte er. Er neigte sich zum Gebet und begann, ein Lied zu singen. Da kam der Aufseher zu ihm und sagte: „Ich hab gedacht, dieser Schuft wäre tot.“ Er brüllte ihn an, er solle den Mund halten, und goss einen Eimer kaltes Wasser über ihn. Aber mein Vater konnte nicht aufhören, Gott voller Dankbarkeit Loblieder zu singen.

Dann war der lange, harte Winter endlich vorbei, und der Frühling kam ins Land. Aus den Ohren meines Vaters floss ein wässriges Sekret. Dieser Gefängnisaufenthalt war ein extrem hartes „Trainingslager“ für den Glauben. Wäre mein Vater nicht durch eine solche Schule des Leidens gegangen, wie hätte er einen solchen Glauben haben können, der den Tod nicht fürchtete?

Später, in Kwangju, gegen Ende seiner Haftzeit, wandte die Gefängnisleitung alle möglichen Foltermethoden an, um seinen Willen zu brechen, aber ohne Erfolg. Einmal schrieben sie an meinen Großvater, um ihn dazu zu bringen, seinen Sohn umzustimmen:

„Der Gesundheitszustand Ihres Sohnes ist schlecht, und er ist dem Tode nahe. Bitte schreiben Sie ihm, dass er seine störrische Haltung endlich aufgeben soll. Er muss sich vor dem Schintoschrein verneigen, wenn er freikommen will."

Aber mein Großvater schrieb genau das Gegenteil: „Wenn du stirbst, dann stirbst du eben. Wenn du dich vor dem Schintoschrein verneigst, bist du nicht mehr mein Sohn!"

„Was für ein undankbarer Mensch!", sagte der Aufseher, als er den Brief las. Dann ging er zu meinen Vater und log ihn an: „Dein Vater hat in einem Brief geschrieben, dass deine Familie in großer Not ist. Er fleht dich an, deine unbeugsame Haltung aufzugeben, damit du nach Hause gehen kannst, um deiner Familie beizustehen."

„Stimmt das?" Meinen Vater konnte er nicht so leicht zum Narren halten. „Ich bin so weit gekommen, weil mein Vater es mich gelehrt hat. So etwas würde er niemals sagen. Bitte zeigen Sie mir seinen Brief."

„Wo gibt es noch mal einen so bösartigen Vater wie deinen!", brüllte der Aufseher voller Zorn. „Wie der Vater, so der Sohn!", schrie er, warf den Brief auf den Boden und verließ die Zelle.

Ich hörte diese Geschichte später von einem Pastor, der diesen Brief bei der Beerdigung meines Großvaters in der Mandschurei vorlas.

In einem Brief an meinen ältesten Bruder schrieb mein Vater am 13. August 1942: „Ich habe gehört, dass du 20 Won von deinem monatlichen Einkommen von 23 Won nach Hause schickst. Wie kannst du dir von so wenig Geld Essen und Kleidung kaufen? Bitte übernimm dich nicht so. Du bist jetzt in einem Alter, wo du viel Nahrung brauchst, um dich gesund zu entwickeln. Handle also klug, iss, so viel du kannst, und erhalte deine Gesundheit."

Er ermahnte uns auch, zu Hause weiterzulernen, da wir nicht länger zur Schule gehen konnten:

10. Dezember 1942

Lieber Matthew (Dong-In) und John (Dong-Shin),
auch wenn ihr nicht zur Schule geht, könnt ihr euch doch so viel Wissen aneignen, wie ihr wollt. Wissen bedeutet, die Grundlagen der Dinge zu verstehen, daher könnt ihr aus allem lernen …

Wer hätte gedacht, dass Josef, der in die Grube geworfen wurde, später der Premierminister von Ägypten werden würde! Wer hätte gedacht, dass Mose, der auf dem Nil ausgesetzt wurde, später der Befreier Israels würde? Auch wenn ihr heute in einer Fabrik arbeitet, in der Fässer hergestellt werden – wer weiß, was die Zukunft für euch bereithält? Daher achtet darauf, dass ihr euch in jeder Situation angemessen verhaltet, und konzentriert euch nur darauf, euren Glauben zu stärken. Widmet euch dem Lernen und seid eifrig in allen guten Werken. Setzt euch gesunde, große Ziele und haltet beharrlich durch bis zum Ende. Der Gott, der einst mit Josef war, wird auch mit euch sein. Vertraut ihm also und verlasst euch ganz auf ihn. Seid heilig und lebt nach seinem Wort.

So ergriffen meine beiden älteren Brüder nach ihrer Arbeit in der Fabrik jede Gelegenheit, um Bücher zu lesen. Sie brachten uns jüngeren Geschwistern das Lesen und Schreiben der koreanischen Sprache bei, da die Japaner verboten hatten, diese in der Schule zu unterrichten. Manchmal fragte mein Vater, wie groß wir schon geworden seien. Er bat darum, dass wir uns alle messen ließen und ihm das Ergebnis in einem Brief mitteilten. Deshalb stellte Matthew uns alle an die Wand, nahm unsere Maße und schickte sie meinem Vater. Hier ist ein Auszug eines Briefes, den mein Vater an meine Mutter schrieb:

14. Oktober 1942

Es ist so merkwürdig. Bis jetzt hast du es nie versäumt, mir jeden Monat einen Brief zu schicken. Doch da dein Brief bislang nicht angekommen ist, frage ich mich, ob daheim irgendetwas passiert ist. Ist jemand krank geworden? Was geht bei euch vor? Wenn dich die Umstände daran hindern, mich zu besuchen, schreibe mir bitte einen Brief, damit ich mir nicht länger Sorgen mache. Bitte lass bald von dir hören. Jede Nacht sehe ich dich im Traum, und du siehst so sorgenvoll und verunsichert aus.

Vielleicht bist du unter der Last der Sorgen und Ängste krank geworden. Aber du brauchst dir keine Sorgen zu machen. Sorge ist die schlimmste aller Krankheiten, die Sünde aller Sünden. Wir glauben immer, dass nur körperliche Gebrechen richtige Krankheiten sind, aber nur wenige wissen, dass Sorge eine Krankheit ist. Wir halten Diebstahl und Mord für Sünden, aber kaum einer hält Sorge für eine Sünde.

Glaubst du nicht, dass die größte Sünde der Unglaube ist? Ich glaube, dass es keine größere Sünde gibt. Gott verspricht, dass er für uns sorgen wird, wenn wir alle unsere Sorgen auf ihn werfen. Wenn wir das nicht tun und sie in unserem Herzen behalten, ist das Ungehorsam, oder? Fleischliche Gedanken bringen Sorge hervor, und Sorge wird zu einer Krankheit. Aber geistliche Gedanken schaffen ein zufriedenes Herz, und Zufriedenheit schenkt uns geistlichen Reichtum.

Sorge ist die schlimmste aller Krankheiten – die Sünde aller Sünden. Ein Leben in Zufriedenheit ist weit besser als ein Leben in Reichtum.

Wie ich immer gesagt habe, ist das Leiden wahrhaft ein großer Segen. Empfange es mit Freuden, als sei es süßer Honig. Wenn wir geduldig ausharren, gibt es keinen größeren Segen.

Reiche, Gelehrte und Heilige – sie alle gehen aus dem Leiden hervor, glaubst du nicht auch? Leiden ist die Mutter des Erfolgs. Leiden ist die Saat, wenn wir Segen ernten wollen. Wenn wir mitten im Leiden sind, erkennen wir alle Sünden, die wir in der Vergangenheit begangen haben, und so können wir die Gnade seiner Vergebung empfangen. Und die, die sich dieser Welt angepasst haben und in Sünde gefallen sind, führt das Leiden wieder näher zu Gott.

Körperliche und geistige Sorgen sind wie der steinige Boden und das Dornengestrüpp, die das Wachstum unseres Glaubens ersticken. So rauben uns diese Sorgen und Ängste die Freude an unserer Erlösung und machen unsere Augen blind für die himmlische Herrlichkeit, die uns in Zukunft erwartet.

Früher hatten die Israeliten ihren Erstgeborenen bereitwillig dem Moloch geopfert. Um wie vieles größer war Abrahams Freude, dass er seinen einzigen Sohn Isaak Gott opfern sollte! Daher wurde Abraham unser Vater im Glauben, und er ist ein Vorbild, dem wir nacheifern sollen.

Bitte mach dir keinerlei Sorgen um mich. Eine Hand voll Reis, eine Tasse Salzwasser schmeckt wie eine Mahlzeit von Feen und ein Kuchen von Engeln. Meine Liebste, du machst dir Sorgen, weil ich in klirrender Kälte leben muss. Doch Gott, der die Vögel am Himmel ernährt und die Lilien auf dem Felde kleidet, wird er nicht auch mich ernähren, sein Kind und seinen Diener?

Ich bin ja immer ein schlechter Esser gewesen, und so bin ich mit dem Essen hier zufrieden. Weil ich so klein bin, kann ich mit meiner Kleidung sogar die Füße bedecken, und darüber freue ich mich.

Deshalb hat unser Herr oft gesagt: ‚Hast du so wenig Glauben? Vertrau mir doch!' Mein einziger Kummer ist, dass wir nicht einen solchen Glauben haben. Darum bete ich. Mach dir also keine unnötigen Gedanken.“

In seinen Briefen machte unser Vater uns immer wieder Mut, zufrieden, geduldig und dankbar zu sein.

9. Nur ein Schuppen in den Bergen

In dem Jahr, als mein Vater verhaftet worden war und Japan die USA angriff, mussten die Amerikaner Dr. Wilson und Pastor Unger, die bisher das Leprazentrum mit geleitet hatten, Korea schweren Herzens verlassen. Nun war Ae-Yang-Won nicht mehr der friedliche Ort, an dem man den Klang wunderbarer Gebete hörte. Der neue japanische Direktor Anto war der Meinung, dass die Familie eines politischen Gefangenen nicht mehr hier wohnen könne. Sofort nach seiner Ankunft mussten wir aus unserem Haus ausziehen. Nun hatten wir kein Zuhause mehr, aber selbst wenn wir hätten bleiben dürfen, wären wir weggezogen, da Anto auf der täglichen Durchführung der Schintozeremonie bestand.

So verließ meine Familie das Leprazentrum. Das war im Frühjahr 1941. Vor unserer Abreise kamen die Patienten insgeheim zusammen und sammelten 700 Won als Geschenk für uns. Da mein Vater in Kwangju inhaftiert war und wir ihn einmal im Monat dort besuchen durften, zogen wir in die Nähe dieser Stadt.

Doch selbst dieser eine Besuch im Monat war unerschwinglich für uns. Auch wenn wir meinen Vater liebend gern besucht hätten, konnten wir die Fahrtkosten nicht bezahlen. Damit wir überhaupt leben konnten, musste jemand aus der Familie eine Arbeitsstelle finden. Aber das war nicht einfach. Nach langem Suchen bekamen Matthew und John schließlich eine Arbeit in einer Fabrik, die Holzfässer herstellte. Der Eigentümer dieser Fabrik war Diakon Shin-Chool Park. Young-Hae, ein Freund, dessen Vater ebenfalls wegen seines Glaubens im Gefängnis saß, stellte meine Brüder Diakon Park vor. Doch das Werk war nicht in Kwangju, sondern südlich in Pusan.

Meine Brüder wohnten dort zur Untermiete und arbeiteten in der Fabrik. Wenn sie ihren Monatslohn erhielten, bezahlten sie zuerst Kost und Logis und schickten dann den Rest nach Hause. Das reichte jedoch bei weitem nicht, um uns alle zu ernähren. Als Diakon Park von unseren Verhältnissen erfuhr, machte er den Vorschlag, die ganze Familie solle nach Pusan ziehen, um Wohnkosten zu sparen. Das war eine gute Idee, und so zogen wir in einen behelfsmäßigen Schuppen auf dem Berg Bumnetgol.

Unser neues Heim war eine armselige Hütte. In der Nacht konnten wir durchs Dach in den Himmel sehen. Im Sommer hatten wir so viele Wanzen im Bett, dass wir kaum schlafen konnten. Wenn es regnete, flüchteten meine jüngeren Geschwister und ich in die Ecke unseres einzigen Zimmers, während Matthew und John abwechselnd das Regenwasser auffingen.

Meine Brüder arbeiteten hart, um unsere siebenköpfige Familie zu ernähren. Wenn sie in der Nacht Überstunden machten, nahmen sie Sojabohnenschleimsuppe mit. Oft brachten sie große Säcke mit Sägemehl aus der Fabrik mit nach Hause und trugen sie die steilen Steinstufen hinauf. Das war gutes Brennmaterial für uns.

Young-Hae besuchte uns oft. Da auch sein Vater wegen seines Glaubens im Gefängnis saß – er hatte wie unser Vater in den Gemeinden davor gewarnt, vor den Schintoschreinen anzubeten –, hatte der Sohn niemanden in Pusan, und so kam er immer zu uns, wenn er sich einsam fühlte oder Hilfe brauchte.

Meine Mutter sammelte am Meer verschiedene Sorten essbaren Seetang. Auf dem Berg fand sie junge Blätter von Beifuß, Hirtentäschel und andere Pflanzen. Meistens kam sie erst in der Dämmerung nach Hause. Diese Pflanzen füllten nicht nur unsere hungrigen Mägen, sondern waren auch sehr gesund.

Meine Aufgabe war es, nach unten ins Dorf zu gehen und Wasser vom „Brunnen des Buckeligen“ zu holen, wie er genannt wurde. Mein Bruder fertigte ein Gefäß an, das ich auf dem Kopf tragen konnte, sowie eine Schöpfkelle aus einem Flaschenkürbis, die obenauf schwamm. Auf diese Weise schwappte das Wasser nicht über, wenn ich ging. Aber vorübergehende Erwachsene sagten zu mir immer wieder, ich solle stehen bleiben, und nahmen einen Schluck Wasser aus meiner Kelle. Das ärgerte mich so, dass ich schließlich keine Kelle mehr mitnahm.

Als ich schon erwachsen war, seufzte meine Mutter immer wieder einmal bei meinem Anblick, weil ich so klein war. Sie glaubte, ich sei womöglich nicht größer geworden, weil ich jeden Tag das schwere Wassergefäß auf dem Kopf getragen hatte. Ich war damals in dem Alter, in dem Mädchen rasch wachsen, aber wie konnte ich bei so magerer Kost groß werden? Die Dorfbewohner gaben mir einen Spitznamen, den ich heute noch im Ohr habe: „Wassertopf.“ Doch trotz all der Probleme, die sich aus unserer Armut ergaben, hielten wir in Liebe fest zusammen und sorgten füreinander und unseren inhaftierten Vater. Ja, in dieser Leidenszeit wurde unser Glaube noch mehr gefestigt, und unsere Liebe zueinander vertiefte sich.

An einem stickigen Sommertag hörte ich, als ich vom Spielen nach Hause kam, wie meine Mutter und Matthew sich stritten. Das war noch nie passiert und kam mir sehr merkwürdig vor. Ich spitzte die Ohren und hörte, wie mein Bruder die alte, schmutzige Tapete herunterriss, die mit zerquetschten Wanzen verschmiert war, um die Wand neu zu tapezieren.

Arbeiterinnen und Arbeiter vor der Fabrik für Holzfässer, in der auch meine beiden Brüder arbeiteten.

„Dein Vater verschmachtet im Gefängnis, und dich stören ein paar Wanzen“, sagte meine Mutter ärgerlich. „Glaubst du, dass er im Knast Tapeten hat?“ Meine Mutter schämte sich tief in ihrem Innern, eine saubere, neue Tapete zu bekommen, während mein Vater unter so elenden Verhältnissen inhaftiert war. Aber Matthew war der Meinung, dass es besonders in diesen harten Zeiten besser war, in einem sauberen und geordneten Umfeld zu leben, damit wir nicht als bedürftig angesehen wurden.

„Denk darüber nach, Mutter“, entgegnete er. „Was würde Vater wohl wollen? Einen sauberes, ordentliches Zimmer oder eines, das schmutzig ist und stinkt? Du glaubst doch nicht, dass Vater etwas dagegen hätte, wenn wir diese Bude sauber machen!“

„Trotzdem ist es nicht recht“, gab meine Mutter zurück. „Egal, was dein Vater sagen würde – wir, die wir nicht im

Gefängnis sitzen, sollten Verständnis für das Leid derer haben, die um ihres Glaubens willen in Haft sind, und mit ihnen leiden."

Wer war nun im Recht? Die Argumente meiner Mutter folgten ihrer eigenen Logik, aber auch was mein Bruder sagte, klang vernünftig. Ihre Argumente wurzelten in ihrer tiefen Liebe zu meinem Vater und unserer Familie.

Ich selbst war auf der Seite meines Bruders. Ich konnte mir nicht vorstellen, dass unser Vater uns so elend und verwahrlost hausen lassen wollte. Doch meine Mutter behielt an jenem Tag das letzte Wort und befahl meinem Bruder, das Stück Tapete, das er bereits angeklebt hatte, herunterzunehmen, so dass wieder die alte, verschmierte Wand zum Vorschein kam. Abgesehen von den persönlichen Gründen meiner Mutter war es wohl auch so, dass eine neue Tapete für uns in diesen Tagen als ein allzu großer Luxus erscheinen mochte.

An jedem Sonntag fastete meine Familie den ganzen Tag. Selbst meine jüngste Schwester bildete da keine Ausnahme. Die Freunde meiner Mutter, die ebenso gesinnt waren wie wir, versammelten sich in unserem einzigen Zimmer, und gemeinsam lobten wir Gott. Die Mahnung meines Vaters, dass „unser Glaube an Christus durch das Leiden noch mehr gestärkt" werde, beeindruckte uns tief und war uns ein Ansporn, in unserem geistlichen Leben nicht träge zu werden.

Matthew und John erzählten mit großem Eifer auch in der Fabrik von ihrem Glauben. Da wir nicht in eine Kirche gehen konnten, die am Schintokult teilnahm, und unser Haus für viele Menschen zu klein war, hielten wir im Sommer Gottesdienste auf dem Berg ab und genossen die frische Sommerluft. Dort lasen wir in der Bibel und lobten Gott. Die Fabrikarbeiter, die meine Brüder zunächst nicht groß beachteten, wurden mit der Zeit von ihrem glühenden Eifer berührt und begannen, einer nach dem anderen, an den wahren Gott zu glauben.

Doch selbst in so schwierigen Zeiten gab es einen Tag der Freude. Inmitten von Armut und Leid wurde es auch in der schäbigen Fassfabrik Weihnachten. Gibt es irgendeinen Ort auf der Welt, an den die Weihnachtsfreude nicht gelangt? Ist nicht auch Jesus in einem armseligen Stall zur Welt gekommen?

Am Heiligen Abend stiegen wir an der Hand unserer Mutter die steile Steintreppe zur Fassfabrik hinunter. Dort wollten wir Weihnachten feiern. In der Fabrik probten meine beiden Brüder und ihr Freund Young-Hae das Lied „In einer klaren Nacht". Ungefähr zwanzig Leute waren zu diesem Gottesdienst gekommen.

Es war an diesem Tag so kalt, dass man ihren Atem als weißen Dampf sah, während sie das Lied probten. Aber die Menschen, die sich dort versammelten, waren trotz der Kälte in fröhlicher Stimmung. Sie hauchten sich immer wieder in die Hände, um sie zu wärmen. An diesem Tag war unser Erlöser zur Welt gekommen. Daher waren wir alle so hoch gestimmt, dass uns die eisigen Temperaturen nichts ausmachten.

Wir entzündeten ein Feuer, um uns zu wärmen, lachten uns gegenseitig an und schlugen ein Stück Holz auf den Boden im Takt zur fröhlichen Musik. Meine Brüder trugen zwar schmutzige Arbeitskleidung, und ihre Gesichter waren schmal und blass, aber als sie sangen, waren das himmlische Klänge, so wunderbar wie eine Perle in einer Austernschale.

Meine Brüder hatten von Kindheit an die Musik geliebt und konnten sehr gut singen. An Weihnachten oder einem anderen Festtag schien es mir immer, als sei aller Schmerz und alles Leid dieser Welt wie weggewaschen.

In dieser fröhlichen Stimmung schwebte ich auf Wolke

sieben, als hätten wir das Jesuskind direkt vor unseren Augen. Doch plötzlich fiel mir mein Vater ein. Meinem Vater hatten sie die Freiheit geraubt! Er litt unter der bitteren Kälte und musste den Heiligen Abend ganz allein verbringen! Er hatte niemanden, mit dem er diesen freudigen Tag gemeinsam begehen konnte, und sang Gott ganz alleine Loblieder. Mein Vater, der voller Freude und dankbar die Leiden in dieser engen, dunklen Gefängniszelle auf sich nahm, würde in eben diesem Augenblick durch seine Gebete die Tür des Himmels weit öffnen und diesen klaren, hellen Weihnachtstag mit Gott feiern.

10. Die sieben Engel aus dem Leprazentrum

Nachdem mein Vater verhaftet worden war und man uns aus dem Leprazentrum vertrieben hatte, waren die Leprakranken wie Schafe, die keinen Hirten mehr hatten. Da niemand mehr da war, der sich liebevoll um sie kümmerte, wurden sie bald auch untereinander uneins. Ohne einen geistlichen Hirten mussten sie sich zwangsläufig zerstreuen. Und der neue japanische Direktor Anto war wie ein Wolf, der die Abwesenheit des Hirten nutzte, um die Schafe anzugreifen. Es herrschte überall Verwirrung und Chaos.

Als Erstes zwang Anto die Patienten, am Schintokult teilzunehmen. Bis dahin war das Zentrum davon verschont geblieben, aber nun zog der Götzendienst sogar dort ein. Da die Patienten oft genug durch die Predigten meines Vaters gehört hatten, dass der Schintokult eine furchtbare Sünde gegen Gott war, war die erzwungene Anbetung am Schintoschrein eine unerträgliche Qual und Demütigung für sie.

Die meisten beteten die ganze Nacht lang, um unter diesem Druck in ihrem Glauben standzuhalten. Doch es gab unter ihnen auch gerissene Leute, die ihren Glauben verleugneten und Kompromisse machten. Sie gingen eine unheilige Allianz mit Anto ein und verfolgten ihre Mitpatienten. Einer von ihnen war Herr Sang-Jip Kwon, der meinen Vater gehasst und ihn zusammen mit anderen Patienten von der Kanzel hatte zerren wollen, bis er von seinem Gewissen überführt wurde.

Wir hatten geglaubt, Herr Kwon sei im Glauben neu geworden, doch nun wurde er wieder schwach. Er versammelte ein paar Gleichgesinnte um sich, die dem japanischen

Direktor schmeichelten und ihm ihre Treue zusicherten. Sie zwangen die anderen Leprapatienten nicht nur, am Schintokult teilzunehmen, sondern beobachteten auch ihr Tun und Lassen, um zu sehen, ob sich etwa jemand weigerte, sich vor dem Götzenschrein zu verneigen. Der musste dann das Zentrum verlassen. Das Leprazentrum wurde nun von Sang-Jip Kwon beherrscht, und er übte seine Macht ungestraft aus. Herr Kwon hatte zwar nur leichte Symptome, war aber ebenfalls an Lepra erkrankt. Doch statt seine Mitpatienten zu trösten und ihr Leid zu teilen, unterdrückte er sie skrupellos.

Die Patienten fürchteten ihn mehr als den japanischen Direktor. Daher richtete sich ihr Zorn auch viel mehr auf Herrn Kwon als auf Herrn Anto. 1945, als Korea unabhängig wurde, ergriff Herr Kwon die Flucht. Doch die Leprapatienten verfolgten ihn und brachten ihn wieder zurück. Sie steckten ihn in einen großen Sack und steinigten ihn. So starb er schließlich durch die Hände der Kranken, denen er so hart zugesetzt hatte.

Glücklicherweise waren Leute wie Herr Kwon in der Minderheit. Ich möchte in diesem Zusammenhang auch erwähnen, dass die meisten Leprapatienten Gott im Geheimen treu blieben und die Flamme des Glaubens lebendig hielten, auch wenn sie sich nicht offen auflehnen konnten.

Doch es gab auch solche, die erkannten, dass sie in einem solchen Umfeld Gott nicht treu bleiben konnten. Sie beschlossen, das Leprazentrum zu verlassen. Sie wollten lieber als Bettler umherziehen, als Tag für Tag gegen Gott sündigen zu müssen. Wenn sie blieben, brauchten sie sich zwar keine Sorgen um Essen, Kleidung oder einen Schlafplatz zu machen. Doch standen sie dann immer unter dem Druck, sich vor dem Schintoschrein verbeugen zu müssen.

Fortzugehen war nicht schwierig, wohl aber die Vorstellung, dass sie von Haus zu Haus ziehen und betteln müssten. Denn die meisten Menschen wollten ihre Tür nicht für Leprakranke öffnen. Und doch steckten diese Patienten die Köpfe zusammen und beschlossen, trotzdem fortzugehen.

Die unverheirateten Frauen, unter ihnen Duk-Soon Hwang, und ein Ehepaar verließen also das Leprazentrum ohne einen bestimmten Plan und machten sich auf den Weg zur Namkang-Brücke. Es war bekannt, dass schon ungefähr 100 Leprakranke unter dieser Brücke lagerten und ihr Leben mit Betteln fristeten.

Diese Bande von leprakranken Bettlern hielt fest zusammen, und niemand wagte, ihr Territorium zu betreten. Andere Bettler wurden dort nicht geduldet. Die Gruppe unter der Brücke hatte strenge Regeln aufgestellt, um ein geordnetes Leben aufrechtzuerhalten, und sie verhielt sich sehr feindselig gegenüber allen Außenstehenden.

Die Sieben aus dem Leprazentrum begaben sich also ohne einen bestimmten Plan und ohne jeglichen Schutz zu dieser wilden Lepra-Enklave. Sie waren nur fest entschlossen, ihren Glauben zu bewahren. Wer würde wohl das Herz von Kyung-Dol erweichen, dem Anführer der Leprabande, der für seinen Jähzorn berüchtigt war?

Die Frauen aus Ae-Yang-Won traten mit furchtsamem Herzen vor Kyung-Dol und berichteten ihm von ihrer misslichen Lage. Sie erklärten ihm, dass sie das Leprazentrum wegen des Schintokultes verlassen mussten. Darauf hieß der hartgesottene Anführer sie merkwürdigerweise höflich willkommen. Vielleicht glaubte er an die Solidarität der Leprakranken oder hatte große Achtung vor dem Leprazentrum. Doch es sollten noch weitere Wunder folgen.

Indem Frau Duk-Soon Hwang und ihre Gruppe ihre augenblickliche Situation im Leprazentrum erklärten, sprachen sie auf ganz natürliche Weise von ihrem Glauben. Sie verkündigten das Wort Gottes und brachten Kyung-Dol sogar ein christliches Lied bei. Und Gott bewegte das Herz dieses Mannes. Unter dem Einfluss des Heiligen Geistes versammelte Kyung-Dol alle Bettler um sich und befahl ihnen, sich niederzuknien. Dann sagte er entschlossen: „Von diesem Tag an gehören die Leprakranken aus Ae-Yang-Won zu unserer Gruppe. Sie bekommen die Genehmigung zum Betteln. Von nun an werden sie mit uns Gottesdienste feiern und euch das Evangelium verkünden. Ihr müsst ihnen ohne Widerspruch gehorchen. Und keiner darf sie anrühren. Wenn jemand das tut, muss er sterben!"

Frau Hwang und die anderen unverheirateten Frauen, die alle 25 Jahre alt waren, hatten zuerst große Angst vor der Gruppe. Hier waren so viele junge Männer, die seit langem mit keiner Frau zusammen gewesen waren. Auch wenn ihr Anführer die Männer gewarnt hatte, befürchteten die jungen Frauen doch, dass ihnen etwas geschehen könnte. Und so zogen die fünf Frauen, als sie ihre „Bettelgenehmigung" erhalten hatten, in eine Stelle unweit der Namkang-Brücke. Später bauten sie sich eine Hütte in einem anderen Ort in den Bergen, mit dem Geld, das ihnen die anderen Patienten im Leprazentrum gegeben hatten. Wenn sie sich fürchteten und seinen Schutz besonders brauchten, wandten sich die Frauen flehentlich an Gott. Und so wie Gott das verhärtete und zornige Herz von Kyung-Dol verändert hatte, nahm er sich auch der übrigen 100 Bettler an. So hatten die fünf allein stehenden Frauen nichts mehr zu befürchten.

Mit jedem Gottesdienst unter der Brücke nahm die Zahl derer zu, die an Christus glauben wollten. Besonders Kyung-Dol vergoss jedes Mal viele Tränen und betete: „Oh Gott, danke, dass du diese sieben Engel aus Ae-Yang-Won zu uns geschickt hast." So erwies Gott durch diese Frauen, die ihm gehorsam waren, seine wunderbare Macht.

Eines Tages erzählte Frau Hwang dem Anführer, dass mein

Vater wegen seines Glaubens verhaftet worden war und seine Familie Hunger litt. Sie wollte uns irgendwie helfen, wusste aber nicht wie. Unter Tränen berichtete sie also Kyung-Dol die Geschichte meines Vaters. Und der versammelte sofort alle Bettler um sich und schlug vor, dass sie doch alle den zehnten Teil von dem Reis, den sie sich zusammenbettelten, beiseite legen könnten, um meiner Familie zu helfen.

Obwohl sie selbst unter armseligen Verhältnissen unter einer Brücke kampierten und nur vom Betteln lebten, hatte kein Einziger von ihnen etwas dagegen. Im Gegenteil: Sie waren alle sofort damit einverstanden, denn sie hatten großes Mitleid mit uns. Ja, sie waren sogar dankbar für die Gelegenheit, anderen Menschen zu helfen, die in Not geraten waren. Zwar waren sie äußerlich verstümmelt, aber ihr Herz waren rein.

Frau Hwang trug dann immer wieder einen oder zwei Scheffel Reis in einem Gefäß auf dem Kopf den ganzen weiten Weg nach Pusan und zu unserer kleinen Hütte in Bumnetgol. Dabei musste sie ständig auf der Hut sein vor den argwöhnischen Blicken der japanischen Polizei. Manchmal schüttete sie den Reis in ein Wassergefäß, das sie mit stinkender, gegorener Sojabohnenpaste bedeckte, um keinen Verdacht zu erregen. Ihr Gesicht war schweißüberströmt, wenn sie zu unserer Hütte kam, und jedes Mal ergriff sie mit verweinten Augen unsere Hände, weil sie sich an die guten alten Tage im Leprazentrum erinnerte. Frau Hwang war für uns wie die Raben im Alten Testament, die dem Propheten Elia Brot und Fleisch brachten.

Jedes Mal, wenn sie kam, umfasste meine Mutter den Reissack und rief aus: „Ach, wie dankbar bin ich! Wärst du nicht gekommen, ich hätte mein Gesicht mit einem Handtuch verhüllt und wäre morgen ins Dorf gegangen, um zu betteln."

Der Reis, den Frau Hwang uns brachte, stammte nicht ausschließlich von den leprakranken Bettlern unter der Brücke. Auch die Christen, die in Ae-Yang-Won geblieben waren, sammelten von jedem ein oder zwei Hand voll Reis, den sie von ihrer mageren Ration abzweigten. Frau Hwang zwängte sich dann mitten in der Nacht durch den Stacheldrahtzaun und klopfte an die Tür jedes Hauses im Leprazentrum. Dann gab ihr jeder seine Hand voll Reis. Wäre sie von Herrn Anto erwischt worden, hätte sie unvorstellbar zu leiden gehabt, doch Frau Hwang fürchtete sich nicht vor einem solchen Risiko. Durch ihr opferbereites Handeln rettete sie unserer siebenköpfigen Familie das Leben.

Es war ein glücklicher Tag für uns Kinder, wenn „Tante" Hwang zu uns kam. Sonst aßen wir jeden Tag nur Sojaschleimsuppe. Weißer Reis war eine seltene Köstlichkeit, über die wir uns riesig freuten. Außerdem freuten wir uns, das Neueste von den lieben Menschen im Leprazentrum zu erfahren, zu denen wir keinen direkten Kontakt mehr hatten.

Natürlich blieben wir dann die ganze Nacht auf und unterhielten uns mit Frau Hwang. Das waren Gespräche in Offenheit und Liebe, wie sie in jenen Tagen nur schwer zu finden waren. Oft redeten wir, bis der Morgen dämmerte.

Frau Hwang war nicht unsere richtige Tante, aber da sie für meinen Vater eine Schwester im Glauben war, nannten wir Kinder sie „Tante". Eigentlich hatten wir alle weiblichen Patienten im Leprazentrum „Tante" genannt, aber in ihrem Fall hatte dies eine besondere Bedeutung.

Tante Hwang wohnt heute in Nonsan. Sie ist ledig geblieben. Ihr Charakter ist sozusagen so aufrecht wie eine Bambusstange, und sie glaubt mit leidenschaftlichem Eifer an den Herrn. Für mich ist sie eine Heldin. Auch angesichts von Ungerechtigkeit verleugnet sie niemals die Wahrheit und ist immer demütig vor Gott geblieben. Sie ist wahrhaftig eine

Frau des Glaubens und immer bereit, für die Sache Christi ihr Leben zu lassen.

Viele Berichte zu diesem Buch stammen von ihr. Sie kannte sich in den Angelegenheiten meiner Familie besser aus als ich. Sie war mit 18 Jahren nach Ae-Yang-Won gekommen und hatte als Pianistin den Chor begleitet. Sie war nicht nur äußerst musikalisch, sondern auch schriftstellerisch begabt.

Als Korea später wieder unabhängig wurde, erfuhr mein Vater, wie die Leprakranken unter der Brücke unserer Familie geholfen hatten, während er im Gefängnis saß. Sofort wollte er zu ihnen gehen. Auf dem Weg begegnete er John, und so gingen sie zusammen zur Namkang-Brücke.

Die Leprakranken waren überglücklich, meinen Vater endlich von Angesicht zu Angesicht zu sehen, da sie seinen Namen so oft gehört hatten. Mein Vater bedankte sich sehr herzlich bei ihnen und betete für ihre Seelen.

So fand unter der Brücke ein Gebets- und Lobgottesdienst statt, der sich ganz natürlich zu einer Erweckungsversammlung ausweitete. Die Leprakranken klatschten in die Hände, sangen aus voller Kehle, dankten Gott und hatten ein offenes Herz für das Wort der Gnade Gottes.

Einige Zeit später wurden manche von ihnen Älteste und Diakone, und viele zogen ins Leprazentrum um.

11. „Herr, wie lange noch?“

Von den Pastoren, die die Vorreiter für die Teilnahme am Schintokult waren, stand Pastor Kil-Chang Kim unserer Familie sehr nahe, denn er war von meinem Großvater wie ein Sohn erzogen worden. Er war von ihm auch sehr gründlich im Wort Gottes unterwiesen worden, doch während der japanischen Besetzung begann er, ein anderes Evangelium zu predigen.

„Weißt du, was ich sehe, wenn ich mich vor dem Schintoschrein verneige? Eine Vision von Jesus, der hinter dem Schrein steht und meine Anbetung annimmt“, sagte er. „In Römer 13,1-2 heißt es doch: ‚Jeder soll sich den bestehenden staatlichen Gewalten unterordnen. Denn es gibt keine staatliche Macht, die nicht von Gott kommt; jede ist von Gott eingesetzt. Wer sich also den Regierenden widersetzt, handelt gegen die von Gott eingesetzte Ordnung und wird dafür von ihm verurteilt werden‘“, argumentierte er mit kompromissbereiter Logik. „Gott hat nun Japan darin gesegnet, dass er ihm Macht verliehen hat, die Welt zu erobern. Ihr Christen hier müsst euch dieser Macht unterordnen. Betet nicht für die Gläubigen, die im Gefängnis sitzen. Sie sind töricht, unvernünftig und starrsinnig.“

Wenn wir Christen uns vor dem Schintoschrein verneigten, so sagte er, müssten wir uns so tief bücken, dass wir mit unserer Nase den Boden berührten und so unseren höchsten Respekt zum Ausdruck brächten.

Glaubte er etwa, dass die japanische Herrschaft 10 000 Jahre dauern würde? Glaubte er, dass er recht handelte, wenn er selbst ein gutes Leben führte mit schönen Kleidern und gutem Essen, weil er das tat, was die Japaner verlangten?

Pastor Kim kannte die Heilige Schrift sehr genau und hätte wissen müssen, dass Gott solchen Götzendienst nicht dulden würde. Wie konnte er so etwas sagen? Glaubte er etwa, die Macht Japans sei so groß, dass er daneben Gottes Existenz vergessen konnte? Eine solche Einstellung war schwer zu verstehen. Doch nicht nur er, sondern auch viele andere Pastoren, die am Schintokult teilnahmen, verwirrten die Gemeinden mit ihrer seltsamen Logik. Nach der Befreiung von den Japanern argumentierten dieselben Pastoren wiederum sehr spitzfindig, um ihr Verhalten im Nachhinein zu rechtfertigen. Davon habe ich schon erzählt:

„Da alle Pastoren einer nach dem andern verhaftet wurden und alle Kirchen im Land geschlossen werden sollten, mussten doch wenigsten wir frei bleiben, um die Kirche wiederzubeleben, auch wenn wir dafür am Schintokult teilnehmen mussten. Wenn wir das nicht getan hätten – wer hätte die Gemeinden leiten können? Deshalb ist es unfair, uns als Marionetten des Schintokultes zu verurteilen."

Sie konnten sich also noch immer wunderbar herausreden. Und doch versuchten sie auch zu leugnen, dass sie vorher so sehr auf der Teilnahme am Schintokult bestanden hatten. In gewisser Weise gaben sie zu, dass ihre frühere Lehre falsch war. Sie waren wirklich Heuchler!

Eines Tages während der japanischen Herrschaft besuchte uns eben dieser Pastor Kil-Chang Kim in Pusan. Er betrat unsere armselige Unterkunft und händigte meiner Mutter mit überheblicher Geste einen weißen Umschlag mit Geld aus, als würde er uns in unserer Armut aus alter Verbundenheit einen Gefallen tun.

Doch da kannte er meine Mutter schlecht. Auch wenn wir alle Hungers sterben würden, wollte sie nicht schmutziges Geld annehmen, das aus billiger Sympathie gezahlt wurde. Sie zitterte vor Zorn und warf den Umschlag auf den Boden.

„Pastor Kim, auch ohne dieses Geld werden wir nicht verhungern. Nehmen Sie es selbst, essen Sie gut und genießen Sie Ihr Leben!"

Dann nahm sie mich in die Arme und weinte. Auch ich war so traurig und wütend, dass ich ebenfalls in Tränen ausbrach und die Traurigkeit mich wie ein Leichentuch umhüllte. Selbst der Himmel schien sich meiner Stimmung anzupassen. Dicke, schwere Wolken brauten sich zusammen, als würde gleich ein Wolkenbruch auf uns niedergehen. Der blamierte Pastor Kim brachte kein Wort hervor. Er ließ den Kopf hängen und verließ unser Haus.

Es heißt, dass Hunger am schwersten zu ertragen ist. Unsere Familie litt entsetzlichen Hunger, und wir alle mühten uns ab, um unsere leeren Mägen zu füllen.

Aber ich war in jenen Tagen über etwas ganz anderes verzweifelt. Mein größter Kummer war nicht der Hunger oder dass ich nicht genug zum Anziehen hatte, sondern dass die anderen Kinder, die zur Schule gingen, nicht mit mir spielen wollten. Wenn sie Seilhüpfen oder Himmel-und-Hölle spielten, war ich ausgeschlossen. Ich konnte sie nur aus der Ferne beobachten. Ich beneidete alle, die zur Schule gehen konnten, und sehnte mich danach, mit ihnen zu spielen. Wenn sie mir begegneten, taten sie so, als würden sie mich nicht kennen. Und so wurde ich bitter gegen sie. Auch wenn ich wusste, dass meine Mutter mir die Bitte abschlagen würde, fühlte ich mich so elend, dass ich sie anflehte, mich zur Schule zu schicken. „Mutter, bitte lass mich zur Schule gehen … bitte!"

„Nein! Wenn du zur Schule gehst, musst du dich vor dem Götzenschrein verneigen."

„Und wenn ich das nicht tue, darf ich dann gehen?"

„Du weißt, was dann passiert. Denk an deine Brüder. Weißt du nicht mehr, dass dein ältester Bruder beinahe aus der Grundschule ausgeschlossen wurde und gerade eben seinen Abschluss dort machen konnte? Und dein anderer Bruder hat sich in der dritten Klasse geweigert, sich vor dem Schrein zu verneigen, und musste die Schule verlassen."

Ich bekam immer die gleiche Antwort. Ich ärgerte mich darüber, dass die anderen Kinder alle zur Schule gehen konnten, nur ich nicht. Und manchmal ärgerte ich mich auch über meine Mutter, die mir solche Antworten gab.

Eines Tages folgte ich den anderen Kindern in die Schule. Ich war furchtbar neugierig, wie es dort eigentlich aussah und was sie dort lernten. Die Kinder stellten sich auf dem Schulhof auf, hörten sich die morgendliche Rede des Direktors an und gingen in ihre Klassenzimmer.

Ich folgte ihnen heimlich, wagte aber nicht, ein Klassenzimmer zu betreten. Ihre Stimmen drangen zu mir heraus. Ich stellte mich auf Zehenspitzen an ein Fenster und lugte in ein Klassenzimmer. Alle Kinder sahen so glücklich aus, und ihre Gesichter waren klug und unschuldig. Die Jungen kamen mir wie Prinzen und die Mädchen wie Prinzessinnen vor.

Ich war so in meine Beobachtungen vertieft, dass ich in einen Tagtraum verfiel. Ich stellte mir vor, auch ich sei so eine Prinzessin, die mit den anderen Kindern redete und lachte, und niemand hasste mich oder wies mich zurück. Ich war ihre beste Freundin. Doch dann erwachte ich sehr unsanft aus meinem Traum, weil mir jemand heftig in den Hintern trat.

„Au!", brüllte ich, als ich den scharfen Schmerz spürte. Als ich mich umdrehte, sah ich einen Erwachsenen, offenbar einen Lehrer, der auf mich heruntersah.

„Wer bist denn du? Kommen jetzt schon Bettler in den Schulhof?"

Da rannte ich fort, so schnell ich konnte, und vergaß mein schmerzendes Hinterteil. Als sich meine Mutter zu Hause die Stelle ansah, hatte ich einen großen, schwarzblauen Bluterguss.

Ich dachte darüber nach, weshalb so etwas passieren konnte. Es geschah, weil wir Koreaner schwach waren und deshalb unser Land verloren hatten. Wegen der Japaner und ihrer brutalen Unterdrückung, die uns zum Götzendienst zwang. Weil mein Vater im Gefängnis saß. Der Kummer überwältigte mich und ich weinte.

Meine Mutter machte viele bittere Erfahrungen, die sie niemandem erzählen konnte. Eines Tages war sie auf dem Heimweg. Sie hatte am Dorfbach Wäsche gewaschen und war so hungrig, dass ihr der Magen wehtat. Wie gerne hätte sie eine Schüssel warmen Reis gegessen! Wir aßen ja nur Sojabohnenschleimsuppe, und wenn wir uns etwas Gutes zum Essen vorstellten, hatten wir immer weißen Reis vor Augen.

Sie ging weiter, und plötzlich sah sie ein Kreuz vor sich. Es gehörte zu einer Kirche. Sie werden einer Hungrigen doch etwas Reis geben, dachte meine Mutter. Ihr Hunger war so groß, dass sie ganz automatisch auf die Kirche zuging.

Jemand kehrte mit einem langen Besen den Kirchhof. Meine Mutter ging auf ihn zu und bat: „Entschuldigung, könnte ich wohl etwas kalten Reis bekommen?“ Der Mann tat so, als hörte er sie nicht, und begann, den Staub und Schmutz in ihre Richtung zu fegen, als wollte er sagen: „Hau ab, du Bettlerin!“ Gedemütigt wandte meine Mutter sich zum Gehen, doch dann dachte sie, da sie nun schon einmal hier sei, könnte sie doch hineingehen, und das tat sie dann auch und versuchte dabei, dem aufgewirbelten Staub auszuweichen.

Da kam jemand auf sie zu. „Hallo! Frau Sohn!“ Meine Mutter kannte die Frau von früher. Sie war die Frau des Pastors dieser Kirche. Meine Mutter war betroffen, und die

Situation war ihr peinlich. Sie sagte der Frau, dass sie gerade vom Wäschewaschen kam und kurz in die Kirche gehen wollte.

Die Frau des Pastors führte meine Mutter in ein Zimmer. Dort stand ein voll gedeckter Tisch, und der Reis dampfte in einer Schüssel. Meiner Mutter lief das Wasser im Mund zusammen. Sie überlegte. Sollte sie die Frau fragen, ob sie mitessen dürfe? Ach, selbst wenn sie vor Hunger sterben würde, könnte sie nicht darum bitten! Es war ein hartes inneres Ringen.

Die Frau des Pastors fragte nicht ein einziges Mal: „Haben Sie schon gegessen?", oder: „Möchten Sie mit mir essen?" Als meine Mutter zusehen musste, wie die Frau alleine aß, war sie tief enttäuscht, dass die Frau sie nicht auch zum Essen gebeten hatte. In diesem Augenblick war sie so hungrig, dass es ihr genügt hätte, den angebrannten Reis am Topfboden mit ein wenig Wasser vermischt zu essen. Dies ereignete sich nur vier Monate, bevor Korea von Japan unabhängig wurde.

Nach der Befreiung unseres Landes kam diese Pastorenfrau zu meiner Mutter und entschuldigte sich für den Vorfall. „Frau Sohn, ich war im Unrecht. Ich wusste sehr wohl, dass Sie gekommen waren, weil Sie Hunger hatten, aber ich tat so, als bemerkte ich es nicht."

Sie sagte jedoch nicht, warum sie sich so verhalten hatte, ob ihr daran gelegen war, dass meine Mutter ihr Gesicht wahren konnte, oder sie nur ihren Reis sparen wollte, aber später verhielt sie sich herzlich und gastfreundlich. Doch selbst nach vielen Jahren sagte meine Mutter immer wieder, dass sie diesen Tag nicht vergessen konnte.

An einem anderen Tag nahm meine Mutter ein wenig zu essen mit und begab sich auf den Damm eines Reisfeldes, um Beifußblätter zu sammeln. Sie arbeitete den ganzen Tag, bis die Dämmerung hereinbrach. Dann bekam sie plötzlich

Magenschmerzen vor Hunger, wie an jenem Tag, als sie zu der Kirche gegangen war. Ihr mitgebrachtes Essen hatte sie schon verzehrt, doch es war nicht genug gewesen, um ihren Hunger zu stillen, und sie konnte sich kaum auf den Beinen halten.

Lange Zeit kniete meine Mutter auf einem Hügel und betete zu Gott. Als sie nach einer Weile aufblickte, traute sie ihren Augen nicht! Der Boden vor ihr war keineswegs ein Erdbeerfeld, und doch war er über und über mit frischen, reifen Erdbeeren bedeckt! So wie Gott den Kindern Israel in der Wüste Manna geschickt hatte, hatte er offenbar diese Früchte eigens für sie bereitgestellt. Sie aß und aß, bis sie satt war, füllte ihre leere Frühstücksdose und ging nach Hause.

Das Leben meiner Mutter kann ich in einem Satz zusammenfassen: Es war ein Dasein voller Opferbereitschaft und Geduld. Ihr ganzes Leben lang trug sie ärmliche Kleidung und war dauernd hungrig, aber sie dachte immer zuerst an andere. Sie hatte mit unerträglichen Nöten zu kämpfen, verlor jedoch niemals den Mut oder beklagte sich über ihr Schicksal.

Als mein Vater im Gefängnis saß, durfte meine Mutter ihn nur einmal im Monat besuchen. Dann lernte sie jedes Mal einen Bibelvers auswendig und sprach mit ihm darüber. „Wenn du dich vor dem Schintoschrein verbeugst, bist du nicht mehr mein Mann!“, sagte sie ihm immer wieder. So wollte sie ihn darin bestärken, Gott auch im Gefängnis die Treue zu halten.

Meine Mutter arbeitete oft im Haushalt einer reichen Familie in Pusan, den Jangs. Wenn sie am Abend nach Hause kam, hatte sie jedes Mal Essen in den Falten ihres langen Rockes eingewickelt. Ich erinnere mich bis heute, was sie zu uns sagte, als sie das Essen vor uns ausbreitete: „Sie haben mir das alles zu essen gegeben, aber ich konnte es nicht essen, weil ich an euch denken musste. Deshalb habe ich es im Rock versteckt. Und nun guten Appetit!“

Weil meine Mutter unterernährt war, litt sie an schwerer Blutarmut und wurde gelegentlich ohnmächtig, während sie in der Küche der Familie Jang arbeitete. Trotzdem aß sie nicht das Essen, das man ihr dort gab, sondern brachte es uns mit. Jahr für Jahr mussten wir gegen die Armut ankämpfen. Wann diese schweren Zeiten ein Ende haben würden, wusste niemand.

Trotz dieser Umstände dankten wir Gott für alles und versuchten, die Hoffnung zu behalten. Und doch spürte ich, wie ein dunkler Schatten auf meiner Seele lag.

Mein Vater schickte uns einmal im Monat einen Brief, der in dieser Leidenszeit ein großer Trost für uns war. Manchmal war er an Matthew gerichtet, manchmal an meinen Großvater oder meine Mutter. Doch wir alle lasen die Briefe und konnten uns versichern, dass sein Glaube in der Gefangenschaft nur noch fester geworden war.

Wenn wieder einmal die Zeit für einen Brief meines Vater gekommen war, kauerte sich mein Großvater voller Vorfreude am Steinzaun nieder und wartete auf den Postboten. Wenn er den Brief in Empfang genommen hatte, ging er rasch ins Haus.

Seine Hände zitterten immer, wenn er einen solchen Brief öffnete, und er stöhnte unaufhörlich: „Mein Sohn, Yang-Won! Mein Sohn, Yang-Won!“ Und wenn er den Brief gelesen hatte, rief er laut den Namen meines Vaters, streckte die Beine aus und sang Freudenlieder.

12. Lebenslänglich

Endlich war der Tag gekommen, an dem mein Vater entlassen werden sollte, der 17. Mai 1943! Nun war unsere Leidenszeit endlich vorbei. Seit dem 17. November 1941, als mein Vater zu 18 Monaten Haft in Kwangju verurteilt worden war, hatten wir uns nach diesem Tag gesehnt. Seit dem 25. September 1940, als mein Vater verhaftet und ins Polizeirevier von Yeosoo gebracht worden war, waren nun schon fast drei Jahre vergangen.

Dieser Tag war schöner als jeder Ferientag. Wie lange war es her, seit meine Mutter ihren Mann zum letzten Mal in Freiheit gesehen hatte und wir unseren Vater und mein Großvater seinen Sohn! Wie lange hatten wir alle in banger Hoffnung auf diesen Tag gewartet! Er war dick in unserem Kalender eingekreist! Alle Christen im Leprazentrum freuten sich mit uns auf diesen Tag.

Meine Mutter konnte die ganze Nacht nicht schlafen, stand ganz früh am Morgen auf, nahm ein Bad und richtete sich ihr Haar. Dann machte sie sich im Haus zu schaffen. Sie war damals 36 Jahre alt. In den letzten drei Jahren ohne ihren Mann hatte sie viele Sorgen und Nöte durchgestanden und ums schiere Überleben gekämpft. Doch nun, da ihr Mann wieder nach Hause kommen sollte, erschien ihr alles Leiden der Vergangenheit unbedeutend. Ich spürte, wie überglücklich und aufgeregt sie war. Sie zog uns fünf Kindern saubere Kleidung an, die sie schon bereitgelegt hatte, und besonders liebevoll legte sie Kleidung und Schuhe für meinen Vater zurecht.

Sie sang „Halleluja“ und lachte und weinte und benahm sich schier wie verrückt vor Freude. Auch wir fünf Kinder waren im Freudentaumel. Wir hatten uns kaum vorstellen können, dass dieser Tag jemals kommen würde, und nun war er doch da, und wir würden bald unseren Vater sehen. Ich war so glücklich, dass ich wie auf Wolken schwebte.

Wir hielten uns an den Händen, als wir auf das Gefängnis von Kwangju zuliefen. Bei unseren früheren Besuchen hatten die hohen Zäune furchterregend auf mich gewirkt, aber heute sahen sie beinahe freundlich aus. Wir setzten uns am Gefängnistor nieder, und jeder von uns träumte vom glücklichen Wiedersehen mit unserem Vater. Ich stellte mir vor, wie mein Vater mich in die Arme nahm, sein stoppeliges Gesicht an meiner Wange rieb und mit großen Augen erstaunt ausrief: „Wie groß meine Dong-Hee geworden ist!"

Aber das Stahltor sah so aus, als würde es sich nie öffnen. Mittlerweile waren wir alle hungrig und durstig. Mein ältester Bruder kaufte irgendwo etwas zu essen und brachte es uns. Als wir dort saßen und das köstliche Essen genossen und uns auf das Wiedersehen mit unserem Vater freuten, achteten wir nicht darauf, dass uns die Vorübergehenden unverhohlen anstarrten. Wir schämten uns nicht und waren auf niemanden neidisch. Unser Herz klopfte vor süßer Vorfreude, die wir nicht mit Worten ausdrücken konnten.

Die Zeit verstrich und es wurde Mittag. Mein Vater erschien nicht. Was war passiert? Zwischen Vorfreude und Hoffnung schlich sich allmählich Angst in unser Herz. Jemand sprach es aus: „Mutter, meinst du, dass Vater heute nicht herauskommen kann?"

„Die Haftzeit eures Vaters ist vorbei. Heute sollte er entlassen werden. Wir wollen geduldig sein und noch ein wenig länger warten. Dann wird er sicher kommen." Meine Mutter versuchte, uns zu beruhigen, doch auch sie konnte ihre Furcht nicht verbergen. Sie konnte nicht mehr still sitzen bleiben und ging mit besorgtem Gesicht auf und ab.

Bald begann die Sonne unterzugehen, als lache sie über unsere erwartungsfrohen Herzen. Nun konnten wir nicht mehr einfach sitzen bleiben und weiter warten. Unsere Mutter ging ins Gefängnis hinein, um sich nach ihrem Mann zu erkundigen.

Nach beinahe einer Stunde wurde die Tür des Gefängnisbüros geöffnet, und meine Mutter kam mit leichenblassem Gesicht heraus. Mein Vater war nirgends zu sehen. Meine Mutter kam auf uns zugewankt und schüttelte immer wieder den Kopf. Matthew lief zu ihr und stützte sie. Wir alle sahen sie mit ängstlicher Spannung an und warteten, bis sie ihren Mund aufmachte.

Doch unser Herz schmerzte schon vor Enttäuschung. Mutters leerer Blick gab uns eine bessere Antwort auf unsere unausgesprochene Frage als hundert Worte. Wir ahnten schon, dass es Probleme gab. Doch wir klammerten uns trotzdem an unsere Hoffnung und versuchten, unsere Befürchtungen zu unterdrücken. Dann brach unsere Mutter auf der Straße zusammen, wiegte ihr blasses, verzweifeltes Gesicht hin und her und begann hemmungslos zu schluchzen. Sie presste die Augen zusammen, aber sie konnte den Tränenstrom nicht aufhalten.

Ich stand stumm und starr, als ich meine Mutter in einer solchen Verzweiflung sah. Welche Worte konnten die große Leere nach einer solchen Enttäuschung ausfüllen? Sie schluchzte und schluchzte. Allmählich wich jegliche Hoffnung aus unseren Herzen. Es war uns jetzt klar, dass unser Vater nicht aus dem Gefängnis entlassen werden würde, trotz all unserer Hoffnungen und Gebete. In unserer Enttäuschung warfen wir uns alle neben meine Mutter auf die Straße – uns war, als sei der Himmel eingestürzt. Schließlich begann unsere Mutter mit heiserer Stimme zu sprechen: „Heute ist euer Vater zu lebenslänglicher Haft verurteilt worden."

Was für ein Blitz aus heiterem Himmel! Ein ganzes Leben im Gefängnis! Was hatte er denn Schlimmes verbrochen, dass er nie mehr freikommen sollte? Wie sehr hatten wir uns auf das Ende seiner Haftzeit gefreut! Diese Nachricht war für uns wie ein Schlag ins Gesicht. Die Hoffnung, die wir so lange in unserem Herzen gehegt hatten, war mit einem Schlag zunichte gemacht worden. Ein Leben lang im Gefängnis! Das hieß, dass wir ihn nie wieder in Freiheit sehen würden. Selbst Matthew, der uns zu trösten versuchte, hatte Tränen in den Augen.

Auf dem Heimweg schleppten wir uns dahin wie eine geschlagene Armee. Den Schritten der Hoffnungslosen fehlte jegliche Kraft, wir verspürten nur düstere Verzweiflung.

Als wir in unserer schäbigen Hütte auf dem Berg Bumnetgol angelangt waren, fielen wir uns in die Arme und brachen erneut in Tränen aus. In all dem Leid der letzten Jahre hatten wir doch immer die feste Zuversicht gehabt, dass unser Vater zu uns zurückkehren würde. Aber nun war uns jede Hoffnung auf seine Rückkehr genommen. Wir brauchten nun nicht mehr die Tage im Kalender anzukreuzen. Ich konnte nicht mehr davon träumen, wie mein Vater mit mir spielte oder mich nur an der Hand hielt.

Obwohl mein Vater seine Gefängnisstrafe bereits zweimal abgesessen hatte, wollten ihn die Japaner nicht entlassen, weil er sich jedes Mal weigerte, seiner Treue zu Gott abzuschwören. Nun wurde er ins Gefängnis von Kyungsung überstellt.

Kurz nach diesem erneuten Urteilsspruch beschrieb mein Vater in einem Brief an uns seine Gefühle angesichts dieser Wendung der Dinge. Er war nicht etwa beunruhigt und voller Sorge, sondern voller Freude und Dankbarkeit. Mein Vater, der sich bis zum Schluss weigerte, den japanischen Kaiser und den Schintoschrein anzubeten, hatte trotz ständiger Drohungen und Nötigungen im Gefängnis von

Kwangju an seinem Glauben festgehalten. Er sah in all diesen Prüfungen, auch in seiner lebenslänglichen Haftstrafe, einen Ausdruck der großen Liebe Gottes.

Als er den erneuten Urteilsspruch hörte, war seine unmittelbare Reaktion darauf: „Nun gut. Wenn ich im Gefängnis bin, lebe ich mit Jesus. Wenn ich entlassen werde, lebe ich auch mit Jesus. Es spielt also keine Rolle, wo ich bin. Wenn ich gefangen bin, geschieht es zu meinem Besten, es ist ein Segen Gottes, sein Wille geschehe. Wenn dies alles zu seiner Ehre geschieht, nehme ich mein Schicksal mit Freuden an. Auch wenn ich lieber früher als später frei käme, kann ich doch im Gefängnis mehr lernen. Daher bin ich dankbar." Mein Vater war der Meinung, dass der christliche Glaube durch Leiden gestärkt wird.

Er schrieb auch: „Japan wird vernichtet werden. Ganz gleich, was die Japaner versuchen, sie werden am Ende zu Grunde gehen. Die Geschichte zeigt, dass alle Nationen, die Götzen anbeten, am Ende einen Niedergang erleben."

Die Umstände, in denen mein Vater sich befand, würden andere als Unglück betrachten. Doch er blieb stets zufrieden und betrachtete jede Lebenslage als Gottes Segen und Gnade, die Führung seiner souveränen Hand. Das folgende Gedicht verfasste er, nachdem er das Urteil „Lebenslänglich" erhalten hatte:

„Oh du Leiden, das über mich gekommen ist,
schlage mich mit all deiner Macht.
So schmecke ich die Wahrheit der unergründlichen
Liebe Gottes,
die tief im großen Leid verborgen ist."

13. Eine Falle

Im Januar 1944, nachdem mein Vater zu lebenslänglicher Haft verurteilt worden war, fuhr mein ältester Bruder ins Gefängnis in Chungju, um ihn zu besuchen. Bis dahin hatten sie nur Briefe gewechselt, dies war das erste Mal, dass Matthew ihn besuchen konnte. Er war damals 19 Jahre alt.

Er wünschte sich so sehnlich, seinen Vater zu sehen, dass er alles andere hintanstellte und die lange Reise nach Chungju antrat. Sein Herz klopfte vor freudiger Erwartung, und er hatte Mühe, ruhig zu bleiben, als er seinen Besuchsantrag stellte. Daraufhin bestellte der Verantwortliche für Öffentlichkeitsarbeit des Gefängnisses meinen Bruder zu sich, lächelte verschlagen und fragte ihn: „Verbeugen Sie sich vor dem Schintoschrein?" Matthew schüttelte entschieden den Kopf.

Der Mann schien nicht besonders ärgerlich darüber zu sein, doch begann er, meinem Bruder einen langen Vortrag zu halten, um ihn umzustimmen. Während er redete, lächelte er immerzu. Doch mein Bruder bekam eine Gänsehaut, als er seinen schlangengleichen Gesichtsausdruck sah, und wandte den Blick ab.

„Wie kann ein junger Mann wie Sie so verbohrt sein? Bei Ihrem Vater kann man das ja noch verstehen, da er ein wenig altmodisch ist. Aber schauen Sie sich doch mal die anderen koreanischen Gemeindeleiter an. Glauben Sie, dass sie weniger gut ausgebildet sind oder einen schwächeren Glauben haben als Ihr Vater? Wissen Sie, was der Unterschied zwischen ihnen und Ihrem Vater ist? Sie sind viel klüger und realistischer als Ihr Vater. Denken Sie doch mal nach. Wie kann der Schintokult eine religiöse Zeremonie sein? Wenn dem so wäre, warum untersteht er dann nicht dem Ministerium des Inneren, sondern dem Ministerium für Erziehung?" Der Gefängnisbeamte wollte meinen Bruder unbedingt überzeugen.

„Wie Sie sehen, ist der Schintokult nur eine politische Zeremonie. Wer sich weigert, daran teilzunehmen, zeigt damit, dass er sich gegen Japan stellt und die Unabhängigkeit Koreas wünscht. Dass Ihr Vater sich dieser Zeremonie verweigert, zeigt, dass er ganz einfach töricht ist. Er versteht nicht die wahre Bedeutung unserer ‚Assimilationspolitik', die darin besteht, dass jeder Koreaner von Grund auf zum Japaner werden muss. Wer die Lage nicht so sehen kann, wie sie wirklich ist, und versucht, die nationale Bewegung unter der Maske der Religion zu unterstützen, dem können wir nicht vergeben. Er mag vielleicht ein religiöser Mensch sein, begeht jedoch zunächst einmal eine politische Straftat. Ihnen dagegen kann man nur zur Last legen, dass Sie von Ihrem Vater falsch erzogen worden sind. Es ist gar nicht nötig, sich tiefsinnige Gedanken darüber zu machen. Was muss man groß darüber nachdenken, wenn man sich nur einmal vor dem Schintoschrein verneigt? Das viele Nachdenken allein ist schon ein Problem. Sie müssen doch nur ein wenig den Kopf neigen. Versuchen Sie es nur ein einziges Mal." Darauf gab mein Bruder keine Antwort.

Der Gefängnisbeamte versuchte abwechselnd mit Drohungen und freundlicher Überredung, Matthew umzustimmen. Mein Bruder hätte sich am liebsten mit ihm auseinander gesetzt, um den finsteren Plan des Mannes zu entlarven, der sich hinter dem Schleier falscher Logik verbarg. Doch er dachte, dass es der Sache nicht dienlich sei, wenn er sich mit dem Mann herumstritt. Denn im Grunde war es doch sein einziger Wunsch, an diesem Tag seinen Vater zu sehen. So glaubte er, es sei das Beste, dem Mann still zuzuhören. Hier war weder Ort noch Zeit, um über Philosophie oder Religion zu debattieren. Matthew dachte, er könnte alles ertragen, um unseren Vater zu sehen, selbst einer so verdrehten Logik schweigend zuzuhören.

Doch er unterschätzte den Gefängnisbeamten. Der schlangenhafte Mann begriff natürlich, dass mein Bruder verzweifelt hoffte, seinen Vater zu sehen. Diesen Schwachpunkt wollte er für seine Zwecke nutzen. Deshalb setzte er eine scheinbar freundliche Miene auf und begann wieder zu reden: „Verstehen Sie denn immer noch nicht? Sie sollen sich doch nur ein einziges Mal verneigen. Wenn Sie sich weiterhin weigern, dies zu tun, verweigere ich Ihnen den Besuch bei Ihrem Vater. Es liegt also ganz bei Ihnen. Eine Hand wäscht die andere."

Mein Bruder war wie vom Donner gerührt. Er war so weit gereist, um unseren Vater zu besuchen, und hatte lange auf eine solche Gelegenheit gewartet. Wenn es an diesem Tag nicht möglich war, wusste er nicht, wann oder ob er ihn je wieder sehen würde. Selbst wenn er zu einem späteren Zeitpunkt noch einmal versuchen würde hierher zu kommen – es würde keiner aus der Familie meinen Vater besuchen dürfen, ohne sich zuerst vor dem Schintoschrein zu verneigen, zumindest, so lange dieser Verantwortliche für Öffentlichkeitsarbeit im Amt war.

Mein Bruder war innerlich hin und her gerissen. Was sollte er tun? Sollte er sich nur dieses eine Mal verneigen, um seinen Vater zu sehen, oder diese Sünde nicht begehen und unverrichteter Dinge wieder heimfahren? Sein christliches Gewissen sagte ihm, er solle auf dem Absatz kehrtmachen, doch das Bild unseres Vater stand ihm allzu klar und deutlich vor Augen. Er wusste wohl, dass das erste Gebot sich gegen jeglichen Götzendienst wandte. Doch seit dem Tag, als sie unseren Vater verhaftet hatten, hatte mein Bruder ihn nicht ein einziges Mal sehen dürfen. Er vermisste ihn einfach zu sehr.

Schließlich überlagerte die Sehnsucht, meinen Vater zu sehen, alle anderen Überlegungen. Es war ja nur eine Formalität. Gott, der in die Herzen sah, würde ihn verstehen.

So folgte er dem Beamten zum Schintoschrein. Der Beamte blieb draußen, und mein Bruder blieb einfach eine Weile am Schrein stehen, drehte sich dann um und kam heraus, ohne sich verneigt zu haben. Er wusste nicht, ob der Beamte ihn beobachtet hatte, aber zumindest sagte er nichts. Dann führte er meinen Bruder in sein Büro und forderte ihn auf, seinen Fingerabdruck auf einer eidesstattlichen Erklärung zu hinterlassen, die besagte, dass er am Schintokult teilgenommen hatte. Erst dann durfte er meinen Vater besuchen. Mein Bruder war so verzweifelt, dass er der Anordnung nachkam. All dies geschah innerhalb weniger Sekunden. Da mein Bruder nun schon so weit gegangen war und keine Alternative sah, vertraute er darauf, dass Gott ihn verstand und ihm vergeben würde.

Im Besuchsraum erblickte mein Bruder unseren Vater und rief laut: „Vater!" Mein Vater tröstete ihn und sagte: „Weine nicht, Matthew. Wenn wir uns hier auf Erden nicht mehr sehen, sehen wir uns doch später vor Gottes Thron." Unser Vater war so blass und dünn, er bestand nur noch aus Haut und Knochen. Doch sein durchdringender Blick war derselbe geblieben. Zwar war sein Körper unendlich geschwächt, doch seine Seele war umso mehr gestärkt.

Die Besuchszeit war viel zu kurz. Als Matthew wieder gehen musste, steckte unser Vater ihm einen Brief zu, den er zuvor geschrieben hatte. Im Zug las mein Bruder ihn:

„Weil die Kaiserverehrung und der Schintokult eine Sünde vor Gott sind und gegen das erste und zweite Gebot verstoßen, beteilige dich unter keinen Umständen daran. Halte den Tag des Herrn heilig und nimm an den täglichen Familienandachten und Morgengebeten teil. Lies fleißig in der Heiligen Schrift, gib den Zehnten, sorge gut für deinen Großvater und gehorche dem Wort Gottes."

Als mein Bruder diesen Brief las, zitterten seine Hände. Da erst begriff er, wie töricht er gewesen war, und Tränen der Reue liefen ihm über die Wangen. Der Grund für all unser Leid war ja gerade, dass wir Gottes Gebot gehorchen wollten. Doch um unseren Vater besuchen zu können, hatte er am Schintokult teilgenommen, also das getan, wofür mein Vater lebenslänglich inhaftiert worden war. Zwar hatte er sich nicht wirklich vor dem Schrein verneigt. Doch darauf brauchte er nicht stolz zu sein, denn er hatte immerhin eine eidesstattliche Erklärung abgegeben, dass er genau dies getan habe. Wenn unser Vater dieses Schriftstück zu Gesicht bekam – wie weh würde es ihm tun! Plötzlich wurde Matthew wieder ganz klar im Kopf, als sei er aus dem Schlaf erwacht.

Er bekam furchtbare Gewissensbisse. Vor seinem geistigen Auge erschienen das verschlagene Lächeln des Beamten und das kummervolle Gesicht meines Vaters. Da erkannte er, dass er der Versuchung des Satans nachgegeben hatte. Wenn es auch nur für einen kurzen Augenblick geschehen war, musste er sich doch eingestehen, dass er in den Augen Gottes eine schändliche Tat begangen hatte.

Matthew wusste nicht, wie er Gott begegnen sollte, und es wurde ihm schwarz vor Augen. Er begann heftig zu zittern. Das Wort Gottes fuhr ihm wie ein Blitz durch den Sinn. „Oh Gott!", stöhnte mein Bruder und schloss die Augen.

Jetzt wurde ihm alles klar. Er wusste, dass er sich hätte weigern sollen, am Schintokult teilzunehmen, ganz gleich, wie groß seine Sehnsucht nach unserem Vater war. Selbst, wenn er unseren Vater nie wieder sehen dürfte, hätte er Gottes Gebote halten sollen. Das war nicht nur Gottes Wille, sondern auch der unseres Vaters. Wie töricht zu glauben, Gott würde ihn verstehen, wenn er nachgab.

Der Zug raste dahin. Mein Bruder blickte aus dem Fenster, sah die Schönheit der Natur – den Wald und die Vögel –, und es schien ihm, als starrten sie ihn strafend an. Während ihm die Tränen übers Gesicht liefen, begann er zu beten: „Herr, ich bin ein törichter, dummer Sünder. Ich bin auf die Versuchung des Satans hereingefallen und habe vor einem Götzenschrein angebetet. Ich war so unverschämt zu erwarten, dass du mich verstehst, auch wenn ich Unrecht tat. Wie konnte ich nur so verblendet sein? Bitte öffne mir die Augen, damit ich wieder klar sehen kann. Ich wusste einfach nicht, wie ich mich verhalten sollte. Bitte hilf mir, in Zukunft richtige Entscheidungen zu treffen. Hilf mir, mich nach deiner Gerechtigkeit, deinem Willen und deiner Macht auszurichten …"

Während er so betete, schluchzte er unaufhörlich und zog die Aufmerksamkeit eines japanischen Polizisten auf sich. Der kam zu ihm und fragte, warum er so weinte. Als er sich neben ihn setzte, erklärte ihm mein Bruder, dass er seinen Vater im Gefängnis von Chungju besucht hatte und nun auf dem Heimweg sei.

„Warum weinen Sie dann? Sie haben ihn doch gesehen", fragte der Polizist, als sei er ernsthaft an der Geschichte interessiert. Mein Bruder wischte sich die Tränen ab, die ihm erneut über die Wangen liefen, und erklärte dem Beamten ganz offen, weshalb unser Vater eine Haftstrafe absitzen musste. Er gab auch zu, dass er selbst am Schintokult teilgenommen hatte, um unseren Vater besuchen zu können, und dass er nun weinte, weil er den Glauben seines Vaters verleugnet hatte.

„Unsinn! Wenn Ihr Vater auch nur ein wenig Gespür für diese Zeiten hat, wie konnte er sich dem Schintokult widersetzen? Er hat seine Gefängnisstrafe verdient. Sie müssen die gegenwärtige Situation richtig einschätzen und mit der Zeit gehen, sonst werden Sie das gleiche Schicksal erleiden wie Ihr Vater", sagte der Polizist vorwurfsvoll.

Doch da mein Bruder das Bedürfnis hatte, für seine törichte Sünde Buße zu tun, glaubte er, Gott habe seine Gebete erhört und ihm nun die Gelegenheit geschenkt, sich in Gegenwart dieses japanischen Polizisten mutig gegen den Schintokult zu äußern: „Der Schintokult ist Sünde. Er ist keine politische, sondern eine religiöse Zeremonie. Er verstößt gegen das Gebot Gottes, und wenn wir daran teilnehmen, ist das Gotteslästerung. Auch wenn die Japaner noch so sehr versuchen, diesen Kult zu rechtfertigen – die Wahrheit kann nicht verborgen bleiben."

Erst jetzt fühlte mein Bruder sich von seinem schlechten Gewissen befreit. Dies alles hätte er schon dem Beamten im Gefängnis sagen sollen. Doch bekanntlich wird die Angst größer, je mehr wir ihr ausweichen. Unser Vater war der Sünde so mutig und furchtlos entgegengetreten, und so hätte auch er handeln sollen. Weil seine Sehnsucht nach unserem Vater zu stark gewesen war, hatte der verschlagene japanische Beamte ihn zum Unrecht verführt.

Der Polizist sah meinen Bruder eine Weile lang scharf an, als wollte er sagen: „Wie kannst du es wagen!" Dann befragte er ihn nach seinem Namen und Alter und unserer Adresse. Mein Bruder hatte nun keine Angst mehr, selbst wenn sie ihn vor den Richter zerren und wie meinen Vater ins Gefängnis stecken sollten.

So beantwortete er wahrheitsgemäß alle Fragen, während der Beamte sich Notizen machte. Dann ging er ohne ein weiteres Wort fort. Dieser Vorfall führte später dazu, dass meine Familie auseinander gerissen wurde, doch das konnte mein Bruder nicht voraussehen.

Nicht lange, nachdem er aus Chungju zurückgekehrt war, erhielt er eine Aufforderung zur Musterung. Wir vermuteten, dass dies auf das Betreiben des japanischen Polizisten im Zug zurückzuführen war. Er glaubte sicher, dies sei die beste Methode, den störrischen Jungen „umzuerziehen". Er sollte in den Krieg ziehen, wo er am Militärstützpunkt jeden Tag am Schintokult teilnehmen musste.

Der Musterungsbescheid schlug wie eine Bombe bei uns ein. Wir wussten nicht, wann Matthew nach einer Einberufung wieder nach Hause zurückkehren würde. Ob er überhaupt am Leben blieb. Aber eines fürchtete mein Bruder am meisten: Dass er sich als Soldat täglich vor dem Kaiser und dem Schintoschrein würde verneigen müssen. Dieser Pflicht konnte sich kein Soldat entziehen.

Natürlich wurde mein Bruder für wehrtauglich erklärt. Es wäre zu jener Zeit günstiger gewesen, behindert oder krank zu sein, als gesund und Soldat in einer Kolonialarmee zu werden und am Schintokult teilnehmen zu müssen. Daher betete meine Mutter jeden Tag mit uns: „Lieber Herr, wenn mein Sohn Matthew zur Armee eingezogen wird, muss er zwangsweise Sünde begehen. Bitte hilf ihm, nicht zu sündigen, selbst wenn er an Lepra erkranken sollte."

Die Tage verstrichen, und wir machten uns große Sorgen. Wenn man sich der Einberufung widersetzte, bedeutete das den sofortigen Tod. Mein großer Bruder dachte sogar an Selbstmord, doch er wusste, dass auch das eine Sünde gegen Gott war. Er dachte daran zu fliehen, aber das wagte er dann doch nicht, da er wusste, wie die Familie dann um seinetwillen leiden müsste.

Schließlich beschloss er in seiner Verzweiflung, die Sache in Gottes Hand zu legen, und begann, zusammen mit meiner Mutter und meinem Großvater zu fasten und zu beten, um eine Antwort von Gott zu erhalten. Auch mein zweitältester

Bruder schloss sich ihnen an. Nach einigen Tagen waren ihre Augen tief eingesunken, und ihre Wangen wurden hohl. Sie waren vollkommen geschwächt und sahen aus wie Gespenster. Wenn ich daran denke, kommen mir noch heute die Tränen. Wir hatten ja ohnehin kaum etwas zu essen, und durch das Fasten wurden sie noch schwächer. Wie sehr muss Matthew unter dem Druck gelitten haben!

Als er nur noch Haut und Knochen war, teilte er uns mit entschlossener Stimme seine Entscheidung mit. Er hatte von Gott eine Antwort erhalten: „Mutter, ich kann nicht in die japanische Armee eintreten, selbst wenn ich sterben muss. Ich kann den Schintokult nicht mitmachen, denn damit würde ich Gott und auch Vater lästern. Also …"

Hier versagte ihm die Stimme, und er ließ den Kopf hängen. Ich glaube, das war die Frucht seiner Buße. Keiner sagte ein Wort. Eine bleierne Stille erfüllte den Raum. Wir hörten nur Matthews leises Schluchzen.

„Mutter …"

„Es ist gut, mein Sohn. Nun sag uns, was du beschlossen hast." Unsere Mutter durchbrach als Erste die Stille. Doch mein Bruder schwieg.

„Nun rede schon, mein Sohn. Gibt es etwas, das du deiner Mutter nicht sagen kannst?" Die Atmosphäre war angstvoll und angespannt. Unsere Mutter schien bereits zu wissen, was er vorhatte, und ergriff schließlich das Wort: „Ich weiß, mein Sohn. Du möchtest mir sagen, dass wir uns als Familie aus Sicherheitsgründen trennen müssen."

Es schien, dass meine Mutter zu demselben Schluss gekommen war wie mein Bruder. Sie hatten ja auch zusammen gebetet und Gott um eine Lösung angefleht. Daher war es ganz natürlich, dass sie dieselbe Antwort erhalten hatten. Jeder von uns würde sich vor den Japanern verstecken müssen. Es gab keine andere Möglichkeit. Wie sehr wir auch nach einem anderen Ausweg suchten, es gab einfach keinen. Da mein Bruder weder der Einberufung folgen noch Selbstmord begehen konnte, war die Trennung der Familie unter den gegebenen Umständen die einzige Alternative.

Erst vor kurzem hatten wir das Leprazentrum verlassen müssen, einen Ort, der für mich Heimat und Paradies gewesen war, und waren in diese schäbige Hütte auf dem Berg Bumnetgol bei Pusan umgezogen. Jetzt sahen wir uns gezwungen, unser neues Heim wieder zu verlassen. In den Jahren der Armut und des Leidens, während mein Vater im Gefängnis saß, waren wir füreinander Zuflucht geworden und hatten, ohne zu klagen, durchgehalten. Allein der Gedanke, dass wir uns trennen sollten ... Wie konnten wir das aushalten? Ohne unseren Vater war unser Leben zwar arm und leer. Dennoch versuchten wir, Gott die Treue zu halten, indem wir ihm weiterhin vertrauten und unser Verhalten nach seinen Geboten ausrichteten. Aber was würde jetzt aus uns werden?

Keiner wusste, wie lange diese Trennung dauern würde. Vielleicht würden wir uns nie wieder sehen. Doch unsere Mutter meinte, dass es weit besser sei, wir würden uns auf Erden nie wieder sehen, als unseren Bruder zur japanischen Armee einziehen zu lassen. Matthew pflichtete ihr bei. Er wollte sich nicht noch ein zweites Mal zur Sünde verführen lassen. Es tat ihm sehr weh, seine Familie so leiden zu lassen, doch er glaubte, dass es letztendlich zum Besten für alle sei.

Ich war damals 12, noch ein Kind. Auch wenn ich die Bedeutung ihrer Entscheidung nicht genau verstand, glaube ich heute, dass sie die Frucht ihres großen Glaubens war. Ohne einen solch fest verwurzelten Glauben hätten sie wohl kaum eine derartige Entscheidung treffen können.

Wir wussten nicht, wann genau mein Bruder eingezogen werden würde, aber es war uns klar, dass es nicht mehr lange dauern konnte. Unsere Mutter überlegte sich, wo wir uns alle verstecken konnten, und traf für jeden von uns eine Entscheidung.

Mein Großvater würde zu seinem zweiten Sohn Moon-Joon in die Mandschurei in China ziehen. Mein Onkel hatte sich dort niedergelassen, weil die japanische Polizei ihm dauernd auf den Fersen gewesen war, da mein Großvater wegen seiner Teilnahme an der „Mansei-Bewegung" im Gefängnis gesessen hatte. Die Polizei versuchte, alle Söhne meines Großvaters ins Gefängnis zu stecken. Später wurde mein Onkel Pastor.

Meine Mutter und die jüngsten Geschwister würden zu den Jangs ziehen, für die meine Mutter arbeitete. John sollte in der Hütte wohnen, wo die sieben leprakranken Frauen lebten, die das Zentrum hatten verlassen müssen. Matthew würde sich tief im Wald nahe dem Meer verstecken. Mein jüngerer Bruder und ich sollten ins Waisenhaus Ae-Rin-Won in Gupo bei Pusan geschickt werden.

Es war eine sehr belastende Situation für uns alle. Wir sieben Geschwister waren zwar keine Waisen, aber wir wurden wie Waisen und mussten getrennt von unserer Familie leben. Wie schrecklich muss diese Entscheidung für meine Mutter, meinen Bruder und den Großvater gewesen sein! Die Stimmung bei uns zu Hause war düster, selbst das Ticken der Uhr schien uns von zu Hause fortzutreiben. Als sich die Stunde unserer Trennung näherte, aßen und tranken wir nichts mehr. Doch die Entscheidung war unausweichlich, und es blieb keine Zeit, um sich der Traurigkeit hinzugeben. Wir steckten in einer Sackgasse.

14. Die Familie wird getrennt

Im Juli 1944 wussten mein jüngerer Bruder Dong-Jang und ich noch nicht, dass wir in ein Waisenhaus kommen sollten – bis zu dem Tag, an dem es tatsächlich geschah. Meine Mutter hatte uns sehr lieb und wollte uns nicht vorzeitig ängstigen.

Am frühen Morgen des Tages, an dem wir abreisen sollten, erfuhren wir von Matthew von dem Schicksal, das uns bevorstand. Er strich mir sanft über den Kopf und sprach mit leiser Stimme. Sein Gesicht war mager und verhärmt, und in seinen Augen standen Tränen.

„Es tut mir so Leid, Dong-Hee. Du und Dong-Jang, ihr werdet eine Weile im Waisenhaus wohnen müssen."

„Bruder, was meinst du damit? Warum ein Waisenhaus? Warum muss ich dort wohnen? Ich bin doch kein Waisenkind", rief ich erschrocken aus. Warum sollte ich in ein Waisenhaus kommen? Vater und Mutter lebten doch noch!

„Es gibt eben jetzt keine andere Möglichkeit. Unsere Situation ist sehr schwierig. Du verstehst doch, dass diese Entscheidung uns sehr schwer fällt, oder? Gott wird dich später dafür segnen und beschenken."

Erst da fiel mir auf, was für eine deprimierende Stimmung die ganze Zeit in unserer Hütte herrschte – alle fasteten und beteten. Es war eine düstere Stille, die den Schuppen erfüllte. Meine beiden älteren Brüder schluchzten, und meine Mutter stieß immer wieder einen tiefen Seufzer aus. Aber ich konnte mich einfach nicht damit abfinden, dass ich in ein Waisenhaus gehen sollte.

„Bruder, ich will so weiterleben wie bisher. Es macht mir

nichts aus, wenn ich Hunger habe, solange ich nur bei Mutter und euch Brüdern bin. Bitte – ich flehe dich an, schick mich nicht in ein Waisenhaus, bitte ..." Aber der Pfeil hatte bereits den Bogen verlassen. Es war der letzte Ausweg nach all dem Fasten und Beten – unser unausweichliches Schicksal.

Meine Mutter weinte bitterlich, als die Trennung von ihren Kindern unmittelbar bevorstand. Wie hoffnungslos mag ihr zumute gewesen sein! Ihr Herz war sicher in tausend Stücke zersprungen. Doch ich konnte zu der Zeit noch nicht verstehen, weshalb sie ihre Kinder überall hin verteilen musste.

Wenn unser Heim auch eine schäbige Hütte auf einem Berg war, so waren wir doch in inniger Liebe miteinander verbunden. Jetzt mussten wir einander Lebewohl sagen. Warum passierten uns nur schlimme Dinge ... eines nach dem anderen?, fragte ich mich. *Leb wohl, du steiler Berg, den ich mit dem schweren Wassergefäß mühevoll heraufgestiegen bin, und du „Brunnen des Buckeligen", lebt alle wohl. Ich muss euch nun verlassen und kann euch nur in meinem Herzen behalten. Mein Bruder und ich gehen weg von hier!*

Unsere Mutter nahm die Bibel und das Gesangbuch zur Hand. Beim Schein der Lampe setzten wir uns zum letzten Mal zur Familienandacht. Da wir nicht wussten, ob wir uns jemals wiedersehen würden, flossen unsere Tränen in Strömen.

„Vielleicht sehen wir uns erst im Himmel wieder", sagte unsere Mutter und begann dann, ein Lied zu singen. Wir stimmten alle mit ein:

„Gott mit euch, bis wir uns wiedersehn!
Mög' sein Fittich euch bedecken!
Mögt sein Lebensbrot ihr schmecken!
Gott mit euch, bis wir uns wiedersehn!

Wiedersehn ... Wiedersehn,
einst vor Gottes Thron wir stehn ...
Wiedersehn ... Wiedersehn,
Gott mit euch, bis wir uns wiedersehn."

Wir umarmten einander und weinten so sehr, dass wir kaum weitersingen konnten. Aus der Hütte auf dem Berg drang unser Schluchzen sicher weit in die Nacht hinaus und erzählte eine traurige Geschichte, und niemand kam, um uns zu trösten. Wohl waren wir arm, doch wie glücklich waren wir mit meiner Mutter und den Brüdern gewesen!

Um den wachsamen Augen der Nachbarn zu entgehen, verließen wir im Morgengrauen das Haus. Unsere Augen waren rot und geschwollen vom vielen Weinen. Nachdem wir uns voneinander verabschiedet hatten, liefen wir rasch durch den dichten Morgennebel. Mein großer Bruder setzte Dong-Jang und mich auf sein geliehenes Fahrrad und sauste mit uns den steilen Berg hinunter. Ich klammerte mich fest an ihn und schaute immer wieder zurück. Ich fühlte mich leer und traurig und konnte die Tränen nicht zurückhalten. Doch mitten in meiner Traurigkeit war der vertraute Geruch meines Bruders tröstlich für mich.

Die eiskalte Morgenluft schnitt uns erbarmungslos ins Gesicht. Auf dem Weg ins Waisenhaus sprach keiner ein Wort. Der furchtbare Gedanke, dass wir uns womöglich nie wieder sehen würden, drückte uns alle nieder.

Schließlich kamen wir am Waisenhaus an. Mein Bruder hob uns vom Rad, verbarg sein Gesicht in den Armen und schluchzte. Seine Schultern zuckten. Nach langer Zeit schaute er uns an und sagte: „Ihr beide seid sehr geduldig und werdet das alles durchstehen, auch wenn ihr unsere Eltern und die Brüder vermisst. Wir sind ja alle die Kinder unseres großen Vaters."

Das waren seine Abschiedsworte, und dann gingen wir hinein. Das Waisenhaus Ae-Rin-Won war 1938 von Pastor Jung-Kyo Han im Geist der Liebe Christi gegründet worden. Eine Diakonisse, die aus dem Gefängnis entlassen worden war, half in der Anfangszeit, wie viele andere Christen, die von der japanischen Polizei verfolgt wurden, weil sie sich weigerten, am Schintokult teilzunehmen. So wurde dieses Haus ein Zufluchtsort für viele. Aber es war kein Ort, den ein kleines Mädchen wie ich als Zuhause empfinden konnte. Wir sahen nur unbekannte Gesichter.

Nachdem mein Bruder uns Pastor Han übergeben hatte, zwang er sich, kehrtzumachen und wegzufahren. Dong-Jang und ich sahen ihm lange nach, während er sich immer weiter von uns entfernte, bis er nur noch ein kleiner, schwarzer Punkt war und schließlich ganz verschwand. Wir standen stumm und benommen da, als hätten wir soeben unseren Bus nach Hause verpasst, und starrten weiter die Straße entlang. Wir fühlten uns vollkommen allein, als seien wir nackt in die weite, leere Wildnis gestoßen worden. Verlassen in einer Welt, in der wir uns auf niemanden stützen konnten. Dong-Jang war erst neun. Wir lebten bis zu Koreas Unabhängigkeit von Japan in diesem Waisenhaus.

Wir bekamen andere Namen und durften uns nicht als Bruder und Schwester zu erkennen geben. Es war hier bekannt, dass mein ältester Bruder den Japanern entkommen war, die ihn zum Dienst in ihrer Armee zwingen wollten. Daher hielten Pastor Han und die Ältesten es für das Beste, unsere Namen zu ändern. So nannte man mich „Hee-Ya“ und Dong-Jang wurde zu „Chang-Eun“. Was geschah nur mit uns? Wie konnte Gott es zulassen, dass unser geliebter Vater ins Gefängnis kam und wir in dieses Waisenhaus gesteckt wurden? Warum musste unsere Familie auseinander gerissen werden?

In dem Waisenhaus wohnten jetzt auch Young-Hae und sein Bruder. Sie waren älter als wir, aber ihre Lage war dieselbe. Auch ihr Vater saß im Gefängnis, weil er sich geweigert hatte, am Schintokult teilzunehmen. Was hatte sie dazu getrieben, sich dem japanischen Imperialismus zu widersetzen, auch wenn das Gefängnis und die Trennung von ihrer Familie bedeutete? Durfte man seine Familie opfern, nur um Gott zu gehorchen?

Ich begann, mich über meine Eltern zu ärgern. Ich konnte sie nicht verstehen. Ich wollte auch gar nicht erst versuchen, sie zu verstehen. *Warum glauben meine Eltern so unerschütterlich an diesen merkwürdigen Jesus, dass wir als Waisenkinder leben müssen?*

Von dieser Zeit an veränderte ich mich allmählich, ich wurde aggressiv und ungeduldig. Ich konnte den heftigen Zorn nicht im Zaum halten, der in meinem Innern brodelte. Ständig hatte ich den Wunsch, alles zu zerstören, was mir in die Hand kam.

Ich zog mich immer mehr in mich selbst zurück und hüllte mich in Schweigen. Wenn jemand versuchte, mich zum Reden zu bringen, machte ich den Mund fest zu und antwortete nicht. Ich hatte einfach alles satt. Wenn ein Kind fragte: „Bist du stumm?“, schüttelte ich nur den Kopf. Und wenn jemand fragte: „Bist du krank?“, schüttelte ich ebenfalls den Kopf. Manche Erwachsene schauten mich mitleidig an. Sie glaubten, dass ich mich so verhielt, weil ich meine Mutter vermisste. Mir war es am liebsten, wenn die Kinder mich nicht beachteten.

Ich fing sogar an, Gott abzulehnen. *Wo ist Gott überhaupt? Es ist doch alles eine Lüge! Wenn es ihn wirklich gibt, warum hat er mich zum Waisenkind gemacht, obwohl meine Eltern und Brüder noch leben?* Wenn mir solche Gedanken kamen, liefen mir die Tränen übers Gesicht. Doch keiner kam, um mich zu trösten. Ein seltsamer, rebellischer Geist ergriff von meinem Herzen Besitz. Wenn das geschah, schüttelte ich heftig den Kopf und ermahnte mich: *Nein, du darfst nicht weinen. Weine nicht, Dong-Hee. In dieser Welt musst du dich ganz alleine durchschlagen. Du musst dich jetzt um Dong-Jang kümmern. Du musst ganz stark sein!*

Dong-Jang war noch zu klein, um das alles zu begreifen. Oft fasste er mich am Rock und jammerte: „Schwester, wo ist unsere Mutter? Wo sind unsere Brüder hingegangen? Warum kommen sie nicht zurück? Ich vermisse sie ..." So musste ich Dong-Jang mehrere Male am Tag in die Arme nehmen und trösten.

„Weine nicht, Dong-Jang. Du hast ja noch mich, deine große Schwester. Ich tue alles für dich."

Ungefähr zwei Wochen, nachdem wir ins Waisenhaus gezogen waren, wurden die Haushaltsgegenstände aus unserer Hütte auf dem Berg Bumnetgol geliefert. Das hatte wohl Pastor Han angeordnet. Als ich die vertrauten Dinge sah, die meine Familie benutzt hatte, überkam mich plötzlich ein heftiges Heimweg nach dieser armseligen kleinen Hütte. Und ich vermisste meine Brüder und meine Mutter. Beim Gedanken an meine Mutter strich ich mit der Hand über die Kommode, die meine Mutter berührt hatte. Ich konnte meine Gefühle nicht länger unterdrücken und weinte, wo es niemand sah. Als ich auf all die vertrauten Dinge aus unserem Heim blickte, sah ich vor meinem geistigen Auge das freundliche Lächeln meiner Mutter. Ich schluchzte vor tiefer Sehnsucht, die viel stärker war als alle Bitterkeit. Gibt es auf der ganzen Welt ein schöneres Wort als „Mutter"?

Wenn ich an die Zeit im Waisenhaus zurückdenke, auch wenn ich das nicht gern tue, kommt mir bis heute ein anderes, unvergessliches Gesicht in den Sinn, nämlich ein Junge namens Kap-Joo Lee. Er sah ganz durchschnittlich aus, ein wenig klein und pummelig, aber er hatte einen brutalen Zug an sich. Besonders auf mich hatte er es abgesehen. Bis heute weiß ich nicht warum.

Er wusste, dass ich in ständiger Furcht lebte, und so verzerrte er sein Gesicht, um mir Angst einzujagen. Dann stieß er mich zu Boden. Wenn er das tat, unterdrückte ich die aufsteigenden Tränen und brach stattdessen in lautes Gelächter aus: „Ha, ha, ha, ha!“ Manchmal sagte er: „Auf deinem Kopf sitzt eine Libelle.“ Und dann haute er mir mit der Fliegenklatsche auf den Kopf und lief weg. Manchmal versteckte er sich und brachte mich in Schwierigkeiten. Ich konnte die Streiche dieses bösartigen Jungen kaum ertragen, und ich verstand ihn nicht. So fing ich an, ständig nach ihm Ausschau zu halten. Wenn ich ihn sah, lief ich weg. Heute kann ich mit einem wehmütigen Lächeln auf diese Begebenheiten zurückblicken. Sie sind nur noch blasse Erinnerungen. Aber damals machten seine ständigen Schikanen mein trauriges Leben nur noch unerträglicher.

Die Mahlzeiten im Waisenhaus wurden stets mit einer Glocke eingeläutet. Jeden Tag bestanden alle drei Mahlzeiten aus Getreidebrei. Das war die Essensration von der Regierung. Wenn wir im Kreis in dem großen Raum saßen und unsere Mahlzeit einnahmen, saß Pastor Han immer in der Mitte und aß mit uns denselben Brei. Ich mochte Pastor Han sehr. Selbst als Kind sah ich, dass er echte menschliche Größe besaß. Er war wirklich ein Vater der Waisen, der uns liebte und liebevoll für uns sorgte.

Wann immer ich ihm persönlich begegnete, sah ich in seinem freundlichen und ruhigen Wesen meinen eigenen Vater, und ich vermisste ihn. Pastor Han sagte oft zu mir: „Hee-Ya, bring Chang-Eun (meinen Bruder) mit und komm in mein Zimmer.“ Wenn wir in sein Zimmer kamen, standen da zwei Tassen Milch von den Ziegen, die sie im Waisenhaus hielten, und Tomatenscheiben, die er selbst aus dem Garten hinter dem Haus geholt hatte. Das alles bereitete er eigens für meinen Bruder und mich vor. Jedes Mal wurde mein Herz von Dankbarkeit erfüllt. Gleichzeitig hatte ich Mühe, die Sehnsucht nach meiner eigenen Familie zu unterdrücken.

Wenn ich in die reife Tomate biss, spürte ich die tiefe Liebe meines Vaters. Oft hatten mein kleiner Bruder und ich beim Essen mit den Tränen zu kämpfen. Ich hätte Pastor Han am liebsten „Vater" genannt und mich in seine Arme gestürzt. Meinem Bruder Dong-Jang ging es ebenso. Wie oft wünschten wir uns so, Pastor Han würde uns fest an seine warme Brust drücken, wenn auch nur für eine Minute.

Im Waisenhaus wurde jeden Morgen Gottesdienst gefeiert. Zuerst hielt Young-Hae Sonntagsschule für Kinder, und dann sangen wir alle auswendig ein Lied mit dem Text aus 1. Korinther 13 über die Liebe.

Mit der Zeit gewöhnte ich mich an das Leben im Waisenhaus, und der Zorn und die Bitterkeit, die ich nach meiner Ankunft verspürt hatte, verschwanden fast ganz. Am Anfang war ich eine Einzelgängerin und verschloss mein Herz vor den anderen, aber allmählich öffnete ich mich und wurde wieder zu einem normalen Mädchen, das gern mit anderen schwatzte.

Ich fühlte mich wieder sicher und geborgen. Dann bekamen wir unerwartet Besuch von Matthew. Da ihn die japanische Polizei verfolgte, hatte er sich im Wald versteckt. So war sein Gesicht tief gebräunt und sein Körper noch viel hagerer als vorher. Seine Kleidung war an vielen Stellen zerrissen und schmutzig. Doch Dong-Jang und ich freuten uns so, ihn zu sehen!

„Dong-Hee, Dong-Jang, jetzt bin ich endlich gekommen", sagte er und schenkte uns eine Packung Kekse, die er irgendwo aufgetrieben hatte. Mein großer Bruder machte die

Packung auf und gab jedem von uns einen Keks, und dann konnte er seine Gefühle nicht länger zurückhalten, schloss uns beide in die Arme und schluchzte.

„Wie sehr müsst ihr wegen mir gelitten haben!“, sagte er immer wieder und machte sich selbst Vorwürfe.

„Ist schon gut, Bruder. Es ist nicht so schlimm, wie du glaubst.“

„Dong-Hee, Dong-Jang, ich habe euch zu Waisen gemacht. Ihr hasst mich doch sicher!“

„Nein, es ist schon gut, wirklich. Dein Freund Young-Hae ist auch hier, und wir fühlen uns wohl und sicher. Und Pastor Han hat uns sehr lieb.“ Es tat meinem ältesten Bruder furchtbar Leid, dass er der Anlass gewesen war, dass wir von unserer Familie getrennt wurden. Er konnte zwar nichts dafür, doch trotzdem gab er sich selbst die Schuld an unserer Lage.

An diesem Abend las mein Bruder ungefähr 30 Waisen aus der Bibel vor, aus Paulus' zweitem Brief an Timotheus: „Doch ich habe mit vollem Einsatz gekämpft; jetzt ist das Ziel erreicht, und ich bin im Glauben treu geblieben. Nun hält der Herr für mich auch den Siegespreis bereit. Er, der gerechte Richter, wird mir den Preis am Tag des Gerichts geben; aber nicht mir allein, sondern allen, die wie ich voller Sehnsucht auf sein Kommen warten“ (2. Timotheus 4,7-8).

Was für eine Freude war es für uns drei, dass wir wieder zusammen sein konnten! Aber zu rasch ging die Nacht zu Ende. Es schien uns, als käme der Morgen viel früher als an jedem anderen Tag. Unser Bruder musste uns wieder verlassen, versprach jedoch, in einigen Tagen zurückzukommen. Er ermahnte uns, nicht mit den anderen Kindern zu streiten, sondern in Frieden mit ihnen zu leben.

Später erfuhr ich, dass mein Bruder im Wald von Baumrinden, wilden Beeren und Bergkräutern lebte. Einige Zeit lang lebte er tief im Wald in der Nähe des Meeres. Dann blieb er eine Weile im Haus von Frau Duk-Hae Han, einer sehr guten Freundin meiner Mutter und Schwester im Glauben.

Ihr Haus befand sich in der Nähe der Küste, in einem kleinen Dorf. Mein Bruder erledigte allerlei Aufgaben, die im Haushalt der Familie anfielen, weil er es schrecklich fand, diesen Menschen auf der Tasche zu liegen, die ja ebenfalls so arm waren. So leerte er den Klärbehälter und düngte das Gemüsefeld. Er sammelte Kiefernzweige und dürres Laub, trocknete sie als Brennstoff und schürte in den Zimmern Feuer. Abends nahm er Frau Hans zweijährige Tochter huckepack und brachte sie ins Bett.

Hinterher hörte ich, dass er trotz aller Entbehrungen und der harten Arbeit den ganzen Tag lang Loblieder sang. Selbst wenn er einen Nachttopf ausleerte, sang er geistliche Lieder. Und wenn er vom Berg herunterstieg und eine schwere Ladung Holz auf dem Rücken trug, lobte er Gott. Das alles erzählte mir später die älteste Tochter seiner Gastfamilie.

Auch meine Mutter blieb mit meinem jüngsten Bruder für kurze Zeit in diesem Haus. Glücklicherweise gab es darin einen kleinen Raum zum Fasten und Beten. Dort beteten meine Mutter und mein Bruder bis spät in die Nacht und manchmal bis zum Anbruch des neuen Tages.

Mein zweitältester Bruder John lebte dagegen auf einem Berg in einem schäbigen Unterstand mitten unter leprakranken Frauen. Den hatten sich die Sieben gebaut, die das Leprazentrum hatten verlassen müssen, weil sie sich geweigert hatten, am Schintokult teilzunehmen.

Bevor unsere Familie getrennt worden war, hatte ich auch zwei Monate dort verbracht. Alle gingen betteln, und wir lebten von dem Reis, den sie zusammenbettelten. Am Tag, an dem unsere Familie sich trennen musste, brachte Frau Hwang, die wir „Tante Hwang“ nannten, John zu diesem Unterstand, und die Leprakranken hießen ihn so herzlich willkommen, als wäre er unser Vater. Sie waren wirklich treu im Glauben und unsere wahre Familie im Herrn!

Trotz ihrer schwierigen Lage hielten sie eine tägliche Gebetsstunde ab, und danach gingen sie nicht einfach schlafen, sondern lasen unter dem flackernden Schein der Lampe in der Bibel, so dass keiner sie sehen konnte. Manche verharrten die ganze Nacht lang im Gebet und manche betrieben intensive Bibelstudien.

Auch wenn sie von der Welt wegen ihres kranken Körpers zurückgewiesen und verachtet wurden, so besaßen sie doch eine Glaubensstärke, die ihresgleichen suchte. Sie waren alle vom Glauben meines Vaters angesteckt. Da mein Vater die Leprakranken weit mehr liebte und sich mehr um sie kümmerte als um seine eigenen Brüder oder Kinder, vertrauten sie ihrerseits meinem Vater und achteten ihn, und er kam für sie an zweiter Stelle nach Gott. Unerschütterlich hielten sie an dem Glauben fest, dass mein inhaftierter Vater wieder zu ihnen zurückkehren würde. Daher freuten sie sich so, als John bei ihnen lebte.

Frau Hwang, die im selben Zimmer wie mein Bruder schlief, schreckte eines Tages ganz früh am Morgen mit einer seltsamen Ahnung aus dem Schlaf. Sie wusste nicht, wie spät es war, aber es war noch dunkel. Dann merkte sie, dass der Platz an ihrer Seite leer war. Als sie das Licht anmachte, sah sie, dass John nicht mehr neben ihr lag. Sie stand auf und suchte nach ihm.

Es war eine ungewöhnlich klare Nacht. Mein Bruder war nirgends zu sehen. Frau Hwang lief die Bergstraße hinter dem Unterstand entlang und rief immer wieder den Namen meines Bruders, denn sie vermutete, dass er auf dieser Straße auf den Berg gegangen war. Sie lauschte eine Weile und rief dann wieder seinen Namen. Plötzlich hörte sie ein murmelndes Geräusch, das sich mit den Lauten von Insekten im

Gras mischte. Frau Hwang, die schon viele Jahre lang ein treues Gebetsleben geführt hatte, erkannte das Geräusch und wusste, dass mein Bruder betete.

John war offenbar sehr früh am Morgen aufgestanden und tief in den Wald gegangen, um zu beten. So näherte sie sich ihm leise, um ihn nicht zu stören. Mein Bruder betete unter Tränen: „... Himmlischer Vater, schenk meinem schwachen Herzen Mut. Du hast doch gesagt, dass der selig ist, der um seines Glaubens willen leidet. So mache auch mich mutig. Wie meinem Vater, meiner Mutter und Matthew schenk auch mir einen Mut, der keine faulen Kompromisse macht. Meine ganze Familie ist jetzt zerstreut, aber ich weiß, dass auch dies aus deiner großer Liebe geschieht und ein Segen ist. Himmlischer Vater, hilf uns durchzuhalten, ohne zu verzweifeln. Ich bin bereit, mein Kreuz zu tragen, das du mir auferlegt hast. Nun lebe ich unter Leprakranken, um die mein Vater sich gekümmert hat. Ich weiß nicht, wie lange ich hier bleiben muss, aber lass mich ihnen nicht zur Last fallen, sondern hilf mir, ihnen im Glauben beizustehen. Es macht mir nichts aus, wenn ich auch an Lepra erkranke, ich bitte dich nur um einen starken Glauben, um ihnen wenigsten eine kleine Hilfe zu sein ...“

Als Frau Hwang diesem Gebet zuhörte, tat ihr das Herz weh, denn mein Bruder war zu der Zeit erst 15 Jahre alt.

Nach diesem Tag zog John sich noch oft tief in den Wald zurück und betete laut für die Gesundheit und die Entlassung meines Vaters, für das Wohlergehen seiner beiden jüngeren Geschwister im Waisenhaus, für meine Mutter und seinen jüngsten Bruder, für unseren Großvater, der zu einer Reise von 10 000 Meilen in ein fremdes Land aufgebrochen war, und für seinen ältesten Bruder, der in der Wildnis lebte und von der japanischen Polizei gesucht wurde. Wenn der Morgen anbrach, zogen die Leprakranken zum Betteln aus, und da sie weit gehen mussten, kehrten sie manchmal erst nach einer Woche zurück.

Eines Tages sagte John zu Frau Hwang: „Tante, ich rasiere mir die Brauen ab und gehe mit euch betteln." Doch sie hielt ihn zurück. „Nein, ich lasse dich nicht betteln. Du bleibst zu Hause."

So blieb er die ganze Woche lang alleine. Dann stieg er auf den Berg, um dürre Blätter als Brennmaterial zu sammeln. Die trug er auf dem Rücken herunter. Manchmal sammelte er auch grüne Kiefernzweige, trocknete sie und beheizte damit die Hütte. Zuweilen half er, das Haus sauber zu machen. So tat er alles, was in seiner Macht stand, um seinen Gastgebern zu helfen.

15. Endlich: Japan kapituliert

Es war ein sehr heißer Sommertag. Die Atmosphäre im Waisenhaus war ganz seltsam. Man sah den Leuten an, dass sie über irgendetwas ganz aufgeregt waren. Pastor Han stand auf einer Matte im Schatten eines Baumes bei einigen anderen Gemeindegliedern und lobte Gott mit lauter Stimme. Seit ich in dieses Waisenhaus gekommen war, hatte ich noch nie einen so überschwänglichen und lauten Lobgottesdienst erlebt. Sie hatten die Arme erhoben, klatschten in die Hände und riefen laut: „Oh Gott, danke! Halleluja!" Sie sangen aus voller Kehle und beteten unter Tränen. Ihre Gesichter strahlten.

Ich wusste sofort, dass etwas Gutes geschehen war. Aber mit 14 konnte ich mir nicht vorstellen, was das sein sollte. So hatte ich keine Wahl, als gespannt auf das Ende des lauten und fröhlichen Gottesdienstes zu warten. Schließlich war es so weit. Pastor Han erblickte mich und lief auf mich zu. Er strahlte übers ganze Gesicht und trug einen Anzug. Mein Herz klopfte heftig vor Spannung.

„Hee-Ya", sagte er, blickte mir tief in die Augen und nahm meine Hand in seine. „All diese Jahre hast du viel leiden müssen. Aber von heute an ist die schlimme Zeit für dich und deinen Bruder vorbei. Heute ist unser Land unabhängig geworden. Wir sind von den Japanern befreit. Jetzt wird dein Vater bald aus dem Gefängnis entlassen."

„Was? Unabhängigkeit?"

„Ja, Unabhängigkeit! Japan ist von einer Atombombe getroffen worden und hat kapituliert."

„Mein Vater wird aus dem Gefängnis entlassen?"

„Ja, genau! Japan ist am Ende!"

Das war das Letzte, was ich erwartet hatte, und zuerst verstand ich gar nicht genau, was er meinte. Es waren offenbar gute Nachrichten, aber meine Gedanken überschlugen sich, und ich war ganz verwirrt.

Vor einigen Jahren hatten wir auch gehört, dass unser Vater entlassen werden würde, und wir waren schon mal alle zum Gefängnis gefahren, um ihn abzuholen. Stattdessen hatten wir erfahren, dass er zu lebenslänglicher Haft verurteilt worden war. Wir waren umsonst zu ihm gefahren und weinend nach Hause zurückgekehrt. Unsere Mutter war zusammengebrochen und hatte zu uns gesagt: „Erwartet nicht, euren Vater auf Erden wiederzusehen."

Doch nun sagte Pastor Han, dass mein Vater aus dem Gefängnis entlassen würde. Mein Vater, von dem ich glaubte, dass ich ihn auf Erden nie wieder sehen würde, würde nach meinem Bruder und mir suchen. Ich konnte es nicht fassen. Es konnte doch nicht sein, dass Japan am Ende war, dass mein Vater aus dem Gefängnis entlassen wurde und unsere Familie wieder zusammenleben konnte.

Ich hatte mich darauf eingestellt, dass meine Zukunft elend und düster sein würde wie dieses Waisenhaus. Konnte das alles wahr sein? Würde meine Zukunft hell und leuchtend sein, wie ein herrlicher Regenbogen, der nach dem Regen am klaren Himmel erscheint?

Die Aussicht, dass mein Vater mich abholen würde, erschien mir, als würde ein Toter ins Leben zurückkehren. Das war wahrhaftig ein Wunder. Aber es war die Wahrheit. Nicht nur wir im Waisenhaus, sondern das ganze Volk erlebte in tiefer Dankbarkeit unsere Befreiung.

Während Japan Korea immer stärker unterdrückt hatte, war es auch in andere militärische Unternehmungen verwickelt, die zu seinem Eintritt in den Zweiten Weltkrieg und schließlich zu seiner Niederlage und Koreas Befreiung führten.

1940 hatte Japan einen Militärpakt mit Deutschland und Italien geschlossen. Enttäuscht über die Weigerung der USA, die Lieferung von Kriegsmaterial fortzusetzen, traf Japan Ende 1941 die verhängnisvolle Entscheidung, gegen Amerika in den Krieg zu ziehen. Es folgte am 7. Dezember 1941 der japanische Angriff auf Pearl Harbor auf Hawaii. Zunächst fügten die Japaner der amerikanischen Marine erheblichen Schaden zu, vertrieben die Amerikaner von den Philippinen und aus Guam und nahmen die britischen Stützpunkte Hongkong und Singapur ein. Aber mit der Schlacht bei den Midwayinseln im Juni 1942 begann sich das Blatt zu wenden, und die japanische Expansion im Pazifik wurde gestoppt. 1943 wurde der Diktator Mussolini gestürzt, und Italien kapitulierte vor den Alliierten.

Mit der Invasion in der Normandie 1944 näherte sich Hitlers wahnsinniges Machtstreben in Europa dem Ende. Deutschland kapitulierte im Mai 1945, und die Alliierten wandten ihre volle Aufmerksamkeit dem Krieg gegen Japan in Asien zu. Am 26. Juli trafen sich die Regierungschefs der USA, Großbritanniens und der Sowjetunion in Potsdam und verabschiedeten die Potsdamer Deklaration, in der die bedingungslose Kapitulation Japans gefordert wurde. Doch Japan kämpfte weiter.

Am 6. August machte die erste Atombombe Hiroshima dem Erdboden gleich, und am 9. August fiel eine zweite auf Nagasaki. Am selben Tag erklärte Russland Japan den Krieg und erlangte innerhalb von fünf Tagen die volle Kontrolle über die nordöstliche Mandschurei und den Norden Koreas. Japan wurde von all seinen territorialen Eroberungen im Pazifik zurückgedrängt. Der entsetzte japanische Kaiser verbarg sich in seinem Bunker unter dem Palast und hielt am 14. August eine Krisensitzung ab. Am 15. August 1945 verkündete er mit zitternder Stimme über das Radio die bedingungslose Kapitulation Japans. Am Ende fügte er unter Tränen hinzu: „Ich bin kein Gott, sondern ein Mensch." Nach 36 Jahren Kampf gegen die Unterdrückungsherrschaft der Japaner war Korea wieder ein freies Land.

Am 15. August um 12 Uhr mittags läutete die Freiheitsglocke von Boshingak in Seoul 33 mal. Alle Koreaner liefen auf die Straße, sprangen vor Begeisterung in die Höhe und waren überglücklich über die Freiheit, die sie nach beinahe vier Jahrzehnten wieder erhalten hatten. Viele brachen aus Dankbarkeit in Tränen aus. 36 Jahre lang waren sie als Volk zum Schweigen gebracht und gedemütigt worden und hatten alle Arten von Verfolgung und Unterdrückung durch die Japaner ertragen. Wie hartnäckig hat unser Volk für die Freiheit gekämpft und wie geduldig haben wir in dieser Zeit in einem unbezähmbaren Geist ausgeharrt!

Bei den Unabhängigkeitskämpfern und den Christen, die im Gefängnis saßen, war das Gefühl für Freiheit besonders ausgeprägt. Es waren die Patrioten, die ihr eigenes Leben für unwichtig erachtet und um die Unabhängigkeit unseres Volkes gekämpft hatten, und die inhaftierten Christen, die bereit waren, um ihres Glaubens willen zu sterben. Viele ihrer Familien hatten ihre große und hehre Entschlossenheit verstanden und sie auf ihrem Weg ermutigt und unterstützt. Die Unabhängigkeit unseres Volkes war denen zu verdanken, die unter dem Motto lebten: „Gebt mir Freiheit oder den Tod."

Gott hatte die verzweifelten, tränenreichen Gebete der inhaftierten Christen erhört, so wie er die Gebete der Israeliten während des Auszugs aus Ägypten erhört hatte. So zeigte Gott der Welt, dass er nicht für immer schweigt.

Die Straßen in allen koreanischen Städten hallten wider von dem freudigen Ruf: „Lang lebe Korea!" Männer und Frauen, Jung und Alt schwangen die Nationalflagge und schrien: „Mansci“, bis sie heiser waren. Die Nachricht von der Unabhängigkeit verbreitete sich wie eine Welle über das ganze Land und erreichte auch das Gefängnis, in dem mein Vater eingesperrt war. Zwar war unser Land schon am 15. August unabhängig geworden, doch die Gefängnistore wurden erst zwei Tage später um 23 Uhr geöffnet.

Im Jahr 1936 war ein für seine Grausamkeit berüchtigter japanischer General, Minami Jiro, zum Generalgouverneur im besetzten Korea ernannt worden. Damals hatte er an einer Versammlung mit dem Kaiser teilgenommen und über die aktuelle Situation in Korea berichten müssen. Da hatte ihn ein Delegierter gefragt: „Wie stehen die Dinge in Korea? Haben Sie das Land gut unter Kontrolle?“ Minami hatte geantwortet: „In Korea gibt es gegenwärtig 40 000 Soldaten, die sich nicht vor dem Tod fürchten, und fast alle sind Christen, die an Jesus glauben.“

Seit 1937, als die berüchtigte „Assimilationspolitik“ in Kraft getreten war, waren alle Bildungseinrichtungen und alle religiösen Institutionen ganz und gar der Kontrolle der Japaner unterstellt worden. Alle Koreaner hatten ausschließlich Japanisch sprechen und selbst ihre Namen in japanische umwandeln müssen, um ihre koreanische Identität auszulöschen. Alle Zusammenkünfte und Feierlichkeiten in Korea hatten mit einem Treueid für den japanischen Kaiser begonnen, und jeder Koreaner war gezwungen, vor den japanischen Schintoschreinen anzubeten. Viele Christen, die sich geweigert hatten, am Schintokult teilzunehmen, waren inhaftiert und brutal gefoltert worden oder ums Leben gekommen.

Als die Belastbarkeit der japanischen Kriegsmaschinerie an ihre Grenzen gekommen und die Niederlage absehbar war, hatte die japanische Regierung in Korea mit zunehmender Verzweiflung und Grausamkeit agiert. Viele Japaner hatten nun begriffen, dass Japans Niederlage nur noch eine Frage der Zeit war.

Die Japaner hatten geglaubt, dass die koreanischen Christen sich auf die Seite der Alliierten schlagen würden, wenn die Amerikaner und Russen in Korea einmarschierten, um die Japaner zu vertreiben. Also hatten sie einen Plan entworfen, um die koreanischen Christen zu vernichten. Sie hatten einen riesigen Schacht ausgehoben, ungefähr 67 Quadratmeter groß, in dem sie alle Christen mit Schwertern und Bambusspeeren töten wollten. Das sollte am 17. August 1945 geschehen. Zwei Tage vorher wurde Korea unabhängig! Wem war diese Befreiung zu verdanken, wenn nicht dem wunderbaren und souveränen Handeln Gottes? Ich glaubte damals, dies alles sei so gekommen, weil Gott wollte, dass meine Familie und ich wieder mit unserem Vater vereint wurden.

Vater! Ich hatte geglaubt, dieses Wort nie wieder sagen zu können. Zwar waren meine Eltern und Geschwister am Leben, doch sie waren zu weit weg. Ich konnte mir ein Leben mit ihnen, außerhalb des Waisenhauses, gar nicht mehr vorstellen und hatte mich mit der Tatsache abgefunden, hier mein ganzes Leben zu verbringen. So hatte ich ganz bewusst versucht, meinen Vater zu vergessen, und es war mir auch allmählich gelungen. Doch jetzt, als ich hörte, dass wir wieder mit ihm zusammen sein würden, war das für mich so wunderbar, als ob der auferstandene Jesus seine Jüngern begegnete. Mir war ganz schwindelig vor Freude, ich konnte das alles gar nicht in Worte fassen. Für mich war das Wiedersehen mit meinem Vater viel aufregender als die Unabhängigkeit unseres Landes. Oh Gott, war dies ein Traum oder Wirklichkeit? Gott hatte die Gebete seiner Kinder erhört und seinem Volk, das erbarmungslos niedergetrampelt worden war, Recht verschafft.

Dong-Jang wusste von alledem noch nichts, und so erzähle ich ihm die gute Nachricht, sobald ich ihn fand.

„Dong-Jang, unser Vater wird aus dem Gefängnis entlassen. Bald holt er uns ab."

„Schwester, ist das wahr?" Da mein Herz vor Aufregung klopfte, hatte ich erwartet, dass mein kleiner Bruder begeisterter reagieren würde. Aber er nahm die Nachricht überraschend ruhig auf. Sie kam so unerwartet für ihn, dass er die Realität wohl noch nicht wirklich begreifen konnte. Es ging ihm wie mir zuerst – er war nicht aufgeregt, sondern eher verdutzt. Doch einige Minuten später packte er meine Hand und fragte unter Tränen: „Dann müssen wir nicht mehr im Waisenhaus wohnen? Können wir wieder mit Papa, Mama und unseren Brüdern zusammenleben? Ist das wahr?"

„Das stimmt, Dong-Jang. Pastor Han hat's mir gesagt, also muss es stimmen. Wir wollen vertrauen und abwarten, was passiert."

„Schwester, ist das wirklich wahr? Es ist doch keine Lüge, oder? Nicht wie früher, oder?"

„Es ist wahr, Dong-Jang, wenn ich es dir sage."

„Ist es wirklich, wirklich wahr? Du machst doch keinen Spaß mit mir, Schwester?"

Wie gut konnte ich ihn verstehen! Trotz aller Aufregung und Vorfreude wagte ich selbst ja kaum, meinen Ohren zu trauen. Ich hatte immer in Elend und Not gelebt und mich an diesen Zustand gewöhnt. Und so hegte ich in einem Winkel meines Herzens stets die Furcht, dass mir so große Segnungen nie geschenkt würden.

An einem Abend bei Sonnenuntergang kam unser Vater endlich zum Waisenhaus und erschien uns, als sei er von den Toten auferstanden.

Er sah aus wie ein zerlumpter Bettler. Er war so schäbig gekleidet, dass ich die Augen abwenden musste. Sein Bart war lang gewachsen und hing ihm bis unters Kinn. Er sah so blass aus wie ein Tuberkulosepatient im fortgeschrittenen Stadium. Seine Augen lagen tief in den Höhlen. Er bestand nur noch aus Haut und Knochen und sah aus, als sei er eine wandelnde Leiche. Er trug abgetretene Pantoffeln und hatte immer noch seine blaue Gefängniskleidung an. Aber aus seinen eingesunkenen Augen strahlte ein unbeschreibliches Leuchten.

Als mein Vater am 17. August das Gefängnis verlassen hatte, war niemand da gewesen, der ihn in Empfang nahm. Andere Gefangene wurden von ihren Familien begrüßt, die ihnen frische Kleidung und Schuhe zum Wechseln brachten. Doch unsere Familie war so weit verstreut, dass wir noch nicht einmal sofort von der Unabhängigkeit unseres Landes erfuhren. Meine Mutter und meine beiden ältesten Brüder bewegten sich tief im Wald, weit weg von der Zivilisation. Nach zwei Wochen erfuhren sie schließlich, dass unser Volk vom Würgegriff der Japaner befreit war.

Wer hätte meinen Vater also willkommen heißen können? Wer hätte ihm neue Kleidung und Schuhe zum Wechseln bringen können? So hieß ihn nur Gott in aller Stille willkommen.

Im Waisenhaus zog mein Vater seine blaue Gefängniskleidung und die Pantoffeln aus und legte bessere Kleidung an. Aber niemand hatte speziell für ihn Kleidung beschafft, und so passten ihm die Sachen, die er dort bekam, überhaupt nicht. Mit der ausgebeulten Kleidung auf seinem ausgemergelten Körper sah er aus wie eine Vogelscheuche auf dem Feld. Die Kinder sammelten sich um ihn und sagten: „Guckt mal den komischen Mann da!“ Selbst Vorübergehende hielten einen Augenblick inne und starrten meinen Vater an, als sei er eine seltene Spezies im Zoo.

Doch ganz gleich, wie wenig Aufmerksamkeit seine Entlassung erregte und wie abgerissen er aussah – für Dong-Jang und mich war er der wunderbarste Vater der Welt. Die Wiedersehensfreude ließ mich schwindeln, mir wurde ganz heiß. Für mich war der kühnste Traum wahr geworden.

„Jetzt muss ich euch mal anschauen, meine lieben Kinder. Wie sehr müsst ihr all die Jahre gelitten haben."

Unser Vater streckte beide Arme nach uns aus. Wir stießen nur ein einziges Wort hervor: „Papa!", und warfen uns in seine Arme. Tief atmeten wir den vertrauten Geruch unseres Vaters ein, und sobald wir in seinen Armen lagen, schien alles Leid der vergangenen Jahre wie weggeblasen. Das war kein Traum, sondern Wirklichkeit! Selbst unserem Vater standen die Tränen in den Augen. Konnte es einen glücklicheren Tag geben?

Doch an dem Tag, an dem alle Menschen in unserem Land vor Freude jubelten, gab es einen Menschen, der großen Schmerz empfand: Young-Hae. Die Japaner hatten seinen Vater im Gefängnis ermordet. Selbst am glücklichen Tag unserer Unabhängigkeit kam niemand, um Young-Hae zu besuchen.

Young-Hae kam auf meinen Vater zugerannt, rang nach Atem und brachte nur ein Wort heraus: „Pastor!" Dann konnte er nicht mehr weitersprechen, umarmte meinen Vater und brach in Tränen aus. Er beachtete nicht die neugierigen Blicke der Umstehenden und rief laut: „Ich bin Young-Hae Joo, der Sohn von Pastor Ki-Chul Joo."

„Du bist also der Sohn von Pastor Ki-Chul Joo, dem Mann, der im Gefängnis ermordet wurde und vor dem ich große Achtung hatte. Wenn ich dich sehe, sehe ich deinen Vater vor mir." Meinem Vater wollte schier das Herz brechen, und er wusste nicht, mit welchen Worten er diesen armen Sohn trösten konnte. So umarmten die beiden sich nur. Mein Vater hatte Pastor Ki-Chul Joo „großen Bruder" genannt, seit er fünf Jahre alt war, und hatte großen Respekt vor ihm.

Als er jetzt dem Sohn seines Freundes begegnete, wurden seine Augen nass bei dem Gedanken an seinen Freund, der zum Märtyrer geworden war. Plötzlich wischte Young-Hae sich mit der Faust die Tränen vom Gesicht, packte eine Axt, die in der Ecke stand, und rannte aus dem Haus. Die anderen Waisenkinder liefen ihm nach. Sie dachten, dass etwas Schreckliches geschehen würde, da er so finster dreinblickte.

„Young-Hae rennt mit einer Axt aus dem Haus."

„Was ist los? Warum rennt Young-Hae wie ein Verrückter aus dem Haus?" Alle schrien und liefen ihm hinterher. Young-Hae lief auf den großen Park zu. In diesem Park hatten die Japaner einen Kamidana-Schrein errichtet. Die Koreaner mussten sich davor verneigen, wenn sie vorübergingen. Mit tränenüberströmten Gesicht zerhackte Young-Hae den Schrein mit einem Schlag. Ohne sich noch einmal umzusehen, ging er davon. Wie furchtbar muss es für ihn gewesen sein zu wissen, dass sein Vater die Freude der Unabhängigkeit nicht mehr erlebte und nie mehr das Tageslicht und die Freiheit gesehen hatte.

Wenn ich zurückdenke, erinnere ich mich, dass Young-Hae eine enge Beziehung zu unserer Familie hatte. Er arbeitete wie meine beiden ältesten Brüder in der Fabrik für Holzfässer in Pusan. Zu dieser Arbeit hatte er ihnen verholfen. Damals war unser Heim der einzige Zufluchtsort für ihn. Er teilte die Freuden und Sorgen mit unserer Familie, und wir gingen gemeinsam durch die dunklen und schweren Zeiten.

Er war es selbst, der uns die traurige Nachricht vom Märtyrertod seines Vaters brachte. Er wurde nur selten zornig und richtete sein Leben nach dem Wort Gottes aus. Er hatte ein freundliches Wesen und dachte stets positiv. Doch an diesem Tag, als er sah, dass andere aus dem Gefängnis entlassen wurden, konnte er wohl die Seelenqual, die er wegen des Schicksals seines Vaters empfand, nicht länger still ertragen, und das verstanden wir alle.

16. Eine mächtige Stimme

Ich bin gekommen, um Pastor Yang-Won Sohn zu sprechen. Ich habe gehört, dass er gerade aus dem Gefängnis entlassen wurde“, sagte der Mann, der vor ihm stand.

„Ich bin Yang-Won Sohn“, entgegnete mein Vater, als er den Gast begrüßte, der ihn im Waisenhaus aufgesucht hatte. Dong-Jang und ich klammerten uns noch immer an ihn. Wir waren erst wenige Stunden wieder beisammen und wollten ihn nun nicht mehr loslassen.

„Pastor Yang-Won Sohn, wie geht es Ihnen?“, erkundigte sich der Besucher. „Ich wollte Sie um einen Gefallen bitten. Heute Abend soll in unserer Gemeinde ein besonderer Dankgottesdienst stattfinden, um die Unabhängigkeit zu feiern. Wir würden uns freuen, wenn Sie die Predigt hielten.“

„Ja natürlich.“ Mein Vater kam dieser Bitte mit Freuden nach. Er ließ nie eine Gelegenheit aus, um Gottes Wort zu predigen. Wir gingen an seiner Hand mit zur Kirche. Ich kann mich nicht mehr genau erinnern, wo sie war, aber sicher nicht weit vom Waisenhaus entfernt.

Im Haus eines Gemeindeglieds war ein Abendessen für uns vorbereitet worden, aber es war ein kärgliches Mahl. Auf dem Tisch standen nur drei Portionen kalter Reis und eine trübe, dünne Suppe von getrockneten Rübenspitzen. Wie konnten sie meinen Vater so behandeln? Er war schließlich der Pastor, der gekommen war, um ihnen das Evangelium zu verkünden. Selbst als Kind sah ich darin die offen zur Schau gestellte Missachtung für diesen ärmlich gekleideten Prediger. Denn der Tisch war eher für einen Bettler gedeckt. Aber wir waren so hungrig, dass ich gar nicht dazu kam, mich darüber auszulassen. Und meinen Vater störte es ohnehin nicht, da diese Mahlzeit immerhin weit besser war als das Essen im Gefängnis. Das Sprichwort: „Hunger ist der beste Koch", bewahrheitete sich auch hier, und der kalte Reis und die dünne Gemüsesuppe schmeckten recht gut.

Als wir unsere Löffel hingelegt hatten und uns umblickten, merkten wir, dass uns einige Leute beim Essen beobachteten. Es war ein merkwürdiges Gefühl, so angestarrt zu werden. Auf ihren Gesichtern konnte ich die Verachtung lesen, als beobachteten sie, wie hungrige Hunde leere Fressnäpfe ausleckten. Vielleicht täuschte ich mich, aber damals empfand ich das so. Ich hätte am liebsten gesagt: „Papa, lass uns einfach hier weggehen." Doch als Waisenkinder waren wir eine solche Behandlung gewöhnt.

Im Rückblick kann ich ihre Neugier sogar verstehen. Vielleicht hatten sie eine andere Vorstellung von dem berühmten Pastor, der zu ihnen sprechen sollte. Vielleicht stellten sie sich eine Jesus-gleiche Person vor. Der Prediger, der da vor ihnen saß, sah ganz anders aus, als sie es erwartet hatten. Mit seinen geliehenen Sachen, die ihm am Leib schlotterten, sah er aus wie der ärmlichste Bettler, und er hatte zwei ebenso zerlumpte Kinder im Schlepptau. So war es wohl ganz natürlich, dass sie uns mit mitleidigen Blicken musterten. Doch der Gesichtsausdruck meines Vaters blieb stets ruhig und voller Freude. Er schien sich nichts daraus zu machen, was die Leute über ihn dachten.

Schließlich begann der Gottesdienst. Mein Vater ging gemessenen Schrittes nach vorne. Als er gerade seine Bibel aufschlagen wollte, um zu predigen, verhärtete sich sein freundliches Gesicht mit einem Mal, und er sah sehr zornig aus. Sein Blick richtete sich auf den Kamidana-Schrein, der immer noch direkt auf der Kanzel stand. Selbst nach der Unabhängigkeit fürchteten sie sich noch davor, diesen Götzenschrein zu entfernen und die wahre Freiheit zu erleben. Zornig blickte mein Vater einmal in die Runde und stieß dann den Schrein mit einem Handstreich von der Kanzel. Mit einem lauten Krachen zerschmetterte dieses Überbleibsel des japanischen Imperialismus am Boden.

Die Leute in den Kirchenbänken starrten meinen Vater entsetzt an. Bis zu diesem Tag hatten sie sich vor jedem Gottesdienst als Erstes vor dem Schrein verneigt. Bevor sie zu Gott beteten, beteten sie vor diesem Schrein an. Das fanden sie ganz normal. Und dann kam ein armer Pastor daher, der aussah wie eine Vogelscheuche, und fegte diesen erhabenen Götzenschrein ohne zu zögern vor ihren Augen zu Boden. Das hatte diese törichte, schwache Gemeinde nicht erwartet.

Der Götzenschrein glich einem aus Holz geschnitzten Häuschen. Innen standen vier chinesische Schriftzeichen, die besagten: „Großer Gott, der den Himmel geschaffen hat." (Damit war aber nicht der Gott der Bibel gemeint.) Während der Besetzung durch die Japaner konnte keine Gemeinde einen Gottesdienst abhalten, ohne sich zuvor vor diesem Schrein zu verneigen. Und wenn sich jemand weigerte, wurde er wie mein Vater ins Gefängnis gesteckt. Viele Christen fürchteten sich mehr vor dem Gesetz der Japaner als vor dem Gebot Gottes. Doch jetzt war unser Volk wieder frei! Wovor hatten sie denn jetzt noch Angst, dass sie einen so abscheulichen Götzenschrein nicht wegwerfen konnten? Die Heilige Schrift sagt doch: „Darum, liebe Freunde, hütet euch vor jedem Götzendienst!" (1. Korinther 10,14)

Natürlich konnte man nicht den Gemeindegliedern allein die Schuld geben. Wenn jemand dafür verantwortlich war, war es wohl ein schlechter Gemeindeleiter, ein falscher Hirte. 1938 hatte die 27. Generalversammlung der presbyterianischen Kirche in Korea ja beschlossen, am Schintokult teilzunehmen, mit der Begründung, er sei kein religiöser, sondern ein patriotischer Ritus. Die Leiter gingen als Erste zum Schintoschrein in Pjöngjang. Die Laien sollten ihnen vertrauen und ihrem Beispiel folgen. Wie können wir daher diese unwissenden Menschen verurteilen? Die Schuld lag bei den Pastoren, die sich zum Schintokult bekannten und aktiv daran teilnahmen. Sie verkündeten, dass das erste und zweite Gebot in die alttestamentliche Zeit gehöre.

Einige Jahre später sagte mein Vater, dass Gottes Zorn über uns gekommen sei, weil die koreanische Kirche nicht treu gewesen sei und gegen Gott gesündigt habe. Daher teile der 38. Breitengrad unser Land nun in zwei Teile. Die Teilung unseres Volkes sei die Folge des sündigen Verhaltens der Gemeindeleiter, die sich an Japan verkauft und das unschuldige Volk Gottes auf die falschen Wege gelockt hatten. Und die Unabhängigkeit hätten wir erhalten wegen des getreuen Glaubens der christlichen Märtyrer und Gefangenen, die sich geweigert hatten, am Schintokult teilzunehmen, und Gottes Geboten gehorsam waren. Ein solcher Widerstand war nur möglich, wenn man fest im Glauben stand und sich nicht vor dem Tod fürchtete.

Viele Kirchen und christliche Schulen, die den Schintokult nicht hatten mitmachen wollen, waren zwangsweise geschlossen worden. Viele Christen waren ins Gefängnis gekommen und hatten unter grausamer Folter, Hunger, Unterkühlung und Krankheit gelitten. Doch die Mehrheit der Gemeinden war dem Beschluss der Generalversammlung gefolgt und hatte auf beschämende Weise die Geschichte der Christen in Korea beschmutzt. Erst nach der Unabhängigkeit gaben sie zu, dass der Schintokult eine Sünde gegen Gott gewesen sei.

Nachdem mein Vater den Kamidana-Schrein auf den Boden geworfen hatte, begann er seine Predigt mit harten Worten und wies auf die Situation in der Vergangenheit hin. Mit donnernder Stimme verurteilte er den schwachen Glauben dieser Gemeinde. Es war die erste Predigt nach seiner Entlassung aus dem Gefängnis. Fünf Jahre lang hatte er seine Klage über den Weg der Gemeinden nicht laut äußern können. Und so machte sich sein leidenschaftlicher und feuriger Glaube nun Luft, und es brach aus ihm heraus: „Tut Buße! Kehrt um!“ Seine Stimme war wie ein Donnerschlag aus heiterem Himmel. Die Predigt meines Vaters war wie die Stimme Johannes’ des Täufers in der Wüste. So hatte auch Jesus gerufen und die Kaufleute verurteilt, die den heiligen Tempel Gottes beschmutzten.

Nach dem Ende der Predigt herrschte einen Moment lang Totenstille, dann wurde hier und da der Ruf nach Buße laut. Bald wehklagte die gesamte Gemeinde. Manche schlugen sich an die Brust und sprangen in ihrer Seelenqual auf und ab, andere murmelten unter Tränen Gebete, und wieder andere umarmten ihre Nachbarn und brachen in lauten Lobgesang aus. Es war die Stunde der Gnade. Diesen Christen hatte man so lange die wahre Lehre des Wortes Gottes vorenthalten. Nun wurden ihre Augen geöffnet, und sie erkannten die Wahrheit. Ihre verdursteten Seelen nahmen begierig die geistliche Nahrung aus der Predigt meines Vaters auf und wurden wieder lebendig. Erst vor wenigen Stunden hatten sie meinen Vater wie einen Bettler behandelt. Doch nun waren sie durch seine leidenschaftliche Verkündigung erschüttert.

Selbst wenn ich heute an diesen Abend zurückdenke, finde ich es erstaunlich, dass eine so laute und mächtige Stimme aus einem so ausgemergelten Körper hervorbrechen konnte. Damals sah ich mit Ehrfurcht und Staunen zu meinem Vater auf. Auch wenn sein Äußeres kein angenehmer Anblick war und einem dürren, zusammengerollten Herbstblatt glich, nahm sein Geist Tag für Tag an Kraft zu, so dass er zu einem

Menschen des Lichts wurde, der Himmel und Erde bewegen konnte. Auch wenn ich mich heute nicht mehr im Einzelnen an den Inhalt seiner Predigt erinnere, bleibt sein Ruf zur Umkehr tief in meinem Herzen und wird mir immer lebendig in Erinnerung sein.

Ich entsinne mich noch an ein anderes Ereignis an diesem Tag. Mein Vater benutzte ein beliebtes Essen, Azukibohnenschleim, in seiner Predigt als Beispiel. Es war in Korea Sitte, diesen Bohnenschleim nach dem Mondkalender am Tag der Wintersonnenwende zu essen, der auf den 22. oder 23. Dezember fällt.

„An diesem Tag war die Wintersonnenwende", erzählte mein Vater aus seiner Gefangenschaft. „Doch keiner von uns trug Winterkleidung, um uns vor der eisigen Kälte zu schützen. Die Gefangenen, die zu ‚lebenslänglich' verurteilt worden waren, erhielten selbst an Feiertagen oder während der Wintersonnenwende keine besondere Behandlung. Wir saßen auf dem kalten Boden, beklagten unser Schicksal und fragten uns, wie wir diesen kalten, unerträglichen Winter überstehen würden. Aber dann geschah etwas Seltsames. Im Gefängnis gab es keinen Grund, Azukibohnenschleim zuzubereiten, und man hätte das an einem solchen Ort auch gewiss nicht erwartet. Doch merkwürdigerweise drang dieser Geruch in meine Nase. Und plötzlich wünschte ich mir sehnlichst, eine Schüssel heißen Brei zu essen. Doch in unserer Lage hatten wir nicht mal genug Reis, geschweige denn Azukibohnenschleim. Es war eine geradezu absurde Hoffnung. Ich hätte mich gefreut, wenn ich auch nur einen Reiskloß in Azukibohnenschleim hätte essen können!"

Am nächsten Morgen brachten uns die Gemeindeglieder, die von seiner Predigt so angerührt waren, Azukibohnenschleim, und wir feierten ein Fest. Die menschliche Natur ist doch wankelmütig. Erst am Vortag hatten sie uns kalten Reis vorgesetzt wie einem Hund. Und nun konnten wir uns richtig satt essen. Danach fuhr mein Vater an viele Orte, um zu predigen.

Weil Dong-Jang und ich im Waisenhaus lebten, konnte unser Vater uns gleich nach der Unabhängigkeit wiederfinden. Für den Rest meiner Familie war das nicht möglich. Sie versteckten sich an verschiedenen Orten, mussten einander dauernd suchen und verfehlten sich häufig.

Mein zweitältester Bruder John, der immer noch in einer Berghütte bei den leprakranken Frauen wohnte, sagte zu Frau Hwang: „Ich muss etwas mit Herrn Shin-Chool Park besprechen." Das war der Diakon, dem die Fabrik für Holzfässer gehörte. Als er an Parks Haus ankam, erfuhr er von der japanischen Niederlage und Koreas Unabhängigkeit. Das war zwei Wochen nach der Befreiung.

Glücklicherweise suchte auch mein Vater Diakon Shin-Chool Park auf, mit dem er vom Gefängnis aus korrespondiert hatte. Er wollte von ihm wissen, wo sich meine Familie aufhielt. Und so sorgte Gott dafür, dass er und John sich wiederfanden. Mein Bruder erzählte unserem Vater von den leprakranken Bettlern unter der Namkang-Brücke, die unserer Familie geholfen hatten, und mein Vater schlug vor, als Erstes dorthin zu gehen. Er dankte den Kranken herzlich für ihre Unterstützung und predigte ihnen.

Danach begaben sich John und mein Vater zu den sieben leprakranken Frauen. Er wollte Tante Hwang aufsuchen. In der Zwischenzeit hatte auch sie von der Unabhängigkeit unseres Landes erfahren und machte sich auf den Weg zu Diakon Shin-Chool Park in Pusan, da sie hoffte, dort meinen Vater anzutreffen. Der war jedoch schon gegangen, und so folgte sie dem Hinweis von Diakon Park und begab sich zu den Leprakranken unter der Namkang-Brücke. Doch auch dort traf sie ihn nicht an.

„Ach, Frau Hwang, Pastor Sohn und John sind gerade zu Ihnen aufgebrochen, um Sie zu besuchen", sagte ihr der Anführer der Leprakolonie.

So lief sie rasch nach Hause, und dort traf sie endlich meinen Vater. Die drei waren sich einig, dass es besser sei, zuerst nach Ae-Yang-Won, zum Leprazentrum, zu gehen, statt sich auf die Suche nach meiner Familie zu machen. Sie wollten dann warten, bis die Familie dorthin käme.

Als mein Vater, John und Frau Hwang Hand in Hand in Ae-Yang-Won eintrafen, standen alle Leprakranken auf der langen Straße am Meer und warteten auf meinen Vater.

„Unser Pastor Sohn ist zurückgekommen. Halleluja!"

„Unser Hirte hat die schwere Zeit überstanden!"

„Oh Gott, vielen, vielen Dank!"

Alle Leprakranken des Zentrums umlagerten meinen Vater und hießen ihn mit lauten, freudigen Ausrufen willkommen. Mein Vater gab jedem die Hand, nahm sie in die Arme und fragte, wie es ihnen in all den Jahren ergangen war, während er ihnen die Tränen von den Augen wischte.

Einige Zeit nach dem Unabhängigkeitstag, nachdem wir vergeblich nach dem Rest unserer Familie gesucht hatten, erfuhren wir endlich, wo sich meine Mutter und Matthew aufhielten. Es wurde jemand vom Leprazentrum geschickt, um sie zu holen. Sie versteckten sich immer noch tief im Wald bei Namhae am Meer. Matthew kam ins Waisenhaus, um Dong-Jang und mich abzuholen. So kehrten wir nach fast fünf Jahren wieder in unser altes, geliebtes Zuhause im Leprazentrum zurück, und mein Vater konnte hier wieder als Pastor arbeiten und seine Freundschaft zu den Leprakranken erneuern.

Endlich waren wir wieder alle an einem Ort zusammen. Es war wie ein Traum, der endlich wahr geworden war. Ich hatte kaum gewagt, davon zu träumen, dass solch ein Tag einmal kommen würde. Gott hatte unsere Familie nicht im Stich gelassen. Er hatte unser Volk vom Unterdrückungsregime der Japaner befreit und unsere Familie wieder zusammengebracht. Doch nicht nur unsere Familie fand wieder zusammen. Auch die sieben leprakranken Frauen, die das Leprazentrum um ihres Glaubens willen verlassen hatten, kehrten nach Ae-Yang Won zurück, ebenso die hundert leprakranken Bettler, die in Zelten unter der Namkang-Brücke kampiert hatten. Gott hatte uns in den schweren Zeiten bewahrt, ohne dass uns ein Haar gekrümmt wurde. Und er ließ uns zu seiner Zeit wieder ins Leprazentrum zurückkehren.

Es war ein Jammer, dass mein Großvater diese große Freude nicht mehr mit uns teilen konnte. Er wurde 75 Jahre alt, hatte sich stets große Sorgen um seinen Sohn im Gefängnis gemacht und immer wieder Briefe geschrieben, um ihm Mut zu machen. Großvater war die Wurzel unseres Glaubens gewesen und hatte nie aufgehört, für die Zukunft seiner Kinder zu beten. Doch vier Monate vor der Unabhängigkeit schloss er weit weg in einem fremden Land die Augen, ohne die Freude dieses Tages zu erleben.

Mein Großvater war stark wie ein Adler und sanft wie eine Taube gewesen. Am Tag seines Todes freute er sich am Frühlingssonnenschein, nachdem er im Haus meines Onkels wie gewöhnlich mit seinen Enkeln gespielt hatte. Am Abend sagte er: „Ich bete jetzt, haltet also das Zimmer warm." Dann ging er in sein Zimmer und begann zu beten, wobei er sich an das Seil klammerte, das an der Decke befestigt war. Er starb in dieser Haltung und betete bis zu dem Moment, in dem er in den Himmel einging. Er starb, während er für meinen inhaftierten Vater betete und für uns Kinder, die zu Waisen geworden waren, und für unsere gesamte Familie, die in alle Winde zerstreut war. Seit dem Tag, an dem er Jesus als seinen

Retter angenommen hatte, hatte er sein ganzes Leben lang an seinem Glauben festgehalten. Er war der Anfang, der Mittelpunkt und die Grundlage des Glaubens unserer Familie. Sein Tod zerriss uns allen das Herz, besonders meinem Vater, denn er liebte seinen Vater sehr!

Unser Großvater hatte zu Lebzeiten immer wieder gesagt: „Ich möchte in meinem Heimatort begraben werden.“ Später brachte Matthew seine Überreste aus der Mandschurei zurück nach Korea und begrub sie in unserem Familiengrab auf dem Berg Chilwon.

Anto, der grausame japanische Direktor des Leprazentrums, wurde bald entlassen, und Dr. Wilson und Pastor Unger, die Korea während des Krieges unter Tränen verlassen hatten, kehrten wieder zurück. Jetzt lebten wir wieder in einer freien Welt, und niemand versuchte, uns Vorschriften zu machen. Ich war glücklich wie ein Vogel, der aus dem Käfig in die Freiheit entlassen worden war und sich in die Lüfte schwang. Wir waren wieder ins Leben zurückgekehrt.

17. Ein kurzer Sommer

Dieser Sommer in Ae-Yang-Won war voller Leben. Das Meer war für uns ein vertrauter Anblick, doch nach der Unabhängigkeit schien es mir, als sähe es irgendwie anders aus. Es erschien mir unendlich blau und klar, als sei auch das Wasser neu geschaffen worden. Ich spürte neue Kräfte in mir wachsen. Auch die Leprakranken sah ich mit anderen Augen. Ich sah die Schönheit in ihnen und nicht ihre verzerrten Gesichter und verkrümmten Hände. Himmel und Erde, ja selbst die Blätter und Steine um mich herum – alles sah einfach wunderbar aus. Sie alle schienen Gottes große Gnade zu rühmen. Wir waren zu neuem Leben erwacht, wie frische Knospen an einem Zweig.

Im Leprazentrum herrschte wieder innerer und äußerer Friede, und mein Vater nahm erneut seinen Dienst als Pastor unter den Leprakranken auf. Wenn er sich hinlegte, um sich nach der Predigtvorbereitung etwas auszuruhen, nutzten Dong-Jang und ich die Gelegenheit, um ihm nahe zu sein. Wir benutzten seine Arme als Kissen und drehten sein Gesicht so, dass er uns ansah.

Dann wandte sich unser Vater sofort uns zu, zuerst mir und dann Dong-Jang, immer im Wechsel. Wir genossen diese Zeit so sehr.

Manchmal fragte er uns: „Dong-Hee, Dong-Jang, was hat Großvater jeden Tag gemacht, während ich im Gefängnis war?“ Unser Vater hatte wohl furchtbare Schuldgefühle, weil er in der Todesstunde nicht bei seinem Vater gewesen war. So erzählte wir ihm dies und das, woran wir uns eben erinnern konnten, und wetteiferten darin miteinander.

„Großvater hat immer versucht, Bergkatzen zu fangen“,

berichteten wir ihm, „weil er so gern Fleisch essen wollte. Aber es ist ihm nie gelungen, eine zu fangen, nicht einziges Mal. Deshalb hat er die Mülleimer von reichen Leuten durchsucht und die Innereien von Tieren herausgeholt. Die brachte er nach Hause und bat Mutter, eine Suppe daraus zu kochen."

„Und wenn wir einen Brief von dir bekommen haben, hat er immer geweint. Seine Hände haben so gezittert, dass er den Brief kaum aufmachen konnte, und er rief dann immer: ‚Yang-Won, oh mein Sohn Yang-Won.' Dann beugte er sich zu Boden, presste das Gesicht auf das Holz und weinte. Wenn er den Brief gelesen hatte, drückte er ihn fest an sich und weinte und rief immer wieder: ‚Yang-Won, mein armer Yang-Won.'"

In unserer kindlichen Naivität merkten wir nicht, wie sehr solche Worte unseren Vater schmerzten. Die Liebe zu seinem Vater, die er ihm nicht hatte erweisen können, zerriss ihn.

Unser Vater stieß uns dann von sich, verbarg das Gesicht in den Armen, und seine Schultern hoben und senkten sich. Erst da taten uns unsere Worte Leid. Wir hatten nicht daran gedacht, wie unser Geplapper auf ihn wirken musste. Aber bald schon bat er uns wieder, ihm etwas von Großvater zu erzählen, und wir machten denselben Fehler.

Meine Mutter und meine Brüder sprachen nie davon, wie wir in all den Jahren gelitten hatten. Als er sie fragte, entgegneten sie nur: „Mit Gottes Schutz und Fürsorge sind wir ohne Probleme fünf Jahre lang durchgekommen." Sie wollten ihn nicht verletzen. Unser Vater reagierte genauso. Als wir ihn fragten: „Vater, wir haben gehört, dass Pastor Ki-Chul Joo und Pastor Sang-Dong Han im Gefängnis schwere Folter erleiden mussten. Wie haben sie dich denn behandelt?", antwortete er nur: „Mir ging es gut. Im Gefängnis habe ich mich gut ausruhen können und nicht gelitten."

Für die Älteren in unserer Familie waren keine Worte nötig. Die Gespräche von Herz zu Herz waren viel kostbarer als gesprochene Worte, und Vater, Mutter sowie meine beiden ältesten Brüder redeten auch ohne Worte zueinander. Doch ich war zu jung, um das zu verstehen.

Mein Vater sagte immer wieder, dass der Glaube nur durch Leiden gestärkt werden könne. Am 18. August 1943 hatte er im Gefängnis in einem Brief an meine Mutter geschrieben:

„Meine Liebste! Für mich ist Hiobs Leiden weitaus kostbarer als Salomos Reichtum. Die Geduld Hiobs ist in meinen Augen viel wunderbarer als Salomos Weisheit. Salomos Reichtum wurde später Ursache zu Stolz und Untreue gegen Gott, während Hiobs Leiden und Geduld ihm am Ende zum Segen wurden. Die Herrlichkeit des Menschen wird einmal ein Ende haben, und wahrhaft weise ist es, das Böse zu meiden. Da ein friedvoller Geist und Freude die Heilmittel für viele Krankheiten sind, wirf all deine Sorgen auf den Herrn und werde bitte bald wieder gesund … Am Ende eines Lebens in Reichtum steht Enttäuschung, aber am Ende des Leidens steht Trost und Freude. Wie viel mehr gilt das für jene, die um des Herrn willen leiden!“

Da mein Vater das Leiden als Grundvoraussetzung für die Herrlichkeit ansah, hielt er es nicht für nötig, uns im Einzelnen zu erzählen, wie er im Gefängnis gelitten hatte.

Mit der Unabhängigkeit hatten wir endlich wieder die Möglichkeit, zur Schule zu gehen. Wie sehnlich hatte ich mir das immer gewünscht, und wie sehr hatte ich alle Schüler beneidet! Jetzt konnte auch ich in die Schule gehen. Es war weder mangelnder Wille oder Fähigkeit, ja nicht einmal unsere Armut, die mich während der japanischen Besatzungszeit daran gehindert hatten, sondern einzig und allein Gottes Gebot, sich vom Götzendienst fern zu halten. Nur deswegen mussten wir unsere Ausbildung hintanstellen. Mit der Unabhängigkeit unseres Landes konnten wir nun wieder in Freiheit die Schule besuchen, und meine älteren Brüder und ich konnten uns vor Freude kaum fassen.

Aber das mit der Schule erwies sich als gar nicht so einfach. Wir waren mittlerweile zu alt, denn wir waren zu lange der Schule ferngeblieben. Matthew hatte die Grundschule bis zur vierten Klasse besucht, bevor er von der Schule verwiesen wurde, weil er sich geweigert hatte, sich vor dem japanischen Kaiser zu verneigen. John war aus demselben Grund in der dritten Klasse von der Schule verwiesen worden. Mich hatte meine Mutter wegen des Zwangs zum Götzendienst erst gar nicht in die Schule gehen lassen.

Unter den gegenwärtigen Umständen war es für uns alle nicht leicht, zum Unterricht zugelassen zu werden. Die Schule teilte uns mit, dass wir zu alt seien. Doch glücklicherweise nahm der Freund meines Vaters, Pastor Duk-Hwan La, uns drei mit zum Direktor und erklärte ihm, weshalb wir nicht die Schule besucht hatten. Er bat den Direktor mit eindringlichen Worten, uns eine Chance zu geben, bis dieser schließlich einlenkte. Daher kam Matthew in die 12. Klasse der Highschool und John in die 8. Klasse der Mittelschule in Soonchun. Ich wäre meinem Alter nach in die 6. Klasse gekommen. Doch da ich bislang überhaupt keine Schulausbildung gehabt hatte, wurde ich in die 4. Klasse und mein jüngerer Bruder Dong-Jang in die 2. Grundschulklasse eingeschult.

Es war sehr schwierig für Matthew und John, den versäumten Unterrichtsstoff aufzuholen, da sie so lange, statt zu lernen, in der Fabrik geschuftet hatten. Aber sie lernten mit Feuereifer, oft bis nach Mitternacht. Wenn ich hin und wieder nachts aufwachte, sah ich, dass sie immer noch ins Lernen vertieft waren. Selten gingen sie vor Mitternacht ins Bett und schliefen nur bis 5 Uhr morgens. Um sich wach zu halten, erfrischten sie ihr Gesicht immer wieder mit kaltem Wasser. Manchmal bekamen sie Nasenbluten vor Erschöpfung, und ihnen wurde schwindelig.

Verglichen mit meinen ältesten Brüdern fiel es mir nicht so schwer, mit den anderen Kindern in der Grundschule mitzuhalten. Da ich mir so lange sehnlichst gewünscht hatte, zur Schule zu gehen, war jeder Schultag die pure Freude für mich. Nicht nur das Lernen selbst, sondern auch das Leben in der Schule war aufregend für mich.

So bekam ich immer bessere Noten. Am Ende des Schuljahrs war ich Klassenbeste. Deshalb durfte ich die 5. Klasse überspringen und kam gleich in die 6. Klasse. Damals durften die erst- und zweitbesten Schüler jeweils eine Klassenstufe überspringen. So absolvierte ich die Grundschule in nur zwei Jahren. Wenn meine älteren Brüder mich ihren Freunden vorstellten, prahlten sie: „Meine kleine Schwester ist ein Genie!"

Das Gebiet um das Leprazentrum war gebirgig, und in dem einzigen Dorf gab es keine Schule. Deshalb mussten wir in die Stadt Soonchun fahren, 80 Kilometer entfernt. Glücklicherweise sorgten Leute aus dem Leprazentrum dafür, dass wir in Soonchun Unterkunft fanden. Am Anfang wohnten wir übergangsweise bei Pastor Duk-Hwan La. Nach einem Monat bekamen wir Jugendlichen ein Haus zugewiesen. So wohnten wir in Soonchun, um dort zur Schule zu gehen, und meine Eltern im Leprazentrum. Natürlich fuhr ich jeden Samstag nach Hause und verbrachte auch die Ferien in Ae-Yang-Won.

In Soonchun gingen wir in die Seungjoo-Kirche, in der Herr La Pastor war, der Vater von Young-Hae. Matthew und John übernahmen die Sonntagsschule für Kinder, und Matthew leitete auch den Kirchenchor. Er war mittlerweile als guter Sänger bekannt, hatte eine wunderbare Stimme und war überhaupt außergewöhnlich musikalisch. Deshalb war er für nahezu alle Musikveranstaltungen in der Gemeinde zuständig. Er sang auch oft Solos, was ihm große Freude bereitete. Besonders liebte er das Lied: „The Road to Heaven" („Die Straße zum Himmel"), das er auch sang, bevor er getötet wurde.

Doch mehr als alles andere liebte er es, vom Evangelium zu erzählen. Wenn ich zurückdenke, habe ich das Gefühl, als habe er womöglich eine Vorahnung gehabt, dass er nicht lange leben werde. Einmal sprach er bei einem christlichen Schülertreffen und erzählte die wahre Geschichte von einem koreanischen Mädchen, das während der Christenverfolgung getötet worden war. Der Soldat, der den Befehl erhalten hatte, sie zu erschießen, forderte sie auf, ihrem Glauben abzusagen. Doch sie weigerte sich und versicherte ihm, dass sie nach ihrem Tod in den Himmel kommen werde. Sie bat ihn mehrere Male, Buße zu tun. Der Soldat erschoss sie, wurde aber später Christ. Am Ort ihrer Erschießung wurde eine Kirche errichtet, in der sich jetzt eine sehr lebendige Gemeinde traf. Viele Frauen traten in den hauptamtlichen Dienst ein, weil sie sich diese Märtyrerin zum Vorbild nahmen. Mein Bruder wies in seinem Bericht darauf hin, dass der Tod dieses Mädchens viel Frucht gebracht hatte. Er drängte seine Mitschüler, ihre Hoffnung in Christus zu suchen, so dass sie nach ihrem Tod in den Himmel kämen, wie dieses Mädchen. Seine Predigt machte großen Eindruck auf seine Zuhörer.

In der Schule war Matthew sehr beliebt. Er war Vorsitzender der christlichen Schülerorganisation. Er sah auch attraktiv aus. Dazu war er ehrlich, freundlich, einfühlsam und lebte seinen Glauben ganz praktisch. In dieser Zeit erhielt er umsonst Gesangsunterricht bei einer Musiklehrerin in seiner Highschool. Sie bereitete ihn auf verschiedene Wettbewerbe vor, und mein Bruder erhielt jedes Mal den ersten Preis. Die Lehrerin riet ihm immer wieder, ein professioneller Sänger zu werden.

Weil er so beliebt und talentiert war, umschwärmten ihn viele Mädchen. Ich kannte etliche von ihnen, und wenn sie mich sahen, begrüßten sie mich so freundlich wie meinen Bruder und fragten mich nach ihm aus. Dank der Beliebtheit meines Bruders erhielt ich teure Geschenke und wurde oft in die Bäckerei oder in besondere Restaurants eingeladen.

Matthew hing mit besonderer Liebe an mir. Wenn ich einmal eine Auseinandersetzung mit John hatte, schlug sich Matthew immer auf meine Seite. Er sagte oft, dass auch ich Musik studieren solle, und versuchte alles Mögliche, um mir Unterricht zu verschaffen. Eines Tages kam er lächelnd auf mich zu und sagte: „Dong-Hee, ich helfe dir, Klavierunterricht zu bekommen, und später kannst du mich dann am Klavier begleiten. Möchtest du das?“ Ein paar Tage später fand er tatsächlich eine ausländische Missionarin, die Pianistin war und sich bereit erklärte, mich zu unterrichten.

Ich war so glücklich, dass ich kaum atmen konnte. Hatte ich nicht immer geglaubt, ich sei dazu verdammt, meine Kindheit im Waisenhaus zu verbringen, und mein Bruder, ein Kriegsdienstverweigerer, müsse sich sein Leben lang im Wald verstecken? Und nun hatte sich das Blatt so wunderbar gewendet! Ich durfte nicht nur zur Schule gehen – mein größter Traum –, ich bekam sogar Klavierstunden. Ich fühlte mich wie auf Wolke sieben. Gleichzeitig hatte ich Angst, dass mir das alles wieder genommen werden könnte. Es war meine erste Begegnung mit dem Klavier. Dies sollte das letzte Geschenk meines ältesten Bruders an mich sein.

In den Sommerferien fuhren wir normalerweise nach Hause. Wir verbrachten Zeit mit unseren Eltern, die wir im langen Winter so vermisst hatten, und genossen den Sommer am Strand hinter unserem Haus. Meine Mutter ging oft auf den Berg, um zu beten. John, der sie unbedingt begleiten wollte, band sich für die Nacht an Mutter fest, während sie schlief, so dass er mit ihr erwachte, um mit ihr auf den Berg zu steigen und zu beten. Er hielt auch tagsüber seine Gebetszeiten und verbrachte manchmal die ganze Nacht im Gebet in der Kirche.

Matthew ging hin und wieder angeln, um sich vom vielen Lernen zu erholen. Jedes Mal fragte er mich, ob ich ihn begleiten wolle.

Einmal – es war Mittag, und die Sonne schien heiß –, rief er: „Dong-Hee, hübsche Dong-Hee! Komm mit mir!"

„Wohin gehst du?"

„Ich geh zum Angeln. Wenn du mitkommst, fange ich dir einen Fisch."

Er trug einen Strohhut und eine Angelrute über der Schulter. In eine Hand nahm er einen Topf mit scharfer Chilisauce, mit der anderen meine Hand, und so gingen wir zusammen an den Strand, auf dem die Wellen sich mit voller Wucht brachen. Er sang aus voller Kehle, als träte er mit seiner schönen Stimme in einen Wettstreit mit den Wogen des Ozeans. Sein fröhliches Lied mischte sich mit dem Brausen des Meeres. Wenn ich ihm zuhörte, dachte ich immer, dass seine Stimme ein kostbares Geschenk von Gott sei. Es lag eine unerklärliche Macht in ihr. Sie war tief und eindrucksvoll und bewegte sich wie das endlose blaue Meer. Sie drang tief in meine Seele ein und hinterließ einen unvergesslichen Eindruck in meinem Herzen. Ich ging an der Hand meines Bruders und sang mit ihm. Wenn er lief, lief auch ich. Wenn er sich in den Sand fallen ließ, ließ auch ich mich fallen. Wenn er in Lachen ausbrach, lachte auch ich aus vollem Hals. So waren wir immer voller Freude, wenn wir ans Meer gingen. Unter dem Felsen, der aussah wie eine Schildkröte, war unser

Lieblingsplatz. Wenn Matthew einen Fisch fing, machte er Sashimi daraus, tauchte ihn in die Chilisauce und steckte mir das erste Stück in den Mund.

Selbst nach Jahrzehnten habe ich noch den Geschmack des süßen Sashimi auf der Zunge, den wir gemeinsam unter dem „Schildkrötenfelsen" aßen. Nun ist dies zu einer traurigen Erinnerung geworden. Die endlosen Geschichten, die wir uns gegenseitig erzählten, bleiben für alle Zeit wie kostbare Perlen in meinem Herzen. Der tiefe, blaue Ozean hütet für immer den Klang unserer Lieder und vertrauten Gespräche.

Auch an die Winterferien mit meinem Bruder habe ich glückliche Erinnerungen. In einem Ort in der Nähe des Leprazentrums gab es viele vereiste Straßen. Dorthin gingen wir zum Schlittenfahren. Den Schlitten hatte Matthew selbst gebaut.

„Dong-Hee, hübsche Dong-Hee, möchtest du mit mir Schlitten fahren?" Wenn er mich so rief, ließ ich alles stehen und liegen und lief zu ihm hinaus. Wenn die Temperatur unter -10 Grad fiel, wurde das Eis so fest, dass man wunderbar darauf Schlitten fahren konnte. Viele Kinder liefen auf dem Eis Schlittschuh oder fuhren Schlitten. Ich saß auf dem Schlitten, den Matthew zog, und sauste nur so dahin. Meine Backen waren rot wie zwei Äpfel, und ich stellte mir vor, ich sei Schneewittchen. Die Zeit verging wie im Flug. Am Ende stieg ich vom Schlitten und versuchte, meine eiskalten Wangen mit den Händen zu wärmen.

„Ist dir kalt?", fragte Matthew. Dann zog er seinen Mantel aus, legte ihn mir um die schmalen Schultern, und ich spürte die Wärme seines Herzens. Tief atmete ich den Geruch seines Körpers ein. Matthew hielt meine Hände in seinen und hauchte sie an, um sie mit seinem Atem ein wenig aufzutauen.

Im Mantel meines Bruders fühlte ich mich sicher und geborgen – warm, schläfrig und hungrig. Matthew schien immer zu wissen, was ich gerade dachte, und so nahm er mich bei der Hand und führte mich zu einem der Feuer, die die Bauern hier und da angezündet hatten. Ich setzte mich dazu, und Matthew röstete eine Süßkartoffel über dem Feuer. Sie war so heiß, dass ich sie kaum in der Hand halten konnte. Ich musste tüchtig blasen, aber sie schmeckte köstlich.

An meinem rechten Ellbogen habe ich bis heute eine Narbe, die mich an die Liebe meines Bruders erinnert.

Eines Tages war ich auf dem Heimweg von der Schule, als ich über einen großen Stein stolperte. Beim Hinfallen stieß ich mit dem Ellbogen heftig an den Stein. Es blutete stark und der Schmerz war unerträglich, als sei der Knochen gebrochen. Ich konnte es kaum aushalten. Es war das erste Mal, dass ich mich ernsthaft verletzte. Der Schmerz schoss mir wie ein Pfeil durch den Körper, so dass er mir schier den Atem nahm. Lange hockte ich am Straßenrand, dann schleppte ich mich nach Hause. „Bruder, ich glaube, mein Knochen ist gebrochen."

Ich hielt mit der anderen Hand meinen verletzten Arm und erzählte Matthew, was passiert war. Er wurde ganz blass und trug mich unter Tränen huckepack zu einer Akupunkturbehandlung. Doch die Schmerzen wollten nicht aufhören. Ich wünschte, ich hätte wenigstens einschlafen können, doch der Schmerz war so heftig, dass an Schlaf nicht zu denken war. Matthew trug mich auf dem Rücken mehrere Male um das Haus, während er beruhigend auf mich einredete und mich tröstete, bis ich endlich einschlief. Wenn mein Blick heute auf diese Narbe an meinem rechten Ellbogen fällt, erinnere ich mich an die große Liebe meines Bruders, und die Gefühle überwältigen mich. Nun bin ich schon über 60, doch die Geschichte dieser Narbe werde ich bis an mein Lebensende nicht vergessen.

Mein ältester Bruder Matthew mit anderen Schülerinnen und Schülern seiner Klasse am 28. Sept. 1948, drei Monate vor seiner Ermordung (vorderste Reihe, ganz rechts).

Wenn ich an Matthew denke, fällt mir noch eine andere Begebenheit ein. Eines Tages brach ein Feuer in seiner Schule aus, und das gesamte Gebäude brannte nieder. Danach hielten die Schüler eine Versammlung ab und überlegten, welchen Beitrag sie selbst zum Bau einer neuen Schule leisten konnten. Sie beschlossen, eine Vorstellung zu geben. Ihre Einnahmen sollten zumindest ein kleiner Beitrag für den Neubau der Schule sein.

Das Programm dieser Schülervorstellung bestand aus einem Theaterstück, einem gesungenen Quartett und einem Sologesang. Matthew sollte das Solo singen. Vor einem solchen Auftritt aß er immer ein rohes Ei. Ich hielt dann vorher das Ei in der Hand, um es zu erwärmen, und reichte es ihm. Mein Bruder sang koreanische Volkslieder, und seine Gesangslehrerin begleitete ihn auf dem Klavier.

Natürlich besuchte unsere gesamte Familie die Vorstellung, und wir klatschten aus vollem Herzen Beifall. Alle Schüler gaben ihr Bestes, um diese Vorstellung zu einem Erfolg werden zu lassen. Später sagten viele Leute, dass mein Bruder die Stimme eines Engels hätte und er ein wirklich erstaunliches Talent habe. Selbst heute klingen mir seine Lieder noch in den Ohren.

Ahnte er, dass er früh sterben würde? Matthew wurde 25, John nur 19 Jahre alt. Ihr Leben auf dieser Erde glich einem kurzen Frühling.

Das folgende Gedicht veröffentlichte Matthew am 19. Juni in der Schulzeitung, nur vier Monate vor seinem Tod:

Oh Frühling, warum verlässt du uns so bald?

Oh Frühling, warum verlässt du uns so bald?
Der Nordwind bringt Schnee, in Ohren und Nasen schneidet er uns.
Als die Bäume und Büsche von Wind und Schnee entblättert und gepeitscht wurden,
wer sehnte sich da nicht nach dir?
Oh Frühling, warum verlässt du uns so bald?

Mein Herz hatte viele Pläne, während es auf dich wartete.
Ich freute mich, unter dem Berg Nam wollte ich Geschichten erzählen.
Oh Frühling, Frühling, warum verlässt du uns so bald?

Meine Mutter richtete den Docht der flackernden
Lampe mit einer Nadel auf,
Stück für Stück nähte sie an der roten Jacke und
erzählte die alte Geschichte der Helden,
wie dem Gelehrten Mong-Joo Chung und General
Soon-Shin Lee.
Ich vermisse meine Mutter in unserem alten Dorf.
Oh Frühling, Frühling, warum verlässt du uns so bald?

Zwischen dem fernen Berg und dem Himmel
flimmert schon die Hitze,
die aufgestaute Wärme lässt die Blüten der
Forsythien aufgehen.
Eine Lerche steigt zum Himmel auf und singt ein
trauriges Lied.
Oh Frühling, wenn du dies alles siehst,
wie konntest du uns so bald verlassen?

Wenn du jetzt gehst, wann werde ich dich wieder
sehen?
Wenn ich mit dem Boot auf dem Pazifik rudere,
werde ich dich sehen?
Wenn ich einen Berg erklimme, den Backdoo oder
den Hanra,
werde ich dich dann wieder sehen?
Nein, nur wenn ich in den Himmel komme,
werde ich dir begegnen."

So vergingen glückliche und gesegnete Tage wie ein Traum. Wenn ich zurückschaue, war dies das beste Jahr in meinem Leben – ich fühlte mich wie im Paradies. Doch ein düsterer Sturm braute sich über unserer Familie zusammen – und wir ahnten nichts davon.

Teil 3

Mit der Gesinnung von Märtyrern

18. „Gott, wo warst du?"

Jetzt ist der Zeitpunkt gekommen, mir wieder die Ereignisse dieses furchtbaren Tages ins Gedächtnis zu rufen. Kann ich mit zitternder Hand darüber schreiben? Doch ich muss das Leben und den Tod der Märtyrer bezeugen, die in einem kurzen Augenblick des Wahnsinns geopfert wurden. Dieses einschneidende Ereignis zerriss mein 16-jähriges Herz in tausend Stücke, und am liebsten würde ich nie mehr an diesen traurigen Tag zurückdenken.

Obwohl seitdem viele Jahre vergangen sind, ist die Wunde so tief in mein Herz eingegraben, dass ich mich an alle Einzelheiten genau erinnern kann, als sei es gestern passiert. Wenn ich mich daran erinnere, wie meine beiden ältesten Brüder durch die Hand ihrer Klassenkameraden starben, zittere ich immer noch vor Zorn und Kummer.

Es geschah am 19. Oktober 1948. Ich ging damals im ersten Jahr in die Mittelschule für Mädchen in Soonchun. Es war der Tag des Herbstpicknicks, das meine Schule alljährlich veranstaltete, und ich wachte am Morgen glücklich auf. Der Himmel war klar und blau, wie ein tiefer See. Die Felder wogten golden vom reifen Reis, der auf die Ernte wartete. Nichts deutete darauf hin, dass der Tod an unserer Tür lauerte. Als ich an diesem Morgen aus dem Haus trat, hatte ich das Gefühl, als könnte ich mich hoch in die Luft erheben.

„Dong-Hee! Warte eine Minute", rief Matthew plötzlich.

„Warum?" Hatte ich etwas vergessen? Ich blieb stehen und wandte mich um.

„Komm mal einen Augenblick her." Mein Bruder machte eine Geste mit der Hand, und ich setzte mich neben ihn auf den Holzfußboden.

„Lass mal sehen“, sagte er. „Mutter ist ja nicht hier, und da hast du sicher nicht viele gute Sachen für dein Schulpicknick einpacken können, oder?“ Er packte eine Flasche Milch und ein paar Kekse in meine Tasche. Wann er die Zeit gefunden hatte, sie zu beschaffen, weiß ich nicht. Er drückte mir sogar etwas Taschengeld in die Hand.

„Danke, Bruder“, sagte ich. „Nun muss ich aber los. Nach dem Picknick gehe ich übrigens direkt nach Ae-Yang-Won. Ich bleibe übers Wochenende und gehe am Montag direkt von zu Hause aus zur Schule.“ Rasch lief ich aus der Tür, doch mein Bruder rief mich noch einmal.

„Dong-Hee!“

„Warum rufst du mich ständig? Ich habe nicht viel Zeit.“

„Ja, ich weiß. Hübsche Dong-Hee, komm bitte mal einen Moment her zu mir.“ Mein großer Bruder machte meine Tasche auf und inspizierte ihren Inhalt, dann ergriff er meine Hand und hielt sie fest. Ich spürte wohl, dass mein Bruder sich irgendwie seltsam benahm, doch in Gedanken war ich schon beim Picknick und rannte auf den blauen Berg mit dem klaren Wasser zu.

„Bruder, du bist irgendwie komisch heute. Warum rufst du mich immer wieder zurück?“

Doch er lächelte nur. So drehte ich mich um und lief schnell aus dem Haus. Doch dann rief er mich noch ein drittes Mal. Jetzt wurde ich ärgerlich. Wenn ich mich nicht beeilte, würde ich sicher zu spät zur Schule kommen. „Meine Güte! Ich hab dir doch gesagt, dass ich mich beeilen muss. Was willst du denn noch?“ Ich runzelte die Stirn und ging zu ihm zurück. Ich dachte, dass er mit seiner kleinen Schwester einen Spaß machen wollte. Aber sein Gesichtsausdruck war ganz ernst.

Er legte seine Hände auf meine Schultern und schaute mir lange Zeit tief in die Augen. „Es ist nichts Ernstes“, sagte er nur. „Ich wollte dir nur sagen, dass ich dir einen schönen Tag wünsche. Deshalb habe ich dich gerufen."

Wie albern, dachte ich. Er benahm sich heute ganz anders als sonst, und ich rannte hinaus, ohne mich noch einmal umzusehen, denn ich fürchtete, er würde mich noch einmal zurückrufen. Das war der letzte Augenblick, den ich mit einem meiner großen Brüder verbrachte.

Während ich mich beim Picknick amüsierte und im Herbstlaub herumtollte und lachte, waren meine beiden ältesten Brüder in unmittelbarer Gefahr. In eben diesem Augenblick kam ihnen der Tod immer näher.

Da der folgende Tag ein Feiertag war, kehrte ich nicht nach Soonchun zurück, sondern ging direkt nach Ae-Yang-Won, ins Leprazentrum. Ich plauderte mit meiner Familie über dies und das und genoss nach der langen Abwesenheit die geborgene Atmosphäre zu Hause. Wie ein Kind wollte ich unentwegt schwatzen. Den ganzen Tag über fühlte ich mich ungewöhnlich leicht und gut und summte immer wieder fröhliche Melodien. Nachdem ich einer Predigt meines Vaters zugehört hatte, besuchte ich alte Freunde im Zentrum und genoss den Sonnenuntergang am Strand. So verging für mich auch dieser Tag wie der vorhergehende ohne düstere Vorahnungen.

Am Montagmorgen ging ich zum Bahnhof, um wieder zur Schule nach Soonchun zu fahren. Doch der Zug, der sich sonst immer mit einem lauten Pfeifen rechtzeitig ankündigte, kam nicht. Stattdessen standen hier und da Grüppchen von Menschen mit besorgten Gesichtern herum. Ich fragte mich, was hier los war. Was war geschehen, dass der Zug nicht kam und die Menschen sich versammelten und leise miteinander redeten?

So drängte ich mich in eine Menschentraube, um zu hören, worüber sie sprachen. Merkwürdige Dinge erfuhr ich da. Sie sagten, dass Kommunisten eine Revolte angezettelt hätten und in Yeosoo und Soonchun wahllos unschuldige Menschen ermordeten. In den Straßen hätten sie zahlreiche Leichenberge aufgestapelt. Die Aufständischen hätten die Schienen gesperrt, deshalb käme der Zug nicht. Und das sei auch gut so, denn sonst wären sie nichts ahnend in ein Kriegsgebiet gefahren.

So trottete ich wieder nach Hause. Meine Mutter sah mich erstaunt an: „Warum bist du nicht zur Schule gefahren?"

„Der Zug ist nicht gekommen. Die Leute sagen, dass die Rote Armee* die Schienen blockiert hat und dass in Soonchun die Hölle los ist."

„Stimmt das? Nun, da können wir nichts machen. Dann bleib noch einen Tag hier und fahr morgen."

Ich ärgerte mich darüber, dass ich einen Tag in der Schule verpasste. Auch meine Mutter war etwas besorgt, aber sie schien die Situation nicht allzu ernst zu nehmen. Doch die Gerüchte verbreiteten sich rasch im Dorf. Gerüchte, die niemand bestätigen konnte, wurden von einem zum anderen weitergegeben. Die Leute standen in Gruppen herum, erzählten sich gegenseitig, was sie gehört hatten, und ihre Gesichter sahen besorgt aus.

Ich hörte, dass eine unglaublich große Anzahl Menschen in Yeosoo und Soonchun getötet worden war. Sogar Schüler hatten sich den Aufständischen angeschlossen und kämpften gegen die Nationalarmee. Es schien, als sei eine ernsthafte Rebellion ausgebrochen. Wie zur Bestätigung solcher Gerüchte hörte man in der Ferne Gewehrfeuer. Erst da wurde meine Mutter blass vor Sorge und Angst, denn sie fürchtete um die Sicherheit ihrer vier Kinder in Soonchun.

---

* damals koreanische kommunistische Kämpfer

„Ich mache mir Sorgen um deine Brüder“, sagte sie. In diesem Moment trottete Dong-Jang, der eigentlich in Soonchun hätte sein sollen, durchs Tor. Wir waren froh, ihn zu sehen, und doch erstaunt, warum er so plötzlich heimkam. Mutter fragte ihn, was passiert sei. Da erzählte er uns unter Tränen:

„Matthew und John haben gesagt, ich soll nach Hause gehen, weil ihr euch womöglich Sorgen macht. Sie sagten, dass die Welt in Aufruhr ist. Als die Aufständischen mir den Durchgang versperrten, hab ich sie immer wieder angebettelt und gesagt, dass ich auf dem Heimweg sei. Ich bin gerade eben durchgekommen.“

Dong-Jang war damals erst 12 Jahre alt und hatte sich durch den Kugelhagel nach Hause durchgeschlagen. Er erzählte uns, dass er entsetzt war und Angst hatte, weil so viele Leichen auf den Straßen herumlagen.

„Nach dem Morgengottesdienst haben Matthew und John mir über den Kopf gestreichelt und gesagt, ich soll fleißig lernen und Mutter und Vater gehorchen. Sie sagten auch, dass vielleicht ein Unglück geschehen könnte und dass wir uns dann im Himmel wiedersehen.“

Dong-Jangs Worte klangen seltsam in meinen Ohren. Das war nicht die übliche Ermahnung meiner älteren Brüder. Erst jetzt durchdrang eine düstere Vorahnung mein Herz, und ich bekam ernsthaft Angst. Ich hatte das Gefühl, dass etwas Schreckliches passieren würde.

Unsere Mutter konnte sich zu keiner Arbeit aufraffen und stand nervös herum. Den ganzen Tag hielt uns die Angst umklammert.

In all dem Chaos verstrich die Zeit, und die Nacht brach an. Nach dem Abendessen spülte unsere Mutter das Geschirr, und Dong-Jang und ich unterhielten uns noch ein wenig. Plötzlich hörten wir in der Ferne das Geräusch eines

Lastwagens. Das war ein ungewöhnliches Geräusch in unserem Dorf.

Der Lastwagen kam näher, und das Geräusch wurde lauter und lauter. Ich lauschte angespannt, in welche Richtung er fuhr. Er schien sich unserem Haus zu nähern. Ich betete im Stillen, dass er vorüberfahren möge. Doch er hielt direkt vor unserem Haus. In dem Lastwagen befanden sich viele bewaffnete Schüler, die sogleich heruntersprangen. Sie stießen das Tor auf und stürmten zu unserem Haus. Ihre Gesichter sahen mordlustig aus. Unmöglich, von ihnen vernünftiges Denken zu erwarten.

„Ist dies das Haus von Pastor Sohn?“, schrien sie. „Pastor Sohn, kommen Sie sofort heraus!“ Sie waren alle noch Jungen, doch ihre schmierigen Gesichter spiegelten eine Erregung, die den Verlust ihrer Unschuld zeigte. Sie waren zu blutrünstigen, wilden Tieren geworden.

Hatte Gott meinen Vater entkommen lassen, weil die Zeit noch nicht reif war, oder weil er bereits wusste, was geschehen würde? Glücklicherweise war mein Vater zu dem Zeitpunkt nicht zu Hause. Denn er hätte dieser blutrünstigen Meute nicht entfliehen können.

Die Jungen benahmen sich grausam, frech und unverschämt, obwohl wir ihnen ehrlich Auskunft gaben, dass mein Vater gerade Besuche machte. Doch sie glaubten uns nicht, trampelten mit Schuhen in unser Haus und durchsuchten es nach meinem Vater. Mit ihren Bajonetten und Bambusspeeren durchbohrten sie die Decken und Böden und durchstöberten jeden Winkel des Hauses, als suchten sie eine Nadel im Heuhaufen. Ihre blutunterlaufenen Augen glänzten im Lampenlicht. Als sie ihn nicht fanden, trotteten sie sichtlich enttäuscht davon.

Meine Mutter lehnte an der Tür und zitterte vor Angst, als einer der Schüler an ihr vorbeiging, ihr einen kurzen Seitenblick zuwarf und seine Lippen zu einem seltsamen Lächeln verzog. Es war ein bösartiger Blick, wie wenn eine Schlange auf einen Frosch starrt. „Hast du's schon gehört? Heute sind deine beiden Söhne exekutiert worden!“ Wie konnte ein Junge diese Worte so leichtfertig ausstoßen? Sie trafen uns wie ein Blitz aus heiterem Himmel. Danach lächelte er wieder sein seltsames Lächeln und verschwand. Selbst heute noch, nach Jahrzehnten, habe ich den Gesichtsausdruck dieses jungen Mannes vor Augen. Seine Worte waren für meine Mutter wie ein Schlag in den Magen. *Was um Himmels willen! Tot? Meine Söhne? Aber warum?*

„Was sagst du da? Meine Söhne sind ... Gott im Himmel!“ Offenbar war ihren Söhnen Schreckliches zugestoßen. Meine Mutter hatte den Satz noch nicht zu Ende gesprochen, als sie schon ohnmächtig zu Boden sank. Die ganze Gemeinde geriet in Aufruhr, als die Menschen diese Nachricht erfuhren, und schockierte Gemeindeglieder kamen in unser Haus gelaufen.

„Frau Sohn, Frau Sohn! Bitte beruhigen Sie sich! Wie können wir ihren Worten trauen? Es ist wahrscheinlich nicht wahr. Sie haben das sicher nur gesagt, weil sie Pastor Sohn nicht erwischt haben. Warum sollten sie denn Schüler töten? Es ist wahrscheinlich alles eine Lüge.“

Die Gemeindeglieder versuchten, tröstende Worte für meine Mutter zu finden, die langsam wieder zu sich kam. Doch sie war nicht die Einzige, die Trost brauchte. Meine Beine zitterten so sehr, dass ich nicht mehr gerade stehen konnte. Erst vorgestern hatte ich meine Brüder noch lebend gesehen. Es gab überhaupt keinen Grund, warum man sie ermorden sollte. Sie waren fleißige, höfliche, kluge, fröhliche und vorbildliche Schüler. Meine Brüder waren tot? Das konnte doch nicht sein! Es war sicher eine Lüge. Wie der Mann aus der Gemeinde gemeint hatte, hatten sie das sicher nur so gesagt, weil sie meinen Vater nicht finden konnten! Ich versuchte verzweifelt, die schrecklichen Worte positiv zu deuten, doch mein Herz wollte schier zerbrechen.

Ich fühlte mich, als sei ein Felsblock auf mich gefallen. Dann tauchte plötzlich eine Erinnerung auf. „Ah-a!", stieß ich hervor. An diesem Tag – dem Picknicktag – hatte Matthew mich dreimal zurückgerufen. Dieser freundliche, ernste und tiefe Blick … Hatte er das Gefühl gehabt, er würde mich vielleicht nicht mehr wiedersehen? Hatte er sich deshalb an diesem Morgen so seltsam benommen? Hatte er deshalb mehrmals meinen Namen gerufen? Das musste es sein! Denn welchen Grund gäbe es sonst für sein Verhalten?

Vor meinen Augen drehte sich alles, ich fühlte mich benommen. Ich konnte nicht mehr klar denken. „Deshalb also … deshalb …" Aus meinem Mund kam nur ein zusammenhangloses Gestammel. Wie von Drogen benebelt starrte ich ins Leere und brach zusammen.

Doch ich konnte nicht einfach sitzen bleiben und den Verstand verlieren. Ich musste mit meinen eigenen Augen sehen, ob meine Brüder lebten oder tot waren. Vorher würde ich nicht glauben, was ich gehört hatte. *Vergiss diese schreckliche Vorahnung. Ich muss zu meinen Brüdern gehen. Sicher sind sie noch am Leben. Sie können doch nicht tot sein … niemals! Was ich bis jetzt gehört habe, ist nur eine Vermutung. Es gibt keine Beweise. Ich darf nicht zu früh die Hoffnung aufgeben. Warum sollte ich den Aufständischen glauben? Bis jetzt weiß niemand etwas Genaues. Ich muss gehen. Ich muss nach Soonchun gehen und mit eigenen Augen sehen, dass meine Brüder leben.*

Mein Plan stand fest, und mein Herz klopfte wie im Fieber. Ich fühlte mich plötzlich ungewöhnlich mutig. Die Behörden hatten verboten, nach Soonchun zu gehen, ich riskierte also mein Leben. Meine Mutter wollte mich zurückhalten, weil es zu gefährlich war, aber ich riss mich von ihr los und lief in Richtung Soonchun.

Vom Leprazentrum nach Soonchun war es ein Fußmarsch von 16 Kilometern. Natürlich war die Bahnverbindung bereits unterbrochen, aber auch dieses Hindernis war kein Problem für mich. Die Straße war zwar gefährlich, aber ich würde mich durch nichts aufhalten lassen. Ich hatte das Gefühl, als könnte ich jede Hürde überwinden. Nichts und niemand konnte sich mir in den Weg stellen. Ich rannte und hatte nur einen Gedanken – ich wollte meine Brüder sehen.

Auf der Straße zwischen Yeosoo und Soonchun rasten Lastwagen an mir vorbei, Panzer und Artillerie donnerten über den Asphalt. Die Stadt Soonchun selbst war immer noch gefährlich. Viele Kommunisten waren außer Rand und Band. Sie gebärdeten sich, als gehörte die ganze Welt ihnen. Die Lastwagen voller Schüler und Studenten, die die Kommunisten einer Gehirnwäsche unterzogen hatten, fuhren auf den Straßen zwischen Yeosoo und Soonchun herum. Es herrschte eine Atmosphäre von Gewalt und Schrecken. Das donnernde Geräusch von schwerem Gewehrfeuer erfüllte mich mit Grauen, und auch wenn ich wild entschlossen war, zu meinen Brüdern zu gelangen, bekam ich beim Anblick der kommunistischen Soldaten am ganzen Körper eine Gänsehaut. Ich fürchtete mich sehr. Ich hatte das Gefühl, als könnten sie mich jeden Augenblick am Genick packen, und so machte ich mich noch kleiner, als ich ohnehin schon war, wenn sich wieder ein Lastwagen näherte, und ging einfach weiter. Sie sollten in mir nur ein unschuldiges Kind sehen.

Es war schon fast dämmerig, als ich in Soonchun ankam. Das Bild, das sich meinen Augen bot, war wie eine Szene aus der Hölle. Ich hatte zwar schon auf dem Weg hier und da Leichen herumliegen sehen. Doch was ich hier in Soonchun sah, übertraf alles, was ich bisher in meinem Leben für möglich gehalten hatte. Die Leichen waren in großen Haufen auf der Straße gestapelt worden, Hunde fraßen daran. Manche Toten lagen nackt mit dem Gesicht nach unten, während andere an Masten gebunden und verkohlt waren. Der furchtbare Gestank der verwesenden Leichen vermischte sich mit dem Geruch von Blut, und mir drehte sich schier der Magen um. Ich sah, wie skrupellose Menschen die Taschen der Toten durchwühlten, um Uhren, Geld und andere Wertgegenstände zu stehlen. Ich hielt mir ein Taschentuch vor die Nase und lief an den Leichenbergen vorbei.

Was war der Grund für diese blutigen Aufstände? Am 15. August 1948, am dritten Jahrestag der Befreiung von den Japanern, war die neugegründete Republik Korea ausgerufen worden. Bald hatte sie die diplomatische Anerkennung seitens der USA und ungefähr 50 anderer Länder erhalten, und die Vereinten Nationen hatten die Regierung der Republik zur einzig legitimen Regierung auf der koreanischen Halbinsel erklärt.

Während all dies im Gange war, scheiterte der letzte schwache Versuch einer friedlichen Vereinigung zwischen Nord- und Südkorea. Die Trennung war schon zu weit vollzogen, als dass man durch Verhandlungen eine Einigung hätte erzielen können. Die Nordkoreaner richteten den „Rat der Volkskommissare“ ein, um ein dauerhaftes kommunistisches Regime zu etablieren. Sie hoben die Beschlüsse der russisch-amerikanischen Konferenz auf, und im September 1948 wurde entgegen einer UN-Resolution die „Volksrepublik Korea“ gegründet. Fast unmittelbar danach startete der Norden eine Reihe von Guerillaangriffen auf den Süden, gekoppelt mit einer kommunistischen Propagandakampagne. Diese schürte sporadische Aufstände, und die neue Regierung im Süden hatte alle Mühe, die öffentliche Ordnung aufrechtzuerhalten.

Die von den Kommunisten angezettelten Streiks und blutigen Aufstände nahmen immer mehr zu. Früh am Morgen des 19. Oktober 1948 wurde die Armee auf die Insel Cheju südlich der koreanischen Halbinsel beordert, um dort Aufstände der Kommunisten niederzuschlagen, die unter den Zivilisten auf der Insel ein Blutbad angerichtet hatten. Doch ungefähr 40 linksgerichtete Soldaten lehnten sich gegen diesen Befehl auf. Mit einem Trompetensignal begannen sie einen Aufstand in Yeosoo. Sie übernahmen das dortige Waffenlager der Armee und töteten jeden Soldaten, der ihrem Plan zum Sturz der südkoreanischen Regierung Widerstand leistete. Dann begannen sie, ihre kommunistische Propaganda über das Radio zu verbreiten.

„Jetzt ist die Zeit für die Volksrepublik Korea gekommen!", begannen sie ihre Lügen. „In diesem Augenblick überqueren nordkoreanische Truppen den 38. Breitengrad und übernehmen die Kontrolle über das ganze Land von Seoul bis zur Insel Cheju."

Bald wurden Yeosoo und Soonchun zu gesetzlosen kommunistischen Stützpunkten. Vom ersten Gewehrschuss in Yeosoo an töteten die Aufständischen viele Polizisten und besetzten auch die Stadt Soonchun, nachdem sich ihnen kommunistische Schüler und Studenten angeschlossen hatten. Diese sollten die „reaktionären Elemente" ausfindig machen. So verhafteten und töteten sie gnadenlos die führenden Persönlichkeiten der Stadt, Lehrer, die Reichen und bekannte Mitglieder der national gesinnten Parteien. Sie suchten auch nach Christen und töteten sie. Unzählige Menschen wurden ohne erkennbaren Grund ermordet. Die Leichen ließen sie auf den Straßen liegen.

Die linksgerichteten Schüler und Studenten hatten nur auf eine passende Gelegenheit gewartet, schlossen sich nun den aufständischen Kommunisten an und halfen ihnen, unschuldige Menschen abzuschlachten. Das führte zu noch größeren Unruhen. Noch am Vortag hatten sie im gleichen Schulzimmer gesessen, doch nun teilten sich die Klassenkameraden in links und rechts und behandelten einander als Feinde. Die bewaffneten Linken feuerten ohne Zögern auf ihre Freunde, verrückt vor Hass auf etwas, das sie selbst nicht recht verstanden. So töteten sie auf den geringsten Verdacht hin unzählige Menschen. In jenen Tagen war ein Menschenleben weniger wert als eine Fliege. Nach einem Bericht des Gesundheitsministeriums der Provinz Süd-Chunra vom 1. November 1948 starben in der Woche der Aufstände in Yeosoo und Soonchun 3 401 Menschen, 48 600 verschwanden. Viele Tausende wurden verwundet.

Es dauerte eine Woche, bis die südkoreanische Armee die kommunistischen Aufstände niedergeschlagen hatte. Doch bis dahin war in Yeosoo und Soonchun die Hölle los.

Nun begriff ich, dass alle Gerüchte in unserem Dorf der Wahrheit entsprachen, und meine Befürchtungen nahmen zu. Denn verglichen mit der Realität waren die Gerüchte noch harmlos. In dem Chaos, das in der Stadt herrschte, hatte ich Mühe, mich zu dem Haus durchzuschlagen, in dem ich meine Brüder zu finden hoffte. Das Tor stand weit offen, als würde es mich willkommen heißen. Doch obwohl mein Herz vor Ungeduld und Angst pochte, wollten sich meine Beine nicht fortbewegen. Am liebsten wäre ich weit weggelaufen. Da meine Brüder niemandem etwas zuleide getan hatten, konnte ich mir nicht im mindesten vorstellen, dass jemand es auf sie abgesehen haben könnte, und doch hielt eine unerklärliche Furcht vor einer möglichen Tragödie meine Füße am Boden festgenagelt. Es lief mir eiskalt den Rücken hinunter und ich war nicht in der Lage, das Haus zu betreten. Schließlich steckte ich doch den Kopf durch die Tür und lugte hinein. Es war ungewöhnlich still. Ich meinte, dass jeden Moment meine

Brüder von irgendwoher kommen und mich ansprechen müssten.

„Dong-Hee, warum kommst du nicht herein? Komm her! Hast du Spaß beim Picknick gehabt?“ Mir war, als hörte ich ihre Stimmen. Doch in Wirklichkeit war es totenstill. In diesem Augenblick sah ich die Schuluniformen und Bücher meiner Brüder, ihre Schultaschen und Bilder und die Schals, die ich für sie gestrickt hatte – alles war wahllos auf dem Hof verstreut.

Mein Herz pochte heftig. Ich versuchte verzweifelt, gegen alle Hoffnung zu hoffen. Ich wusste doch gar nicht, was vorgefallen war! So nahm ich all meinen Mut zusammen und ging langsam ins Haus. Mit lauter Stimme rief ich nach meinen Brüdern: „Matthew? John?“ Doch es kam keine Antwort. Totenstille. Dann sah ich die rote Blutlache in einer Ecke des Hofes.

Intuitiv begriff ich, was vorgefallen war. Ich konnte es nicht länger leugnen. Ich konnte mich nicht bewegen, nicht mal einen Finger rühren! Ich konnte weder weinen noch schreien. Alles verschwamm vor meinen Augen, und mein Kopf fühlte sich leer an. Die Zeit schien still zu stehen. Auch mein Körper und Geist waren vollkommen unbeweglich. Lange Zeit stand ich unbeweglich an derselben Stelle.

Plötzlich kam meine kleine Schwester, eine Erstklässlerin, mit verschmutztem und völlig verstörtem Gesicht hergerannt. Als sie mich sah, packte sie mich am Rock und begann zu weinen: „Schwester! Unsere Brüder … sie … viele rote Klassenkameraden sind hereingekommen, haben unsere Brüder zu Boden geworfen und sie mit einem dicken Holzstock furchtbar verprügelt. Dann haben sie sie weggeschleppt und getötet. Schwester, was sollen wir nur machen?“

Ich konnte ihr nicht antworten. Ich konnte noch nicht mal eine Träne vergießen. Ich hatte aufgehört zu denken. Benommen stand ich einfach da. Ich dachte nicht einmal daran, meine kleine Schwester Dong-Rim zu trösten; ich hätte sie doch in die Arme schließen müssen. Aber mein ganzer Körper war steif und fühlte sich an, als läge ein schweres Gewicht auf ihm.

Ein wenig später kam Diakon Yang durchs Tor, der neben uns als Mieter wohnte. „Um Himmels willen, Dong-Hee!"

Doch selbst seine Stimme drang nicht an meine Ohren. Da er keine Antwort von mir hörte, packte er mich an den Schultern und schüttelte mich, und da kam ich langsam wieder zu mir. Die Stimme, die ich aus weiter Ferne gehört hatte, war plötzlich klar. „Oh Diakon Yang …"

„Ja, Dong-Hee. Deine Brüder Matthew und John sind …"

Diakon Yang wandte das Gesicht ab und beendete seinen Satz mit unbestimmten Worten. Auch wenn er es nicht ausdrückte, wusste ich, was er sagen wollte, und ich wollte es gar nicht hören. Ich bemühte mich, klar zu denken.

„Was ist mit ihren Körpern geschehen?"

„Ich habe sie gefunden und weggebracht."

„Zeig sie mir." Ich ging mit Diakon Yang hinaus, um zu sehen, wo er meine Brüder hingelegt hatte.

In einem Graben neben einem abgeernteten Feld lagen meine beiden Brüder auf einem Strohsack. Der kühle Herbstwind blies durch ihre ausgebeulte Kleidung. Sie mussten viele Schläge erhalten haben, denn sie hatten am ganzen Körper Wunden und Blutergüsse. An ihrer Stirn und der Brust sah man mehrere Einschusslöcher von Gewehrkugeln.

Erst jetzt spürte ich, wie mir die Tränen herunterliefen. Endlich erwachte ich aus der Benommenheit. Ein Kummer, der schwer und gewaltig war wie Wogen im Sturm, ergriff von mir Besitz. Als die Tränenflut erst einmal ausgebrochen war, wollte sie nicht mehr aufhören. Ich sank zu Boden und hielt meine toten Brüder in den Armen. Während mir die

Tränen über die Wangen liefen, begann ich aus Leibeskräften zu schreien und Gott anzuklagen. „Oh Gott! Wo warst du in diesem Moment? Hast du die Augen geschlossen, als meine unschuldigen Brüder starben? Konntest du die Kugeln nicht aufhalten?"

Statt die kommunistischen Schüler zu verfluchen, die meine Brüder getötet hatten, schleuderte ich meine Anklagen gegen Gott. Ich sagte vieles, was ich nicht so meinte. „Wenn du sie nur eine kurze Zeit am Leben lassen wolltest – warum hast du sie dann überhaupt auf diese Erde geschickt? Ist das nicht sehr grausam? Gott, warum hast du dein Gesicht von meinen Brüdern abgewandt, als sie ermordet wurden? Antworte mir. Was hast du in der Zeit getan? Hast du nicht gesagt, dass nicht mal ein Spatz zu Boden fällt, ohne dass du es zulässt? Warum hast du denn meine Brüder sterben lassen? Warum? Du bist doch der allmächtige Gott, konntest du sie dann nicht wieder zum Leben erwecken?" So schrie ich bittere Anklagen gegen Gott und warf den Kopf hin und her wie eine Verrückte. Ich war furchtbar zornig auf Gott und nahm ihm übel, dass er meine Brüder nicht bewahrt hatte. Ich brüllte ihn an und machte ihm Vorwürfe, bis ich heiser war. Die ganze Nacht weinte und schrie ich, bis ich schließlich völlig erschöpft war. Mit leeren Augen blickte ich auf meine Brüder, und dann hörte ich Matthews Stimme so deutlich, als sei er noch am Leben:

„Weine nicht, Dong-Hee. Sonst wird das Gesicht meiner hübschen Dong-Hee ganz hässlich. Sei nicht traurig. Wir sehen uns im Himmel wieder. Jetzt weißt du, warum ich dich kürzlich dreimal zurückgerufen habe, als du zum Picknick gehen wolltest. Wir beide haben ein kurzes Leben gelebt und sind vor dir in den Himmel eingegangen. Geh schnell nach Hause und tröste unsere Eltern. Nun musst du ihnen die Liebe zeigen, die wir ihnen nicht genügend erweisen konnten. Ich wollte auch dir noch mehr Liebe erweisen, aber es war nicht möglich. Leb wohl." Mit solchen Abschiedsworten in meinem Herzen gingen meine Brüder den Weg ohne Wiederkehr. „Meine Brüder haben so viel Schlimmes erlebt", schluchzte ich, und meine Tränen tropften auf ihre Gesichter. Je mehr ich darüber nachdachte, desto furchtbarer erschien mir ihr Schicksal.

Was für ein Blitz aus heiterem Himmel! Wie hatte das geschehen können? Sie hatten niemandem etwas getan und waren beliebte und bewunderte Schüler, dazu so jung. Warum mussten sie so leiden? Hatte nicht der Gott der Liebe und Barmherzigkeit gesagt: „Fürchte dich nicht, denn ich bin bei dir; hab keine Angst, denn ich bin dein Gott! Ich mache dich stark, ich helfe dir, mit meiner siegreichen Hand beschütze ich dich!" (Jesaja 41,10)? Aber warum hatte dann Gott gerade in dem Augenblick die Augen geschlossen, als sie seine helfende Hand am meisten brauchten? Ich verstand das nicht ...

19. „Die Straße zum Himmel“

Im Rückblick begreife ich nun, dass Gott mich in den Geschehnissen dieses furchtbaren Tages beschützt hat. Glücklicherweise sollte ich zu dem Schulpicknick gehen. Der folgende Tag war ein Feiertag, und wir hatten schulfrei. Das Picknick fand in der Nähe des Leprazentrums statt, also sollte ich direkt im Anschluss daran zu meinen Eltern gehen. Wie immer war unser Geld knapp, und an diesem Tag hatten wir Jugendlichen in unserem Haus in Soonchun keinen Reis mehr. Unser Onkel, der sich um uns kümmerte, ging vor mir nach Ae-Yang-Won, um Lebensmittel zu besorgen. Auch Dong-Jang wurde nach Hause geschickt. Nur meine beiden ältesten Brüder und die kleine Dong-Rim blieben in Soonchun. Die Umstände waren so, dass niemand für meine Brüder eintreten konnte.

Und selbst, wenn jemand dort gewesen wäre, um sie zu beschützen, hätte das womöglich nichts genutzt. Aber zumindest würde ich mich jetzt nicht so nutzlos fühlen. Manchmal frage ich mich, was geschehen wäre, wenn ich nicht zu dem Picknick gegangen, sondern bei meinen Brüdern geblieben wäre. In diesem Fall würde ich wohl ebenfalls als Leiche neben ihnen liegen.

Wie sehr hing ich an meinen beiden Brüdern! Ich hätte wahrscheinlich nicht einfach zugeschaut, wie sie zusammengeschlagen wurden. Vielleicht hätte ich geschrien und gegen die Schüler gekämpft, die meine Brüder mit dem Schlagholz prügelten.

Das Schicksal eines Menschen ist etwas Seltsames! Weil ich an jenem Tag zu dem Picknick gegangen war, wurde mein Leben bewahrt. Manchmal frage ich mich, warum Gott das getan hat. Vielleicht wollte er mir die Aufgabe anvertrauen, die Ereignisse dieses Tages für die Nachwelt aufzuzeichnen.

Ich erzähle die alptraumhaften Geschehnisse nach dem Augenzeugenbericht von Dr. Jae-Min La, einem Freund und Klassenkameraden von John.

An dem Tag, als meine beiden Brüder starben, war uns der Reis ausgegangen. Also gingen meine Brüder in Soonchun zu Pastor Duk-Hwan La, dem Vater ihres Freundes, der nicht weit von uns wohnte, um Reis zu borgen.

„Oh Matthew, was kann ich nur für euch tun?“, sagte Frau La. „Seit ich gehört habe, dass der Preis für Reis fallen würde, habe ich immer nur kleine Mengen gekauft. Aber jetzt ist selbst davon nichts mehr übrig.“ Es tat ihr so Leid, dass sie ihnen nicht helfen konnte.

Doch Matthew meinte heiter: „Ist schon gut. So ist eben das Leben eines Pastors.“ Dann wandte er sich zum Gehen und pfiff dabei sein Lieblingslied. Frau La erzählte ihm noch, dass viele unschuldige Menschen während des Aufstands verletzt und getötet worden waren. Sie riet ihm, sich lieber irgendwo zu verstecken und den Reis zu vergessen. Auch ihr Sohn, Jae-Min, habe sich gerade erst vor zehn Minuten versteckt.

„Gott ist unsere einzige Zuflucht“, entgegnete Matthew und lächelte. Das waren die letzten Worte, die Frau La mit ihm sprach. Noch Jahre später sagte sie zu mir, wenn sie mich sah: „Dong-Hee, mir tut es bis heute so Leid, dass ich deinem Bruder an seinem Todestag keinen Reis geben konnte.“

An jenem Tag, dem 21. Oktober 1948, standen meine Brüder ganz früh am Morgen zum Gebet auf und weckten Dong-Jang. „Unsere Eltern machen sich sicher Sorgen wegen des Aufstandes, Dong-Jang. Lerne gut und gehorche Vater und Mutter. Falls uns irgendetwas passiert, sehen wir uns im Himmel wieder.“ Damit schickten sie ihn heim. Dann gingen meine beiden Brüder zu dem Brunnen hinter dem Haus, wuschen sich und zogen frische Kleidung an. An diesem Tag bemerkte Matthew, er habe einen seltsamen Traum gehabt, doch als Diakon Yang ihn danach fragte, wollte er nichts mehr sagen. Dann gingen die Brüder gemeinsam in ein Zimmer, um zu beten. Es war ein viel längeres und ernsteres Gebet als sonst. Als sie herauskamen, waren ihre Gesichter bleich. Wieder fragte Diakon Yang Matthew nach seinem Traum, aber er schwieg sich aus.

Am Morgen des vorhergehendes Tages, dem 20. Oktober, war die Stadt Soonchun bereits von den Kommunisten eingenommen und in ein gesetzloses Chaos verwandelt worden. Meine Brüder waren trotzdem zur Schule gegangen. Matthew war früher als sonst zurückgekommen und hatte gesagt, dass sich in der Stadt etwas zusammenbraue. Er war mit einem Besucher der Gemeinde zum Bahnhof gegangen und hatte gesehen, wie eine Zugladung Soldaten eingetroffen war. Zwischen den Soldaten und der Polizei brachen Kämpfe aus, und die Leute rannten in alle Richtungen davon, um dem Kugelhagel zu entkommen. Mein Bruder ging nach Hause.

Später, als alle anderen Jungen außer John von der Schule zurückgekehrt waren, bekam Matthew es mit der Angst zu tun. Das Gewehrfeuer wurde allmählich lauter und schien sich dem Stadtzentrum zu nähern. Er ging hinaus und hörte von den Leuten auf der Straße, dass die Kommunisten eine Revolte angezettelt hätten. Die Aufständischen verbreiteten das Gerücht, dass die Volksarmee den 38. Breitengrad überschritten habe. Taegu und Pusan seien bereits eingenommen worden, und Yeosoo und Soonchun würden als Nächstes folgen. Da versteckten die Leute sich in den Kellern.

Als es Abend wurde, kam auch John endlich nach Hause. Er bestätigte, dass tatsächlich ein kommunistischer Aufstand im Gange war. Die Aufständischen hatten ihre Schule umzingelt, ihnen aber schließlich erlaubt, nach Hause zu gehen. Auf dem Heimweg sagte John zu seinem Freund Jae-Min: „Ich glaube, dies ist ein Konflikt zwischen richtig und falsch, zwischen dem Glauben und dem Unglauben. Deshalb müssen wir als Christen fest stehen und uns sehr klug verhalten." Das waren seine letzten Worte zu seinem Freund. Diakon Yang drängte Matthew, sich im Keller eines Nachbarn in Sicherheit zu bringen, doch Matthew weigerte sich: „Gott ist unsere einzige Zuflucht. Wohin könnten wir sonst gehen?"

Am folgenden Tag kam der Nachbar, in dessen Keller sich die Familie von Diakon Yang am Tag zuvor versteckt hatte, und lud meine Brüder noch einmal ein, bei ihm Unterschlupf zu suchen, aber Matthew und John lehnten sein Angebot ab. Darauf drängte Diakon Yang sie, zum Leprazentrum zu fliehen, doch Matthew entgegnete überzeugt: „Wenn wir auf dem Weg gefasst werden, wäre das eine Schande, und sie zwingen uns womöglich gar, ein Gewehr zu nehmen und uns ihnen anzuschließen. Deshalb bleiben wir hier und warten ab, was passiert." Nach einem hastigen Frühstück ging Diakon Yang wieder in den Keller des Nachbarn zurück. Gegen zehn Uhr umzingelte eine Gruppe Schüler und Studenten lärmend das Haus. Jeder von ihnen hielt eine Metallstange oder ein Gewehr in der Hand.

„Matthew, du Trottel! Komm raus!"

Einer von ihnen fluchte, rannte mit Schuhen an den Füßen ins Haus und schleppte Matthew heraus. Sie fesselten ihn mit einem Strick und begannen, ihn ins Gesicht, auf den Kopf und am ganzen Körper grausam zu schlagen. Obwohl er große Angst hatte, lief Diakon Yang zum Haus zurück und sah, dass Matthew von den Schülern zusammengeschlagen wurde.

„Hört mal, ich will wenigstens wissen, warum ihr mich schlagt. Was habe ich getan?", fragte Matthew, während die Schläge von allen Seiten auf ihn niederprasselten.

„Weißt du das nicht, du Dummkopf? Dann werd ich's dir sagen. Du bist doch der Vorsitzende der christlichen Schülerorganisation, also ein proamerikanischer Yankeeboy. Hast du nicht gesagt, dass du in Amerika studieren willst?"

„Hört mal zu", antwortete Matthew. „Ich bin kein Yankeeboy. Ich bin Christ und lasse mir keinen anderen Schuh anziehen. Ich verlasse mich nur auf Gott, auf niemanden sonst." Trotz der brutalen Schläge klang seine Stimme fest und mutig.

„Halt die Klappe! Du identifizierst dich also immer noch mit Jesus, hä? Warum verlässt du dich nicht lieber auf meinen Arm?" So verspotteten sie ihn, lachten ihn aus und fuhren fort, ihn erbarmungslos zusammenzuschlagen. Bald war sein Körper blutüberströmt.

John konnte das nicht mehr mit ansehen und versuchte, seinen Bruder zu verteidigen: „Warum tut ihr das? Wir vertrauen nur auf Jesus. Was ist daran falsch? Ihr könnt zwar unseren Körper töten, aber uns nicht unseren Glauben nehmen!"

„Der da ist auch ein Jesus-Freak. Schlagt ihn auch zusammen!", rief jemand, und ein anderer brachte ein mit Nägeln beschlagenes Brett, mit dem sie auf meine beiden Brüder eindroschen. Das Blut floss ihnen in Strömen vom Kopf, und ihre Körper waren mit Striemen übersät.

Als jemand rief: „Gebt ihnen den Rest!", brüllten die anderen vor Begeisterung. Sie nahmen die Bücher und andere Dinge, die meinen Brüdern gehörten und die später als Beweismaterial gegen die Horde verwendet wurden, und schleppten die beiden mit vorgehaltenem Gewehr fort. Matthew war mit einem Strick gefesselt, und John musste mit über dem Kopf erhobenen Händen gehen. Dong-Rim hatte die ganze Zeit zugeschaut und bitterlich geweint, aber ihre Tränen rührten diese kommunistischen Schüler nicht im Geringsten. Diakon Yang hatte zu große Angst, um ihnen zu folgen, daher wusste er nicht, was als Nächstes passierte.

Doch Frau Chung, die Frau eines Fotografen in der Nachbarschaft, sah, wie sie zum Hauptquartier der Kommunisten abgeführt wurden, das sich über der Polizeiwache von Soonchun befand. Als Frau Chung hörte, dass die Aufständischen einige Christen festgenommen hatten und sie zur Polizeiwache brachten, stürzte sie aus dem Haus, da sie fürchtete, ihr Mann sei einer von ihnen. Ihren Mann entdeckte sie zwar nicht, denn er befand sich in einem sicheren Versteck, doch sie sah, wie Matthew und John weggeschleppt wurden. Ihre Gesichter waren blutüberstömt, und sie wurden mit Keulen und Gewehren geschlagen. Doch trotz alledem sprachen die beiden mit großem Ernst zu den Schülern, die sie gefangen genommen hatten. Sie flehten sie an, Buße zu tun und an Jesus zu glauben, nicht mehr ihre Mitbürger zu bekämpfen und den Geist Christi zu suchen, damit sie zum Segen für ihr Land würden. Die Frau war zu Tränen gerührt bei dem, was sie sah und hörte, und vergaß ihre eigenen Schwierigkeiten. Dann entschwanden Matthew und John ihrem Blick.

Die Aufständischen brachten sie hinter die Polizeiwache, wo die Leichen anderer Opfer um den Hof herum aufgestapelt waren. Hier forderten die Schüler Matthew heraus: „Willst du noch immer an deinem christlichen Glauben festhalten? Wenn du deine Überzeugung aufgibst und mit uns zusammenarbeitest, lassen wir dich laufen, wie Myung-Sin Ko", und sie zeigten auf einen Schüler, der auf ihre Seite gewechselt war.

Doch Matthew ließ sich nicht beirren. Er redete mit ernsten Worten zu ihnen in der Hoffnung, ihre verhärteten Herzen zu erreichen: „Selbst wenn ihr mir das Leben nehmt, könnt ihr mir nicht meinen Glauben nehmen. Kehrt um von eurer Bosheit und Gewalt und glaubt an Jesus."

Doch die Aufständischen waren blind vor Wut. Sie ballten die Fäuste und brüllten den Befehl, ihn zu töten. Jemand schlug ihm mit dem Gewehrkolben ins Gesicht.

„Tötet ihn, tötet ihn!“, hörte man Einzelne rufen.

„Verschwendet keine Zeit mit ihm!“, schrie jemand.

„Der Kerl ist ein unbelehrbarer Jesus-Freak. Erschießt ihn!“

John stellte sich an die Seite seines Bruders. „Hört mir zu!“, rief er. „Mein Bruder ist der älteste Sohn in unserer Familie, und er muss für unsere Eltern sorgen, wenn sie alt sind. Tötet mich und lasst ihn nach Hause gehen!“ Damit stellte er sich vor seinen Bruder.

Matthew versuchte ihn wegzuschieben, aber er war zu stark gefesselt. „John, sei kein Dummkopf! Auf dich haben sie es nicht abgesehen. Geh du nach Hause und kümmere dich an meiner Stelle um unsere Eltern!“

Einer der Schüler zog John fort, ein anderer verband Matthew die Augen. John wehrte sich mit aller Kraft, denn er wollte nicht von seinem Bruder getrennt werden. Doch sie konnten von ihren Peinigern kein Mitgefühl erwarten. Erbarmungslos zerrten sie John weg. Als er begriff, dass er erschossen werden sollte, rief Matthew laut: „Ihr müsst Buße tun und an Jesus glauben. Wenn ich jetzt sterbe, komme ich in den Himmel. Aber wie wollt ihr den schrecklichen Höllenstrafen entgehen?“ Seine Stimme war ruhig und feierlich.

„Halt den Mund! Und wenn du noch ein letztes Wort sagen willst, sag's jetzt.“ Matthew, der damals schon ein professioneller Sänger war, bat darum, noch ein letztes Lied singen zu dürfen. Sie gewährten ihm seine letzte Bitte. Da stimmte mein Bruder mit seiner klaren, wunderbaren Stimme sein Lieblingslied an: „Die Straße zum Himmel.“ Seine verbundenen Augen waren zum Himmel gerichtet, und seine Stimme, die zum letzten Mal ertönte, erhob sich hoch unter dem wolkenverhangenen Himmel und war weit in den Straßen zu hören:

Die Straße zum Himmel liegt vor mir.
Auch wenn ich oft Sorgen und Leid erlebt habe,
durchbricht die strahlende Herrlichkeit des Himmels die Schatten der Finsternis.
So sehe ich immer das Licht, wenn ich auf das Blut Jesu vertraue.

Viele Dinge in dieser Welt machen mir Sorgen.
Ängste und Schwierigkeiten stellen mich immer wieder auf die Probe,
doch das kostbare Blut Jesu überwindet sie alle.
Und wenn ich mich auf das Blut Jesu verlasse, gewinne ich immer.

Sehr bald werde ich das Reich Gottes sehen.
Meine Seele wohnt im Haus der Herrlichkeit Gottes.
Aus meiner eigenen Kraft kann ich nichts tun,
aber durch Jesus Christus, den herrlichen König der Welt, sind alle Dinge möglich.

Als das Lied fertig war, brüllten sie: „Schießt! Eins, zwei, drei!"

„Vater", schrie Matthew, „nimm meine Seele auf. Vergib ihnen ihre …"

Er konnte den Satz nicht zu Ende sprechen, sein Körper sackte in sich zusammen. Die Peiniger, die seinen letzten Schrei hörten, fluchten und randalierten. John riss sich von ihnen los und umklammerte den Körper seines Bruders. Aus den Wunden, die die Kugeln gerissen hatten, strömte das Blut. Er brüllte wie ein verwundeter Löwe: „Großer Bruder, großer Bruder, ich folge dir in den Himmel." Er wandte sich um und schrie der wahnsinnigen Gruppe von Mördern zu: „Ihr habt meinen unschuldigen Bruder ermordet! Wie könnt ihr jemals rechtfertigen, dass ihr unschuldiges Blut vergossen habt? Auch jetzt noch könnt ihr eure Schuld bereuen und an Jesus glauben." So rief er und stellte sich direkt vor sie.

„Tötet ihn auch!", schrien einige, und von allen Seiten hörte man Zustimmung.

„Ich habe denselben Glauben wie er. Tötet auch mich. Ich gehe in den Himmel ein, wohin mein Bruder mir vorangegangen ist", rief John. Er breitete die Arme aus und rief: „So ist mein Herr gestorben, als er am Kreuz hing, und so will auch ich eure Kugeln empfangen. Jetzt schießt!"

„Dieser Kerl ist noch verrückter als sein älterer Bruder." Einer von ihnen sagte: „Wir können ihn nicht am Leben lassen. Erschießt ihn auch!"

Auch Johns letzte Worte waren ein Gebet: „Vater, nimm meine Seele auf und vergib diesen Menschen ihre Sünden. Hilf ihnen, Buße zu tun. Und behüte meine Mutter und meinen Vater ..."

Dann durchbohrten ihn die Kugeln, und er sackte leblos über den Leichnam seines Bruders. Obwohl er bereits tot war, kam jemand und schoss noch dreimal auf ihn, um sicher zu gehen, dass er auch wirklich „erledigt" war. Das war die grausame Tat von Chul-Min Kang (seinen Namen habe ich zum Schutz seiner Kinder und seiner Familie geändert).

Meine Brüder hatten ganz oben auf der Todesliste der kommunistischen Schüler gestanden. Diesen Bericht von ihrem Tod habe ich nach Augenzeugenberichten vieler Menschen verfasst, die in der Stunde ihrer Not dabei waren. Einer von ihnen war ihr Schulfreund Jae-Min.

Das Massaker von Yeosoo und Soonchun dauerte nur eine Woche. Doch dieser kurze Sturm fegte meine beiden Brüder hinweg. Sie waren zu allen Menschen freundlich und liebevoll gewesen, so dass sie sehr geschätzt wurden, doch bei den linksgerichteten Schülern waren sie verhasst, weil sie bei jeder Gelegenheit den Namen Gottes im Mund führten. Weil Matthew der Vorsitzende der christlichen Schülerorganisation war, stand sein Name als Erster auf der Todesliste.

Noch kurz vor dem Erntedankfest hatte John eine Gruppe von Freunden mit nach Hause gebracht, weil sie zusammen Hausaufgaben machen wollten. Sie tauschten ihre Ideen zum Erntedankfest aus. Mitten im Gespräch fiel Johns Blick auf ein Foto einer Gruppe von Pastoren und Gemeindemitarbeitern, das an der Wand hing. Es erinnerte ihn an die Worte Jesu: „Die Ernte ist groß, aber es gibt nur wenige Arbeiter!" Wie sehr trafen diese Worte auf die damalige Situation in Korea zu. Aus diesem Grund lernte er fleißig, um sich für den Dienst des Herrn vorzubereiten.

1948, drei Jahre nach der Befreiung, war die Lage in unserem Land noch undurchsichtiger geworden, statt dass endlich Frieden einkehrte. Aus verschiedenen Gründen hatte es immer wieder Ausbrüche von Gewalt gegeben, selbst in den Schulen. Die Schüler hatten sich gegen die Lehrer gewandt, die Linken gegen die national Gesinnten, der Norden gegen den Süden und das Volk gegen seine Regierung. So existierten unzählige Spaltungen, und selbst die Kirchen, die Gerechtigkeit und Liebe predigten, waren untereinander zerstritten. Vor der Befreiung war der Glaube der meisten Pastoren und Ältesten sehr schwach geworden, und danach war es nicht besser.

„Warum bist du so bedrückt?", hatte Jae-Min John bei diesem Treffen vor dem Erntedankfest gefragt.

John hatte auf das Foto gesehen und entgegnet: „Auch wir müssen so felsenfest für Jesus kämpfen wie diese Christen."

„Waren sie alle im Gefängnis?"

„Einige nicht.“

„Gibt es noch andere?“

„Ja, viele andere“, hatte John gesagt und einige Namen genannt, die er kannte.

„Sind viele den Märtyrertod gestorben?“

„Ja, wir wissen von über 50, aber es gibt noch andere, die wir nicht kennen“, hatte er geantwortet.

„Möchtest du auch in den USA aufs College gehen wie Matthew?“, hatte Jae-Min plötzlich gefragt. „Dann kannst du zurückkommen und entscheidend beim Aufbau unseres Landes helfen.“

„Ja, aber ich glaube nicht, dass wir dazu im Ausland studieren müssen. Matthew und ich würden zwar gerne im Ausland studieren, aber wenn es nötig ist, sind wir auch bereit, hier zu bleiben. Zum Beispiel, wenn es in unserem Land irgendwelche Schwierigkeiten und Verfolgung gäbe, besonders, wenn wir für Jesus kämpfen müssten, dann würden wir sicher nicht im Ausland studieren, auch wenn wir uns darauf vorbereitet haben. Seit wir älter sind, begreifen wir, dass wir uns noch stärker für den Glauben einsetzen müssen, als wir das während des Schintokults unter japanischer Herrschaft getan haben.“

John hatte träumerisch vor sich hingeblickt. Er hatte wohl daran gedacht, wie er und Matthew von der Schule verwiesen worden waren und die ganze Familie nach Kwangju gezogen war, um unserem Vater im Gefängnis nahe zu sein. Dann hatten wir nach Pusan umziehen und in einer schäbigen Hütte auf einem Berg wohnen müssen, wegen der geforderten Verehrung des Schintoschreins. John hatte an den Sonntagsgottesdienst in den Bergen gedacht, an die Trennung der Familie, als Matthew zur Armee eingezogen werden sollte, und an sein Leben bei den Leprakranken in ihrem Unterstand auf einem Berg. Er hatte die Augen geschlossen. Er hatte nicht wissen können, wie prophetisch seine Worte waren und dass die bevorstehende Invasion der Kommunisten tatsächlich Verfolgungen mit sich bringen würde. Weder er noch Matthew würden nun jemals nach Amerika kommen.

Doch die tägliche Übung, in ihrem Glaubensleben konsequent zu sein, hatte sie darauf vorbereitet, zu Gottes Ehre den Märtyrertod zu sterben.

20. Ohne die beiden Brüder

Während mein jüngerer Bruder Dong-Jang und ich glücklicherweise Soonchun vor dem Aufstand verlassen hatten und sicher ins Leprazentrum zurückgekehrt waren, hatten meine Eltern sich große Sorgen um ihre anderen Kinder gemacht, die noch in Soonchun waren.

Am 22. Oktober war ein Gerücht zu uns gedrungen, dass die Aufständischen Matthew und John ermordet hätten. Die Leprakranken waren darüber sogar noch mehr aus der Fassung geraten als meine Eltern. Mein Vater hatte die Nachricht kaum glauben können und gesagt: „Es spielt keine Rolle, ob meine Kinder tot oder lebendig sind. Es gibt keinen Grund, sich Sorgen zu machen, denn wenn sie tot sind, sind sie im Himmel, und wenn sie am Leben sind, geben sie sich in den Dienst für Gott." Da hatten sich auch meine Mutter und die Leprakranken wieder etwas beruhigt.

Bis zum 24. Oktober hatten sie gewartet, aber es war keine Nachricht gekommen. Kein Wort von Matthew, John oder mir hatte sie erreicht, seit ich am Vortag nach Soonchun aufgebrochen war, um herauszufinden, was mit meinen Brüdern geschehen war. Als meine Mutter immer wieder davon gesprochen hatte, dass sie selbst in die Stadt gehen wolle, um etwas über das Schicksal ihrer Kinder zu erfahren, hatte sich der junge Lehrer Soon-Bok Hong dazu bereit erklärt. Doch es war verboten gewesen herumzureisen und immer noch gefährlich, Soonchun zu betreten, deshalb hatten sie versucht, ihn davon abzuhalten. „Leben und Tod liegt in Gottes Hand", hatte mein Vater gesagt. „Es hat keinen Sinn, nach Soonchun zu gehen. Warum diese Eile, nur um zu erfahren, ob sie leben oder tot sind?"

„Aber wir werden keinen Frieden haben, bis wir es sicher wissen! Ist das nicht Grund genug, Pastor Sohn? Ich schmiere mir Ruß ins Gesicht und kleide mich wie ein Bettler. Da ich Lepra habe, werden sie mich sicher vorbeilassen." Er hatte darauf bestanden zu gehen. Am Ende hatte mein Vater nachgegeben und den Lehrer ziehen lassen. Er hatte ihm noch geraten, seine Bibel mitzunehmen, da sie sich auf dem Weg als nützlich erweisen könnte.

Am folgenden Tag, dem 25. Oktober – meine Mutter las gerade wie jeden Tag in ihrer Bibel –, platzte die Stimme von Frau Cha in die nachmittägliche Stille. „Herr Hong kommt zurück!" Das war der junge Lehrer, der nach Soonchun gegangen war. Mit einem Aufschrei stürzte unsere Mutter in den Hof. „Wo ist er?", rief sie aus.

„Dort drüben!" Frau Cha wies in die Ferne, wo die Hauptstraße sich ihren Weg über die Gebirgsausläufer bahnte. „Komm mit!", rief Frau Cha, drehte sich um und rannte den Weg zurück, den sie gekommen war.

Meine Mutter folgte ihr, noch die Bibel umklammernd, in der sie gerade gelesen hatte. Sie lief rasch, und ihr Herz hämmerte vor Hoffnung und Furcht.

Zuerst sah sie nur die Gestalt von Herrn Hong in der Ferne, dann verlor sie ihn aus den Augen. Zwei Frauen kamen auf sie zu und sprachen sie an: „Ihre Kinder kommen!", sagten sie. Meine Mutter rannte schnell weiter, aber sie sah nur ihre beiden Töchter, Dong-Rim und mich. Sie war froh, dass wir sicher heimgekehrt waren, aber dann wurde sie von Angst überfallen.

Wo sind meine Söhne, Matthew und John?, schrie es in ihrem Inneren. Sie rief Dong-Rim und mir zu, ob unsere Brüder nicht kommen würden. Wir konnten nicht antworten. *Vielleicht haben sie mich nicht gehört.* Unsere Mutter eilte weiter und rief mir zu: „Sag mir, sind deine Brüder tot?"

Ich konnte noch immer nichts entgegnen, und Dong-Rim schluchzte hemmungslos.

„Dong-Hee, warum sagst du nichts?"

Ich brach in Tränen aus und brachte es nicht über mich, ihr die Wahrheit zu sagen.

„Dann sind eure beiden Brüder also tot. Matthew war erst vor ein paar Tagen hier, um für uns zu singen, und John ist vor zwei Wochen nach Hause gekommen, um sich frische Wäsche zu holen. Und jetzt sind sie nicht mehr. Tot!" Sie hatte das Gefühl, als läge ein Felsblock auf ihr und sie müsse ersticken. Dann wurde ihr schwarz vor Augen.

Keiner hatte unserem Vater erzählt, dass Mutter ohnmächtig geworden war. Er fürchtete sich davor, den Bericht über den Tod seiner Söhne zu hören, und führte die, die um ihn standen, trotz ihrer Proteste in die Kirche. Nur einer eilte zu unserer Mutter ins Haus.

Als hätte die Glocke sie gerufen, waren alle Leprakranken von Ae-Yang-Won in der Kirche versammelt. Mein Vater sagte: „Lasst uns ... lasst uns zusammen beten." Auch wenn er seinen tiefen Kummer nicht unterdrücken konnte, kam kein böses Wort aus seinem Mund, denn in den vielen Jahren des Leidens um Christi willen hatte er gelernt, Gottes Willen anzunehmen, und nun erfüllte Gottes Geist sein Herz, und er war in der Lage zu beten:

„Lieber Herr, wir danken dir, dass sie als Märtyrer gestorben sind. Wir wissen nicht, wer das getan hat, aber wir vergeben denen, die meine Söhne getötet haben. Vater, Vater", er konnte kaum noch sprechen, „schenk uns deine Liebe, Liebe, die ihnen vergeben kann. Vergib uns unsere Sünden. Dies bitten wir ... in Jesu Namen."

Es war ein kurzes Gebet, doch es dauerte trotzdem lange, denn es wurde immer wieder vom Weinen der Zuhörer unterbrochen. Da alle wissen wollten, was geschehen war, bat einer der Ältesten Herrn Hong, die Geschichte vom Tod meiner Brüder zu erzählen. Zur Ehre Gottes berichtete er die Geschehnisse in allen Einzelheiten und sagte am Ende, dass ihr Tod wie der Tod des Stephanus gewesen sei. Als Herr Hong alles erzählt hatte, erhob sich mein Vater von seinem Platz hinter der Kanzel, wo er gebetet hatte, und stellte sich vor die Gemeinde.

„Liebe Brüder und Schwestern“, begann er. „Ich habe Herrn Hongs Bericht gehört. Ich glaube fest daran, dass meine beiden Söhne Matthew und John in den Himmel eingegangen sind. Aber, wie Matthew gesagt hat, ihre Mörder werden zur Hölle fahren. Diesem Wissen kann ich mich nicht entziehen. Kann ich, der das Evangelium verkündet, um Menschen vor der Hölle zu retten, unbekümmert meinen Weg gehen, während die, die meine Söhne getötet haben, sterben, ohne Buße zu tun?

Wären sie Fremde aus einem anderen Land, wäre es meine Pflicht gewesen, den Versuch zu unternehmen, sie zu retten. Aber sie sind meine eigenen Landsleute, und das macht meine Pflicht umso zwingender. Wenn Menschen aus demselben Land gegeneinander kämpfen, wo soll das hinführen? Jede Seite wird sich an der anderen rächen, und das könnte so weitergehen, bis fast alle ermordet sind.

Deshalb muss der Rache Einhalt geboten werden. Jemand soll sofort zu Pastor Duk-Hwan La in Soonchun gehen und ihm ausrichten, dass die Mörder meiner Söhne nicht geschlagen oder getötet werden sollen. Ich werde versuchen, sie zu bekehren, und sie als meine eigenen Söhne adoptieren. Und weil meine Söhne immer gesagt haben, dass sie später einmal Pastor werden und dieser Gemeinde in Ae-Yang-Won dienen wollen, der auch ich gedient habe, möchte ich nicht, dass sie in Soonchun beerdigt werden, sondern dass sie hierher überführt und in den Hügeln von Ae-Yang-Won begraben werden. Diese beiden Wünsche spreche ich heute vor euch und vor Gott aus."

Die Nacht verging. Am folgenden Morgen, dem 26. Oktober, mietete die Gemeinde einen Transporter, um die Leichen meiner Brüder zu überführen, die vorübergehend in Soonchun begraben worden waren. Unsere Mutter hatte sich von ihrer Ohnmacht erholt und war wie gewohnt aufgestanden, aber sie war wie betäubt und sprach kaum ein Wort. Herr In-Chai Lee, Laienprediger und früherer Studienkollege unseres Vaters aus dem Bible College in Pjöngjang, war zufällig da, weil er gerade als Gastprediger die Erweckungsversammlungen im Leprazentrum leitete. Er versuchte, meine Mutter mit den Worten zu trösten: „Frau Sohn, wenn eine Frucht reif ist, fällt sie vom Baum. Wir sind noch nicht reif. Deshalb leben wir noch immer auf dieser Erde." Aber der Trost kam nicht an.

Auch mein Vater war niedergeschmettert. Am vorigen Abend hatte er in der Kirche noch so vollmächtige Worte gefunden, aber nun wurde er von einer Depression wie von einer Welle erfasst. Er sagte: „Gott hat mir diese Sorgen und Nöte geschickt, die andere nicht zu tragen haben, weil ich ein so großer Sünder bin."

Herr Lee packte ihn fest an den Schultern und schimpfte mit ihm: „Pastor Sohn, kommen Sie wieder zu sich! Als wir beide im Gefängnis waren, waren wir bereit, den Märtyrertod zu sterben, aber Gott hat dies nicht zugelassen. Heute sind Ihre beiden jungen Söhne für ihren Glauben gestorben. Bedauern Sie das etwa? Darüber sollten wir nicht traurig, sondern froh sein, denn sie sind in den Himmel eingegangen und haben es dort viel besser als hier."

Als sie zusammen zum Frühstück gingen, beschloss Herr Lee, meinen Vater zum Essen zu ermuntern, denn er hatte am vergangenen Abend nichts zu sich genommen.

„Sprechen Sie das Dankgebet?“, fragte mein Vater Herrn Lee. Der überlegte einen Augenblick, wie er in einem solchen Moment Worte des Dankes formulieren konnte.

„Lieber Gott, wir danken dir für deine grenzenlose Liebe. Wir danken dir, dass nach deinem Willen denen, die dich lieben, alle Dinge zum Besten dienen. Wir danken dir, dass es dir gefallen hat, Pastor Sohns Leben während der Gefangenschaft und beim Gerichtsverfahren zu bewahren, und dass du stattdessen diese beiden kostbaren Leben zu dir genommen hast. Alle drei haben sich dir zum Opfer gegeben, Vater, und du hast den einen bewahrt und die beiden anderen genommen. Wir wissen nicht warum, aber wir wissen, dass du damit eine Absicht verfolgst, und wir bitten dich, uns diese Absicht zu zeigen. Hilf uns nun, diese Mahlzeit zu uns zu nehmen, die du uns geschenkt hast, und nach deinem Willen zu leben. Dies bitten wir im Namen deines Sohnes.“ Während er diesem Gebet zuhörte, verwandelte sich die düstere Stimmung meines Vaters, und er spürte einen hellen Strahl der Hoffnung in seinem Herzen.

Als Herr Lee aufblickte, war er überrascht, dass die Augen meines Vaters leuchteten und er mit fröhlicher Stimme sagte: „Lee, ich bin Ihnen so dankbar.“ Gott hatte ihn durch das Gebet von Herrn Lee von den Schuldgefühlen befreit, mit denen er sich herumgequält hatte, und er war nun gespannt darauf, welche Absicht Gott mit seinem Handeln verfolgte. Unser Vater verwandelte sich wieder in unseren starken Vater, der glücklich darüber war, seine beiden Söhne als Märtyrer für den Glauben zu opfern. Er nahm sogleich Papier und Stift zur Hand und begann zehn Dinge aufzuschreiben, für die er dankbar war.

Die Kraft, die er von Gott empfangen hatte, war so stark, dass er am folgenden Tag, als er den Trauerzug anführte, mit einem Loblied hinter den Särgen einherschritt: „Matthew, John, es ist eine Herrlichkeit, eine Ehre, meine Ehre …“ Und als er zwischen ihren Särgen ging und sie mit beiden Händen hielt, sang er das Lied der auferstandenen Christen aus der Offenbarung des Johannes:

> Zehntausendmal Zehntausend
> in Kleidern hell und schön,
> die Schar der Gotterlösten
> steigt auf die ewgen Höhn.
> Sie haben überwunden
> durch Jesu Blut allein.
> Auf, auf, ihr Perlentore,
> und lasst die Sieger ein!

Die anderen Trauergäste waren von diesem Anblick bewegt und getröstet. Oben in den Hügeln, wo meine beiden Brüder ihre letzte Ruhestätte finden sollten, hingen ein paar Wolken am hohen, klaren Herbsthimmel, und ein kühler Wind wehte vom Meer her, das sich weit in die Ferne erstreckte. An diesem Tag klangen die Wogen des Ozeans und das Geschrei der Möwen in meinen Ohren sehr traurig. Während ich hinter meinem Vater und den Särgen herging, überwältigte mich der Schmerz, und ich zitterte vor Zorn, so dass ich mehrere Male ohnmächtig wurde. Ich wurde abwechselnd ohnmächtig und kam wieder kurz zu Bewusstsein. Mein Herz weinte. In mir erklang ein trauriges Lied:

> Sie verlassen uns, sie verlassen uns,
> von zwei blumengeschmückten Sänften getragen,
> gehen sie weit, weit weg.
> Als die Herbstblätter fielen und die Krähe
> unheilverkündend krächzte,
> kam unvermutet ein heftiger, gnadenloser Wind auf.

Meine beiden Brüder wurden wie herabgefallene Blüten
vom Wind davongeblasen.
Auf ihre Gräber fällt der Regen.
Sind das die Tränen meiner Brüder, die kummervoll schluchzen
und immer wieder in ihrem Lauf innehalten?
Sind das die Tränen, die beide Brüder vergießen,
während sie den Jordan überschreiten?
Brüder, wie erstickend mag es in eurem Grab sein?
Wie einsam mögt ihr euch tief in der eiskalten Erde fühlen?
Wenn der Frühling kommt, wird die Azalee für euch blühen,
und im Herbst die wilde Chrysantheme.
Wenn die Krähe wegfliegt, wie werdet ihr euch dann fühlen?
Wie habt ihr euch gefreut, als ihr unsere Mutter und unseren Vater
an der Hand hieltet, in der Hoffnung,
dass wir alle zusammen in einem Haus wohnen könnten!
Seid ihr nicht vor Freude herumgerannt,
habt mich in euren Armen gehalten, mich geküsst
und immer wieder gesagt:
„Unsere Dong-Hee, hübsche Dong-Hee."

Wer würde nicht seine eigenen Brüder lieben? Doch in meiner Familie war die Liebe unter uns Geschwistern ganz besonders ausgeprägt. Als unsere Familie untertauchen und sich trennen musste und ich im Waisenhaus war – wie fantasievoll hatte mein großer Bruder seine Liebe zu mir ausgedrückt, als er mich besuchte: Er hatte mir eine Tüte Kekse geschenkt und mich getröstet! Und ich denke daran, wie John an einem stürmischen, verschneiten Wintermorgen den steilen Berg hinaufgestiegen war, sich immer wieder in die Hände gehaucht und uns Sojabohnenkuchen von der Tofufabrik mitgebracht hatte! Wie hart war ihr kurzes Leben gewesen!

Um ihres Glaubens willen waren sie gejagt worden und hatten sich tief in den Bergen verstecken müssen, wo sie Hunger litten. Und wie fleißig sie gelernt hatten! Matthew hatte sich darauf vorbereitet, in Amerika Gesang zu studieren, und John hatte als Pastor ein Diener Gottes werden wollen. Sie hatten von einer hellen Zukunft geträumt und waren doch wie Knospen im Frühling gepflückt worden. Ich war 16, als das grausame Schicksal meiner Brüder eine unheilbare Wunde tief in meine Seele schlug.

Ob ich wachte oder schlief, selbst beim Essen und auf der Straße schrie ich innerlich: *Gott! Warum hast du meine unschuldigen Brüder weggenommen, die mich so geliebt haben? Und warum gleich alle beide? Hätte nicht einer genügt? Andere können vergessen, warum nicht ich?* Und in einem Winkel meines Herzens wuchs eine bittere Saat der Rebellion, und ich sagte mir: *Ich kann nie mehr an Jesus glauben!*

Im Trauergottesdienst mit Gebeten und Liedern und einer Lesung aus der Bibel sprach Herr Lee als Laienprediger über einen Text aus dem Buch der Offenbarung, Kapitel 11,1-11. Seine Worte waren kurz, doch voller Überzeugung, und stärkten unsere Herzen mit der Hoffnung auf die ewige Herrlichkeit im Himmel.

Dann wurde, wie es Sitte war, das Leben meiner Brüder erzählt, gefolgt von einer förmlichen „Gedenkansprache“. Der Chor sang, und dann war die Zeit für meinen Vater gekommen. In seinem weißen Trauergewand und Hut trat er vor und öffnete den Mund zum Sprechen. Er wirkte friedlich und ruhig, ohne eine heftige Gemütsregung. „Ich möchte nicht die übliche lange Rede halten“, sagte er. „Stattdessen will ich die vielen Segnungen aufzählen, die ich von Gott erhalten habe, und ihm dafür danken.

Als Erstes danke ich Gott, dass er aus meinem sündigen Leib zwei Märtyrern das Leben geschenkt hat. Zweitens danke ich Gott, dass er mich unter seinen vielen Jüngern dazu ausersehen hat, diese kostbaren Schätze zu bewahren. Drittens danke ich Gott, dass er mir das Vorrecht geschenkt hat, ihm meinen erst- und meinen zweitgeborenen Sohn zu schenken, die kostbarsten unter meinen drei Söhnen und drei Töchtern. Viertens: Wenn der Märtyrertod eines Sohnes köstlich ist, wie viel köstlicher ist es, wenn zwei Söhne zu Märtyrern werden?“

Seine Stimme wurde lauter, und die Hand, die seine Notizen hielt, zitterte leicht: „Fünftens: Wenn es ein Segen ist, nach einem Leben im Glauben im Bett zu sterben, um wie viel segensreicher ist es, nach der Verkündigung des Evangeliums den Märtyrertod zu sterben! Ich danke Gott. Sechstens: Ihr wisst alle, dass meine Söhne sich darauf vorbereitet haben, in die USA zu gehen, doch Gott hat sie an einen besseren Ort geführt – zu ihm selbst in den Himmel. Aus diesem Grund habe ich Frieden im Herzen. Siebtens: Ich danke Gott, dass er mir die Liebe geschenkt hat, den Feind, der meine lieben Söhne getötet hat, zum Glauben zu führen und ihn als Sohn zu adoptieren.“

Eine atemlose Stille trat ein. Diese Worte schienen so unnatürlich, so unerhört. Wie konnte er gerade jetzt so denken und reden? Wie konnte selbst ein Mann wie mein Vater eine so unglaubliche Entscheidung treffen, wenn sie ihm nicht von Gott eingegeben worden war?

„Achtens: Weil ich glaube, dass der Märtyrertod meiner beiden Söhne viele Söhne ins Reich Gottes führt, danke ich

Gott. Neuntens: Ich danke Gott für ein freudiges und erfülltes Herz. Er hat mich diese acht Wahrheiten entdecken lassen. Dafür und für seine überschwängliche Liebe, die er mir in dieser Zeit der Prüfung erzeigt hat, danke und danke und danke ich Gott."

Vater lächelte, als er sein Gesicht zum Himmel hob. „Und zuletzt danke ich dir und verherrliche dich für die großen Segnungen, die du mir hast zuteil werden lassen. Aber ich weiß, dass das nicht mein Verdienst war. Ich glaube, dass sie die Frucht der Gebete sind, die mein Vater und meine Mutter 35 Jahre lang jeden Morgen gebetet haben, und die Frucht der Gebete für meine Familie und mich, die meine geliebten Brüder 23 Jahre lang hier an diesem Ort gebetet haben. Ich danke euch allen."

Als es Zeit war, die Körper meiner Brüder in die beiden Gräber zu senken, die von den jungen Männer aus dem Leprazentrum ausgehoben worden waren, klammerte sich meine Mutter auf jeder Seite an einem Sarg fest und warf den Kopf von einer Seite auf die andere. „Nein! Nein! Matthew! John!", schrie sie immer wieder. Sie konnte sich gar nicht mehr fassen. Schließlich wurde sie ohnmächtig.

Weil die Leprakranken so laut schluchzten, konnte die Hymne nicht zu Ende gesungen werden. Selbst Herrn Lees Gebet war nicht mehr deutlich zu hören. Schließlich wurden die beiden Särge in die Grube gesenkt. Erst in diesem Augenblick begriff ich, dass ein Mensch, wenn er stirbt, in der Erde begraben wird. Wie war das möglich? Als ich zusah, wie sie endgültig in die Erde gesenkt wurden, war ich unendlich traurig.

Der Tod meiner beiden Brüder hatte große Auswirkungen nicht nur in ihrer Schule und in ihrer Gemeinde, sondern unter allen Einwohnern von Yeosoo und Soonchun. Das Lied, das Matthew kurz vor seinem Tod gesungen hatte, bewegte ganz Soonchun mit einer Welle der Gnade Gottes. Nicht nur die Herzen der Christen, sondern auch die vieler Ungläubiger wurden durch das Schicksal meiner Brüder aufgewühlt. Weil meine Brüder hinter der Polizeiwache von Soonchun erschossen worden waren, hatten viele ihrer Freunde die Szene beobachtet, was sie mir Jahre später erzählten.

„Nie haben wir von einem Profisänger ein Lied mit einem solchen Ernst und solcher Überzeugung vorgetragen gehört wie das Lied, das dein Bruder vor seinem Tod gesungen hat", sagten alle Zeugen voller Bewunderung. „Er war so jung und wusste, dass er gleich sterben würde. Woher hatte er die Kraft, mit so fester Stimme ‚Die Straße zum Himmel' zu singen?", fragten sie sich. Aber vielleicht wissen sie jetzt, dass meine Brüder die Kraft von Gott erhalten hatten, der den Tod überwinden kann. Ihre Kraft war Jesus! Weil sie ihn kannten, konnten sie über die Dunkelheit und Verzweiflung des Todes hinaussehen und ihren Blick auf die hell leuchtende ewige Heimat im Himmel richten. So nahmen sie ihren Tod mit Freuden an.

21. Alpträume

Zum ersten Mal in meinem Leben verstand ich die Bedeutung des Todes. Der Tod meiner Brüder quälte mich unaufhörlich. Ich konnte eine Woche lang nicht essen und war sehr krank. Wenn ich versuchte, mich aufzusetzen, hatte ich das Gefühl, als würde von irgendwoher eine Kugel auf mich zufliegen. Ich wagte nicht aufzustehen. Ich versuchte, all meine Kraft zusammenzunehmen, um aus diesem Zustand herauszukommen. Aber das Trugbild der fliegenden Kugeln verfolgte mich unaufhörlich. Dieser Alptraum suchte mich regelmäßig jede Nacht heim. Ich litt unter einer Kugelphobie. Jede Nacht hörte ich das Geräusch des Kugelhagels … und die Schritte meiner Brüder!

Wenn die Nacht hereinbrach, sah ich im Geist die bemitleidenswerten Gestalten meiner beiden Brüder, die unter Schmerzen wankten und aus den Einschusslöchern der Kugeln heftig bluteten, und ich konnte nicht einschlafen. Aber ich konnte auch nicht still liegen. Ich warf den Kopf von einer Seite auf die andere, um die schrecklichen Bilder abzuschütteln, oder versuchte, mich plötzlich aufzurichten, oder ich wälzte mich die ganze Nacht im Bett herum. Ich versuchte alles Mögliche. Die ganze Nacht kämpfte ich mit diesem Phantom, und der kalte Schweiß brach mir aus.

„Bitte, geht weg", schrie ich. Aber es war nicht leicht, die Trugbilder loszuwerden, die mich so hartnäckig verfolgten.

Selbst wenn es mir irgendwie gelang, diese Bilder zu vertreiben, traten andere an ihre Stelle. Nun zogen die glücklichen Erinnerungen mit meinen Brüdern wie kaleidoskopische Szenen vor meinem geistigen Auge vorbei. Die Lieder, die sie gesungen hatten, flossen wie ein Brunnen aus der Tiefe meiner Seele. Ich lebte in einer Fantasiewelt. In der Wirklichkeit war ich so gut wie tot.

„Dong-Hee, wach auf! Wenn du so weitermachst, verlierst du noch den Verstand. Jetzt mach deinen Mund auf und iss etwas." In der Woche, in der ich so krank war, kam meine beste Freundin, die Tochter von Pastor Duk-Hwan La, Soon-Keum, mich besuchen und öffnete mit Gewalt meinen Mund, um mich zu füttern.

Ich aß nur ein paar Löffel Reis, lehnte mich an ihren weichen Körper und schloss die Augen. So schien mein Geist etwas klarer zu werden. Doch die Phantombilder meiner Brüder konnte ich noch immer nicht abschütteln. Bald verfiel ich wieder tief in meine eigene Gedankenwelt. Es ging nur um fünf Minuten! In dieser kurzen Zeit hätten meine Brüder im Keller des Nachbarn Unterschlupf finden können und wären jetzt nicht tot. Alle Leute, die sich in diesen wenigen Stunden versteckt hatten, waren noch am Leben. Auch Soon-Keums ältere Brüder waren in dieser schrecklichen Stunde bei ihrem Nachbarn untergekommen, und deshalb leben sie heute noch.

Warum konnten meine Brüder nicht auch so entkommen? War ihre Lebensspanne begrenzt? Ich nahm es meinen Brüdern übel, dass sie sich nicht versteckt hatten. Wäre ich bei ihnen gewesen, hätte ich sie vielleicht irgendwie dazu bringen können, sich zu verbergen. Ich bedauerte so sehr, nicht dort gewesen zu sein. Da meine Brüder immer auf mich gehört hatten, hätte ich vielleicht sagen können: „Brüder, wenn ihr euch nicht versteckt, werde ich sterben." Dann wären sie wahrscheinlich in den Keller des Nachbarn gegangen.

Ich beneidete Soon-Keum so sehr, weil ihre beiden älteren Brüder am Leben waren. Früher hatte ich auch zwei ältere Brüder, aber nun konnte ich niemanden mehr „großer Bruder" nennen.

Meine Freundin Soon-Keum, eine Tochter von Pastor Duk-Hwan La (links); sitzend: ich.

Wenn ich auf der Straße jemanden erblickte, der meinen Brüdern ähnlich sah, sank mein Herz, und ich fühlte mich benommen. Dann konnte ich keinen Schritt weitergehen. Alle Kraft wich aus meinem Körper, und ich wollte nur noch zu Boden sinken. Dann lehnte ich mich am Straßenrand an einen Telegrafenmast und stand lange Zeit unbeweglich da.

Ich wurde zunehmend kraftlos und widerspenstig. Früher hatte ich so gerne gelernt, nun war es mir egal, ob ich zur Schule ging oder nicht. Ich hatte an nichts mehr Interesse. Hätte ich mir etwas wünschen können, wäre ich am liebsten so bald wie möglich gestorben, damit ich in den Himmel kam und meine Brüder wiedersah.

Egal, was ich tat, ob ich aß oder über die Straße ging – wenn mir meine Brüder in den Sinn kamen, murmelte ich vor mich hin oder rief unter Tränen: „Gott! Warum hast du meine unschuldigen Brüder weggenommen, die mich so geliebt haben? Und warum gleich alle beide? Sie waren noch zu jung. Warum hast du ihr Leben ausgelöscht?" Ich hatte den Glauben sozusagen mit der Muttermilch eingesogen, aber nun begann ich immer mehr zu zweifeln. Meine Lieblingsverse aus der Bibel wurden einer nach dem anderen brüchig, bis sie mir nichts mehr bedeuteten. Meine Zweifel wuchsen wie ein Schneeball, der den Hang hinunterrollt. Ich konnte diesen inneren Konflikt jedoch niemandem anvertrauen.

Für meinen Vater hatte sich scheinbar nichts geändert. Er wirkte stets ruhig und besonnen und erledigte wie immer getreu die Aufgabe, die ihm anvertraut war. Man sah bei ihm keinerlei Anzeichen von Bitterkeit. Er wirkte überhaupt nicht wie ein Mensch, der soeben eine furchtbare Katastrophe erlebt hat. Wie konnte er so ruhig sein? Ich verstand ihn überhaupt nicht. Hatte er denn gar kein Gefühl? War er so kaltblütig? Wie konnte er so ruhig sein, da er doch seine beiden besten Söhne, den ersten und den zweiten, verloren hatte, die kostbarer waren als das Leben? Wenn er auch ihren Märtyrertod freudig akzeptierte als etwas, wofür er dankbar war – musste er nicht als Mensch, als Vater, von einem furchtbaren Kummer überwältigt werden? Wie viel Glauben war nötig, um solche Gefühle zu überwinden? Das konnte ich mir im Traum nicht vorstellen.

Aber meine Beobachtungen entsprachen nicht der Wahrheit. Meinem Vater war das Herz schwerer als irgendjemandem sonst. Er zeigte es nur nicht. Eines Tages, nicht lange nach der Beerdigung meiner Brüder, wurden ihre Habseligkeiten, wie Bücher, Schultaschen und Schuluniformen, zu uns ins Leprazentrum geschickt.

An diesem Tag hielt mein Vater, der als Einziger so stark geblieben war und seinen Kummer nicht wie die übrige

Familie zeigte, ihre Schuluniformen an sich gepresst und brach in Tränen aus. Zum ersten Mal in meinem Leben sah ich meinen Vater weinen. „Matthew, John, meine Söhne! Was ist mit euch geschehen?" Tränen strömten ihm über das Gesicht. Alle Gefühle, die er mit Gewalt zu unterdrücken versucht hatte, brachen in diesem Moment aus ihm heraus.

Da begriff ich, dass der Kummer meines Vaters nicht geringer war als mein eigener. Er trauerte ebenso wie ich, ja noch mehr als ich. Der Unterschied bestand nur darin, dass ich meine Gefühle nach außen zeigte, während er sie durch den Glauben unter Kontrolle hielt. So ein Mensch war er.

Ungefähr eine Woche nach der Beerdigung hörten wir, dass die Polizei den Anführer gefasst hatte, der für den Mord an meinen Brüdern verantwortlich war. Wir erfuhren, dass sein Name Chul-Min Kang lautete und er im Abschlussjahrgang der Highschool war, wie Matthew. Offenbar war er von seinen Klassenkameraden furchtbar zusammengeschlagen worden und wartete nun auf seine Hinrichtung. Diese Nachricht verbreitete sich rasch im Leprazentrum. Dort brodelten überall die aufgewühlten Gefühle.

„Wir wollen hingehen und ihn zu Tode prügeln." Die Leprakranken erhoben ihre verkrümmten Fäuste und schrien mit ihren schiefen Lippen: „Ja, lasst uns gehen. Er muss einen möglichst grausamen Tod sterben." Die Ungläubigen schlossen sich den Rachedurstigen an.

Und ich fühlte wie sie. Ja, ich war noch zorniger als sie. *Chul-Min Kang! Mein Todfeind!* Ich wäre am liebsten gleich losgezogen, um ihn mit eigener Hand zu töten.

„Ich muss ihn töten! Ich muss! Ich schlachte ihn ab", murmelte ich, während ich die Straße entlanglief. Aber es war nur ein Wunsch, denn ich hatte in Wirklichkeit gar nicht die Kraft, ihn zu töten.

22. Liebe ist noch mehr als Vergebung

Mittlerweile hatte die Nationalarmee die Stadt besetzt und stellte die Ordnung wieder her, aber sie hatten zu wenig Leute. Daher übertrugen sie der Schülervertretung und der Polizei die Aufgabe, alle, die an dem Aufstand beteiligt gewesen waren, zu suchen, zu befragen und der Armee zu übergeben. Es kam zwar vor, dass Inhaftierte zu Unrecht beschuldigt wurden, doch insgesamt wurden die Untersuchungen sorgfältig durchgeführt. Den Schuldigen drohte die Todesstrafe.

Jae-Min La hatte bereits zwei Tage in der Schülervertretung mitgeholfen, als er erfuhr, dass Chul-Min Kang verhaftet worden war. Er hatte die Schlüsselrolle bei der Ermordung meiner beiden Brüder gespielt. So ließ Jae-Min alles stehen und liegen und rannte zu dem Gebäude, in dem die Schülervertretung Gefangene festhielt und befragte. In der Ecke eines Zimmers im ersten Stock lag Chul-Min Kang auf den Knien, packte jeden Schüler, der an ihm vorüberlief, und bettelte um sein Leben. Doch sein Schuldspruch lautete: „Fanatischer Kommunist. Urteil: Todesstrafe." Nach Zeugenaussagen hatte er ein Gewehr getragen und war an der Schießerei der kommunistischen Schüler beteiligt gewesen. Er leugnete alles, bis Jae-Min La ihn mit Details konfrontierte. Er bezeugte, dass Chul-Min und die anderen zuerst sein Haus durchsucht, ihn aber nicht gefunden hatten, da er sich bei seinem Nachbarn versteckt hielt. Dann war Chul-Min direkt zu unserem Haus gegangen, hatte meine beiden Brüder herausgeschleppt und getötet. Erst jetzt gab Chul-Min Kang sein Verbrechen zu. Er war daran beteiligt gewesen, meine Brüder zusammenzuschlagen und zu ermorden.

Außerdem hatte er noch zusätzlich zweimal auf John geschossen, um sicherzugehen, dass er auch wirklich tot war. Er war es auch, der ihre Leichen vor der Schule auf die Straße geworfen hatte.

Am nächsten Morgen wurde Chul-Min Kang zusammen mit vielen anderen, die ebenfalls die Todesstrafe erhalten hatten, in das Hauptquartier der Nationalarmee überstellt. Jae-Min La erzählte alles seinem Vater, und Pastor La überbrachte uns die Nachricht. So erfuhren wir, dass Chul-Min Kang meine beiden Brüder ermordet hatte.

Als ich hörte, dass der Mörder, der zwei unschuldige Menschen getötet hatte, um sein Leben bettelte, wurde ich furchtbar zornig. *Wenn er sein eigenes Leben für kostbar hält, wie konnte er das Gewehr auf einen anderen Menschen richten?* Er widerte mich so an, dass es mir die Sprache verschlug.

Aber mein Vater dachte ganz anders. Er hatte dem Feind bereits vergeben und war fest entschlossen, ihn zu lieben. An diesem Nachmittag rief er mich zu sich: „Dong-Hee." Seine Stimme war wie gewöhnlich ruhig und leise. Aber seine Augen blitzten, und er sah aus, als habe er etwas Wichtiges vor. „Gleich fängt die Erweckungsversammlung an, deshalb kann ich nicht selbst nach Soonchun gehen. Du musst an meiner Stelle Pastor La aufsuchen und ihm meinen Wunsch übermitteln."

„Deinen Wunsch, Vater? Was meinst du damit?"

„Der Schüler, der deine Brüder getötet hat, ist verhaftet worden. Geh deshalb rasch zu Pastor La und sag ihm, er möge darum bitten, dass der Schüler weder geschlagen noch getötet wird. Ich möchte ihn als meinen eigenen Sohn adoptieren. Vergiss also nicht ihm auszurichten, dass er vor der Todesstrafe verschont werden soll."

Ich traute meinen Ohren nicht. Mein Vater wollte tatsächlich den Entschluss durchführen, den er in seiner Beerdigungsansprache öffentlich gemacht hatte. Er wollte den Feind adoptieren! Und ich fand, es reichte nicht, ihn nur zu Tode zu prügeln! Das konnte doch nicht wahr sein! Sollte ich etwa meinen Todfeind Bruder nennen? Glaubte er wirklich, dass das möglich war?

„Vater, was sagst du da? Meinst du das im Ernst?", fragte ich ihn mit weit aufgerissenen Augen und rang nach Luft.

Mein Vater antwortete nicht. Er sah mich nur ruhig und freundlich an. Da protestierte ich lautstark und sagte ihm meine Meinung: „Vater, bitte hör mich an. Lass ihn einfach sterben. Wenn ein solcher Mensch nicht hingerichtet wird – wer hat dann überhaupt Strafe verdient? Er ist es nicht wert, dass sein Leben verschont wird. Bis jetzt war ich dir nie ungehorsam, Vater, aber dieses Mal kann ich dir nicht folgen." Nun begann eine Auseinandersetzung zwischen meinem Vater und mir. Er war entschlossen, Chul-Min Kang als seinen Sohn anzunehmen, und ich war ebenso entschlossen, ihn sterben zu lassen. Keiner von uns rückte von seiner Position ab.

Dann stieß mein Vater einen tiefen Seufzer aus und begann, mir seine Haltung mit ruhiger Stimme Schritt für Schritt zu erklären. „Dong-Hee, bitte versuch, mir genau zuzuhören. Mach dir einmal klar, warum ich meine Kinder fünf Jahre lang leiden ließ, während ich im Gefängnis saß. Ich wollte Gottes Gebote halten. Wenn wir dem ersten und zweiten Gebot Folge leisten, ist nicht auch sein Wort: ‚Liebet eure Feinde', ein solches Gebot Gottes? Wie kann ich ein Gebot halten, ein anderes aber nicht? Wäre das nicht ein Widerspruch? Wenn wir sein Gebot: ‚Liebet eure Feinde', nicht befolgen, sind all eure Leiden und meine Gefangenschaft in den letzten fünf Jahren umsonst gewesen. Wenn wir nun schon so weit gegangen sind, kann ich Gott in diesem Punkt nicht enttäuschen. Deshalb denk bitte darüber nach, Dong-Hee. Was haben wir davon, diesen Schüler zu töten? Wenn er stirbt, würde das deine Brüder ins Leben zurückbringen? Nein. Wenn wir ihn jedoch am Leben lassen und ihn zu Gott führen, dann hätten wir nicht nur Gottes Gebot gehorcht, sondern auch die Seele eines Menschen gerettet. Deine beiden Brüder sind in den Himmel eingegangen. Doch ihr Mörder wird in die Hölle kommen. Kann ich, der ich das Evangelium verkünde, um Menschen vor der Hölle zu retten, unbekümmert meinen Weg gehen, während der, der meine Söhne getötet hat, stirbt und zur Hölle fährt?“ Mein Vater drängte mich freundlich, aber bestimmt, zu Pastor La nach Soonchun zu gehen. Wir wären furchtbar gescheitert, so meinte er, wenn ich zu spät käme und der Mörder schon gestorben wäre.

Doch wie sehr die Worte meines Vaters auch mit dem Wort Gottes in Einklang standen – sie erreichten mich nicht. Für mich war Chul-Min Kang einfach ein Feind, der den Tod verdient hatte. Er sollte grausam sterben und viel mehr leiden als meine Brüder. Erst dann würde mein erbittertes Herz ein wenig Ruhe finden, dachte ich.

Ich verabscheute die Überredungsversuche meines Vaters zutiefst. Bittere Tränen liefen mir übers Gesicht. Ich musste ihm unbedingt Einhalt gebieten. Mit von Tränen beinahe erstickter Stimme rief ich: „Vater, denk doch mal nach. Wenn du ihm vergeben willst, dann tu’s, aber warum willst du ihn unbedingt zu deinem Sohn machen? Es reicht, wenn du ihm vergibst. Wenn du ihn adoptierst, wäre er mein Bruder. Verlangst du von mir, diesen Feind ‚großer Bruder‘ zu nennen?“

Ich war außer mir. Mir war, als stürze der Himmel ein. Selbst wenn ich sterben müsste, könnte ich meinem Vater nicht gehorchen, dachte ich. Ich schluchzte laut und schrie ihn an. In diesem Augenblick spürte ich nichts als meine eigene Seelenqual. Sogar mein Vater war mir egal. Ich war furchtbar zornig. Ich hasste meinen Vater, der mit einem so ungewöhnlichen Glauben an Jesus festhielt. Schließlich stampfte ich mit den Füßen auf und brüllte ihn an: „Vater, hörst du nicht die Schreie meiner Brüder? Kannst du nicht sehen, wie sie mit traurigen Augen vom Himmel herabblicken und uns anflehen, ihr Blut zu rächen? Vater, wenn du etwas so Lächerliches tust, kannst du nicht an Jesus glauben. Andere Pastoren sind doch auch nicht so. Warum muss dein Glaube immer so fanatisch sein? So etwas kann kein Mensch tun. Vater, bitte besteh nicht darauf!“ So schrie ich voller Verzweiflung.

„Dong-Hee, bitte überprüfe das anhand der Schrift. Gott hat in der Bibel ganz klar gesagt: ‚Liebet eure Feinde.‘ Es genügt nicht, diesem Schüler zu vergeben und ihn am Leben zu lassen. Weil Gott uns geboten hat, unsere Feinde zu lieben, möchte ich ihn als meinen Sohn annehmen und ihn lieben. Hat nicht auch Abraham versucht, seinen einzigen Sohn Isaak auf dem Berg Morija mit einem Messer zu töten – einen Sohn, den er erst mit 100 Jahren bekommen hat? Doch er gehorchte Gott aufs Wort. Glaubst du, dass unsere Prüfung schwieriger ist als die Abrahams? Wenn Chul-Min Kang hingerichtet wird, sind deine beiden Brüder vergeblich gestorben.“

Doch wie viele Worte er auch machte, um mir seine Einstellung zu erklären – ich konnte nicht auf ihn hören. Ich hatte nur einen Wunsch: Chul-Min Kang sollte sterben und aus dieser Welt verschwinden. Ich hatte meinem Vater nichts mehr zu sagen. Ich presste die Lippen zusammen und starrte ihn an. Seine Augen leuchteten noch immer und spiegelten seine Überzeugung wider. Seine Hand strich mir sanft über den Rücken. Es war eine unendlich sanfte und liebevolle Berührung. Ich war entwaffnet. Doch ich weigerte mich immer noch, ihm nachzugeben.

Als die Zeit verstrich und er zur Erweckungsversammlung aufbrechen musste, wurde er unruhig und blickte immer wieder auf seine Uhr. Dann stieß er einen langen, schweren Seufzer aus und schloss die Augen. Diese Erweckungsversammlung war bereits vor einigen Monaten geplant worden. Während ich ins Gesicht meines Vaters sah, das ein wenig müde schien und doch eine große Würde ausstrahlte, spürte ich, wie alle Kraft aus meinem Körper wich.

Was nützte all mein leidenschaftlicher Zorn? Ich ärgerte mich über mich selbst, weil ich mich gegen meinen Vater wandte und doch gleichzeitig wusste, dass ich niemals gegen seine Entscheidung handeln konnte. Jemand wie ich, und wenn es mich hundertfach gäbe, könnte sich nie und nimmer gegen Vaters Entscheidung stellen. Ich wusste nur zu gut, dass mein Vater ein Wort aus Gottes Gebot mehr fürchtete als alles andere auf der Welt. Ich begriff, dass ich nichts ausrichten konnte. Ganz gleich, was ich vorbrachte – nie würde es mir gelingen, meinen Vater zu überreden. Und so gab ich schließlich nach: „Vater, ich tue, was du sagst."

„Danke. Du bist wirklich meine Tochter. Doch nun beeil dich, denn du musst ihn erreichen, bevor er hingerichtet wird." Mein Vater wischte mir behutsam mit seinem sauberen Taschentuch die Tränen vom Gesicht und nahm mich fest in die Arme. Dann ging er rasch aus dem Haus, um die Erweckungsversammlung zu leiten, und ich machte mich widerwillig auf den Weg nach Soonchun.

Als ich zum Haus von Pastor La kam, hörte ich von drinnen Stimmen. Laut rief ich: „Pastor La, sind Sie da?"

„Wer ist dort? Ist das nicht Dong-Hee?" Der Pastor und seine Frau führten mich ins Haus und sahen mich kummervoll an. Ihren eigenen fünf Kindern war während des Aufstandes nichts geschehen, während die beiden ältesten Söhne meines Vaters, die er ihrer Obhut anvertraut hatte, ermordet worden waren. Sie hätten ihren Tod nicht verhindern können, und doch fühlten sie sich schuldig, als seien sie an ihrer Aufgabe gescheitert. Deshalb beunruhigte sie mein Kommen. Pastor La wusste nicht, wie er mich trösten sollte, aber seine Frau sagte unter Tränen:

„Dong-Hee, wie furchtbar ist das alles für deinen Vater und deine Mutter! Am Morgen ihres Todestages kam Matthew zu uns, um ein wenig Reis zu borgen. Aber leider hatten wir selbst keinen mehr, und es tut mir so Leid, dass ich ihm nicht aushelfen konnte. Warum musste uns gerade an diesem Tag der Reis ausgehen? Dein Vater hat uns vertraut und seine Kinder nach Soonchun geschickt. Aber nun ist etwas so Schreckliches geschehen, und ich habe nicht den Mut, deiner Familie gegenüberzutreten."

Als ich in ihr schmerzvolles Gesicht sah, dachte ich daran, dass meine Brüder sogar in ihrer Todesstunde Hunger leiden mussten. Das schnitt mir ins Herz, und mir stiegen wieder die Tränen in die Augen. Aber ich nahm mich rasch zusammen und richtete mit ruhiger Stimme die Bitte meines Vaters aus: „Pastor La, ich bin gekommen, um Ihnen eine Bitte meines Vaters zu übermitteln. Sie haben uns gesagt, dass einer der Mörder meiner Brüder gefasst wurde. Auch wenn die anderen gefunden werden, soll man sie weder schlagen noch töten, sondern Vater möchte sie als seine Söhne adoptieren und sie zu Christus führen. Er bittet Sie, sich darum zu kümmern."

Bei diesen Worten füllten sich Pastor Las Augen mit Tränen. „Sicher gibt es auf der Welt nicht noch einmal einen solchen Menschen wie Pastor Sohn!"

Aber das überraschte ihn nicht, denn mein Vater galt ohnehin bereits als ein ganz besonderer Pastor. 23 Jahre lang hatte er den Leprakranken gedient. Fünf Jahre hatte er im Gefängnis gesessen, weil er sich nicht vor dem Schintoschrein verneigen wollte. Und nun vergab er nicht nur denen, die seine beiden Söhne ermordet hatten, sondern wollte die Mörder auch noch adoptieren. Das war unglaublicher als alles, was er zuvor getan hatte.

So machte Pastor La sich sogleich daran, das Leben von Chul-Min Kang zu retten. Doch das war weitaus schwieriger, als er sich vorgestellt hatte. Je mehr er darüber nachdachte, desto undurchführbarer schien ihm diese Aufgabe. Wie oft hatte er schon ohne Erfolg versucht, Gefangene zu retten, die fälschlicherweise angeklagt waren! Wie viel schwieriger würde es sein, jemanden zu retten, der tatsächlich schuldig war!

Zuerst folgte Pastor La seinem einen Sohn zu dem Gebäude, in dem die Schülerversammlung Chul-Min Kang festhielt und befragte. Dort fand er ihn auf dem Boden liegend. Offenbar war er erbarmungslos geschlagen worden. Seine Mutter hielt ihn in den Armen, weinte und bat um Gnade für ihn. Die Schüler ignorierten die Bitten der Mutter und umringten Kang, um ihn zu verhören. Ein junger Soldat der Nationalarmee stand daneben, beobachtete das Ganze und hörte zu. Die Befragung schien gerade ihren Höhepunkt zu erreichen.

„Wenn du nicht geschossen hast, wer hat es dann getan? Viele Zeugen sagen aus, dass du in das Haus von Matthew und John gegangen bist. Andere haben gesehen, wie du sie getötet hast. Willst du nicht endlich ein ehrliches Geständnis ablegen?“

Sie wollten ihn wieder schlagen, doch seine Mutter schritt ein. Chul-Min war sichtlich verängstigt und zitterte am ganzen Körper. „Ich habe nur zweimal auf John geschossen, nachdem er schon umgefallen war.“

Die Schüler, die die Anklagepunkte zusammentrugen, schäumten vor Wut. „Du bist schlimmer als ein Tier! Wie niederträchtig, auf ihn zu schießen, als er schon tot war!“

„Du erbärmlicher Schuft! Was für einen Sinn macht es,

dass du nicht an der Schießerei teilgenommen hast, aber auf sie geschossen hast, als sie schon tot waren!“

„Sag die Wahrheit!“

Chul-Min konnte sich nicht länger verteidigen und schloss die Augen. Er wusste, dass er mit seinen Lügen nicht weiterkam, und nickte nur, als die Anklagen gegen ihn vorgebracht wurden.

In diesem Moment trat Pastor La vor. „Bitte schlagt ihn nicht mehr“, unterbrach er das Verhör.

„Wer sind Sie?“, fragte einer der Schüler.

„Ich bin Duk-Hwan La, der Pastor der Seungjoo-Gemeinde“, entgegnete er.

„Dann sind Sie der Vater von Jae-Min, nicht wahr?“, rief ein anderer Schüler. „Was führt Sie hierher?“

„Ist der Mörder von Matthew und John hier?“

„Ja! Dort ist er. Er hat soeben gestanden, dass er die beiden getötet hat.“

„Stimmt das? Ich komme mit einer besonderen Bitte ihres Vaters, Pastor Sohn. Es ist sein Wunsch, dass die, die seine Söhne ermordet haben, weder geschlagen noch getötet werden. Er möchte vielmehr ihre Mörder als seine eigenen Söhne adoptieren.“

Der Soldat, der bis dahin schweigend zugehört hatte, stand auf und wandte sich zum Gehen. Pastor La holte ihn rasch ein und wiederholte seine Bitte. Der Soldat fuhr ihn scharf an, dieses Ansinnen sei ganz einfach töricht, und ging weiter. Die Schüler reagierten ähnlich. Einige begannen, heftig zu protestierten. Dies sei nicht die Zeit, von Vergebung zu reden, meinten sie; man würde ihn selbst noch für einen Kommunisten halten. Pastor La lief dem Soldaten hinterher und wiederholte sein Anliegen, doch vergebens. Im Übrigen hatte der Soldat selbst eindeutige Anweisungen, ihm waren die Hände gebunden.

Am folgenden Tag versuchte Pastor La, die Angelegenheit mit der Polizei zu besprechen. Doch auch sie wollten nicht die Verantwortung auf sich nehmen, seiner Bitte nachzukommen. Das Land stehe unter Kriegsrecht, teilte man ihm mit, er solle sich an die Offiziere der Nationalarmee wenden. So suchte Pastor La Herrn Sung-Hwang Oh auf. Er war ein Mitglied der Nationalversammlung und hatte einigen Einfluss. Doch als er erfuhr, um was es ging, riet er Pastor La, die Angelegenheit fallen zu lassen, da er sich bei den Behörden nur unbeliebt machen würde. In dieser Zeit waren ja alle darum bemüht, die Kommunisten und deren Sympathisanten ausfindig zu machen, die an den Massakern in Yeosoo und Soonchun beteiligt waren. Die vorgebrachte Bitte erschien in diesem Zusammenhang abstrus und wurde eher als Hindernis in den Bemühungen um Aufklärung der Verbrechen betrachtet. So nahm niemand ernsthaft Pastor Las Bitte auf.

Tief enttäuscht machte er sich auf den Heimweg. Plötzlich wurde er von einem alten Mann angehalten, der sich als Vater von Chul-Min Kang vorstellte.

„Was kann ich für Sie tun?“, fragte Pastor La ihn freundlich. Der alte Mann entgegnete, er habe von seiner Frau gehört, wie Pastor La sich für ihren Sohn verwendet habe. Er sei dem Pastor sehr dankbar, dass er das Risiko auf sich nahm, sich auf ihre Seite zu stellen, und bat ihn, seinen Sohn zu retten, da er unschuldig sei.

Pastor La war die ganze Sache plötzlich Leid. Wenn Chul-Min Kang gar nicht schuldig war, traf Pastor Sohns Bitte nicht auf ihn zu, und er hatte keine Verpflichtung, ihn zu retten. Das wusste der Vater jedoch nicht. Und wenn er es wüsste, würde er zugeben, dass sein Sohn schuldig war? Verwirrt und müde sehnte sich Pastor La nach einer klaren Führung von Gott, und so ging er mit dem alten Mann in seine

Kirche, um zu beten. Auf dem Weg dorthin erzählte Pastor La ihm von Pastor Sohn. Es stellte sich heraus, dass der Mann als Krimineller im Gefängnis von Kwangju eingesessen hatte, in dem auch mein Vater inhaftiert gewesen war. Dort hatte er von einem außergewöhnlichen Pastor gehört. Er wusste sofort, dass dies Pastor Sohn war. Der alte Mann wäre ihm damals gern begegnet und wunderte sich nun über den merkwürdigen Zufall, durch den sich, so schien es, ihre Wege nun kreuzten.

In der Kirche kniete Pastor La nieder, um zu beten. Der alte Mann war noch nie zuvor in einer Kirche gewesen und nahm an, dass die Bibelverse auf beiden Seiten der Kanzel die bösen Geister abhalten sollten, wie die Schriften, die er und seine heidnischen Vorfahren in ihren Häusern aufhängten. Er war wie Pastor La niedergekniet, doch für ihn war das Gebet des Pastors wie eine Beschwörungsformel. Er selbst wiederholte nur immer wieder: „Rette meinen Sohn!"

Durch das Gebet gestärkt, erhob sich Pastor La. Plötzlich kam sein Sohn Jae-Min atemlos hereingestürmt. „Vater, Vater! Chul-Min Kang ist ins Palwang-Café gebracht worden."

„In ein Café? Was soll das heißen?"

„Die Nationalarmee hat das Palwang-Café besetzt. Er ist dort hingebracht worden, weil sie ihn hinrichten wollen!"

Pastor La befürchtete das Schlimmste und lief mit Jae-Min zu dem Café.

Als er dort ankam, rief ein wachhabender Soldat: „Wer ist da? Was haben Sie hier zu suchen?"

Pastor La erschrak, fasste sich aber rasch wieder. „Ich bin Duk-Hwan La, Pastor der Seungjoo-Gemeinde. Ich habe eine Botschaft zu überbringen."

„Worum geht es?", fragte der Soldat.

„Das muss ich denen sagen, die für den Gefangenen zuständig sind. Ich muss den verantwortlichen Soldaten sprechen."

Als er an dem wachhabender Soldaten vorbei einen Blick in das Café warf, sah Pastor La den Soldaten, dem er zuvor bei der Schülerversammlung begegnet war. „Diesen Mann möchte ich sprechen", rief er aus und betrat das Gebäude, ohne auf eine Antwort zu warten. „Ich habe Sie schon gestern darum gebeten und bitte Sie nun noch einmal, dass Sie diesen Schüler freilassen. Dies ist nicht meine Bitte, sondern ich überbringe sie im Auftrag von Pastor Yang-Won Sohn, dem Vater der beiden Jungen, die dieser Mann ermordet hat."

„Die Schuldigen müssen bestraft werden. Der Fall ist abgeschlossen, und Sie können nichts mehr dagegen sagen oder tun. Gehen Sie nach Hause. Gleich kommt der Lastwagen, der den Gefangenen zur Hinrichtungsstätte bringt."

Wie sehr Pastor La ihn auch bat, der Soldat ließ sich nicht erweichen.

Im Innern des Cafés sah er Chul-Min auf dem Boden liegen. Seine Mutter kniete neben ihm, weinte und flehte um sein Leben. Er leugnete noch immer, an der Erschießung von Matthew und John beteiligt gewesen zu sein, und bestand darauf, dass er deshalb auch nicht verurteilt werden könne. Die Verzögerung ärgerte die Ermittler.

Pastor La fragte den wachhabenden Soldaten, ob er mit Chul-Min sprechen könne. Der Soldat sah ihn verärgert an, gewährte ihm aber die Bitte.

„Ich bin Pastor La. Du musst mir alles wahrheitsgemäß erzählen. Pastor Sohn hat mich gebeten, hierher zu kommen. Er ist der Vater von Matthew und John, die du ermordet haben sollst. Hast du nun an dem Aufstand der Schüler teilgenommen, die Pastor Sohns Söhne getötet haben, oder nicht?" Chul-Min sah überrascht auf, denn Pastor La redete ganz anders mit ihm als die Schüler und Soldaten, die entschlossen schienen, ihn zu verurteilen.

„Ich habe sie nicht getötet", leugnete Chul-Min.

„Ist das wahr?"

„Ja."

„Dann habe ich nichts mit dir zu schaffen."

Alle Anwesenden hörten erstaunt zu.

„Ich bin nicht nur gekommen", erklärte Pastor La, „um Pastor Sohns Botschaft zu überbringen, sondern um dafür zu sorgen, dass sie auch ausgeführt wird. Er hat darum gebeten, dass die Mörder seiner beiden Söhne, wer immer sie sind, nicht bestraft werden, sondern die Vergebung erhalten. Mein Auftrag gilt dem Schuldigen; für den Unschuldigen kann ich nichts tun."

Da klammerte sich Chul-Min an Pastor La und flehte ihn an: „Retten Sie mich! Ich habe an dem Aufstand teilgenommen und Matthew und John getötet. Retten Sie mich … bitte retten Sie mich!"

Dann berichtete Chul-Min Kang, dass die kommunistischen Schüler in sein Haus gekommen seien und ihn zum Mitmachen gezwungen hätten, als die Aufständischen in Soonchun eingefallen waren. Er sei mit ihnen zum Haus von Matthew und John gegangen und habe sie zusammen mit den anderen Schülern geschlagen, weil er gar keine andere Wahl gehabt hätte. Als sie dann zum Hinrichtungsplatz geführt wurden, sei er mit vier anderen ausgewählt worden, sie zu erschießen, und das habe er dann widerstrebend getan.

„Wie hast du sie getötet?"

„Wir haben sie erschossen – wir fünf. Ich weiß nicht, ob meine Kugel sie getroffen hat oder nicht, aber ich habe zweimal auf John geschossen, nachdem er schon hingefallen war." Diese Geschichte klang wahr. In der kurzen Stille, die auf Chul-Mins Geständnis folgte, gingen Pastor La viele Gedanken durch den Kopf. Der junge Mann hatte sich nun selbst als schuldig bekannt, weil er, Pastor La, eingegriffen hatte. Wenn es ihm nicht bald gelänge, seine Begnadigung zu erreichen, würde er in Kürze hingerichtet werden. Die Verantwortung lastete schwer auf ihm.

„Wenn das die Wahrheit ist, tue ich mein Bestes, um dich zu retten“, versicherte ihm Pastor La.

Irgendwo waren noch vier andere Schüler, die auch Anspruch auf Pastor Sohns Vergebung hatten. Die Soldaten müssten nach ihnen suchen, und er müsste auch an ihnen seine Pflicht tun. Diese Gedanken schossen ihm durch den Kopf, doch er schob sie beiseite, denn nun galt es, in diesem akuten Fall rasch zu handeln.

Wieder wandte er sich an den zuständigen Soldaten und wiederholte seine Bitte um Begnadigung. Doch der bestätigte, dass der Fall abgeschlossen sei und der junge Mann mit Sicherheit hingerichtet werde, weil er ja ein Geständnis abgelegt habe. Pastor La setzte sich weiter für ihn ein und argumentierte, dass die christliche Vergebung das Leben des Schuldigen verändern und einen weitreichenden positiven Einfluss auf andere haben könne.

Doch dies schien den Soldaten nur auf die Palme zu bringen. „Ich weiß nicht, wie die Gesetze Gottes funktionieren. Ich erkenne nur das Gesetz meines Landes an. Wenn ich diesen Schuldigen begnadigen würde, wäre ich ein Gesetzesbrecher.“

Dann erbat sich Pastor La Zeit, um beim Präsidenten Berufung einzulegen. Dies wurde ihm verweigert.

Vor dem Café hielt ein Jeep, und ein Offizier betrat den Raum. Sofort ging der zuständige Soldat in Hab-Acht-Stellung und meldete: „Alles in Ordnung, Sir. Wir warten auf den Lastwagen, der den Gefangenen zum Hinrichtungsplatz bringt.“

„Er ist hinter uns hergefahren", entgegnete der Offizier, „aber er hatte eine Reifenpanne. Er kommt eine halbe Stunde später. Was machen all die Leute hier?"

„Sie sind Verwandte dieses Gefangenen, Sir."

„Schicken Sie sie weg. Ich komme später zurück." Der Offizier stieg in den Jeep und fuhr davon. Pastor La war verzweifelt. Er hatte gehofft, mit dem Offizier reden zu können, denn es hatte den Anschein, dass er das letzte Wort hatte, wenn es um die Begnadigung oder Hinrichtung von Chul-Min ging. Nun war die Gelegenheit vorbei. Siedend heiß wurde ihm klar, was die Worte des Offiziers bedeuteten – in einer halbe Stunde würde Chul-Min abgeholt und hingerichtet werden. Noch einmal wandte er sich an den Soldaten und bat darum, Berufung beim Präsidenten einlegen zu dürfen. Der Soldat regte sich zusehends auf und warnte Pastor La, dass man ihn auch missverstehen und als kommunistischen Sympathisanten bestrafen könne, wenn er sich weiterhin für diesen Gefangenen einsetzte. Pastor La war verzweifelt.

Er stieß einen langen, schweren Seufzer aus und trat einen Schritt zurück. Doch noch wollte er sich nicht geschlagen geben und fragte sich, wie er ihre steinharten Herzen erweichen könnte. Schließlich kam er auf die Idee, mich die Bitte meines Vaters vortragen zu lassen. Er hatte keine Zeit zu verlieren und wusste, dass dies der letzte Trumpf sein würde.

„Da Sie meine Worte für töricht halten, schlage ich Ihnen Folgendes vor. In meinem Haus hält sich gerade die älteste Tochter von Pastor Sohn auf, Dong-Hee. Ich bringe sie hierher, und dann können Sie sie direkt fragen, ob ich die Wahrheit sage oder nicht."

„Dann bringen Sie sie her", stimmte der Soldat zu. Er hoffte natürlich, Pastor La loszuwerden, bevor der Lastwagen zum Café kam.

Vom Palwang-Café bis zu Pastor Las Haus waren es nur fünf Minuten. *Das ist unsere letzte Chance!*, dachte er und rannte heim, um mich zu holen.

Ich saß gerade auf dem Holzboden, als Pastor La hereingestürmt kam und mich an der Hand packte. Zunächst war ich verwirrt, als er mich zum Café führte. Auf dem Weg dorthin berichtete er mir kurz, was inzwischen passiert war, und schärfte mir ein: „Wenn du dort bist, Dong-Hee, darfst du das Wort deines Vaters nicht zurücknehmen. Sag nur, was dein Vater dir aufgetragen hat." Das musste ich ihm versprechen.

Von diesem Augenblick an pochte mein Herz heftig. Sollte ich ihn sterben oder leben lassen? Sterben oder leben? Immer wieder änderte ich meinen Sinn. Ich erinnere mich, dass ich bis zur letzten Minute zögerte. Ein Wort von mir, und er würde zum Hinrichtungsplatz gefahren und dort erschossen werden. Sollte ich ihn nach dem Willen meines Vaters retten? Oder sollte ich einfach die Augen schließen und den Mörder meiner Brüder sterben lassen? So zwiespältige Gedanken schwirrten mir durch den Kopf, während ich zum Café rannte. Wenn es nach mir ginge, würde ich ihn sterben lassen. Doch wenn ich das täte, könnte ich meinem Vater nicht mehr in die Augen sehen. Pastor La bat mich inständig, den Willen meines Vaters auszuführen. Mein Herz pochte, als würde es mir die Brust sprengen, und ich kam zu keinem Entschluss. Und dann waren wir schon am Café.

Als wir die Tür aufmachten und hineingingen, richteten sich aller Augen auf Pastor La und mich. Der Raum war ungefähr so groß wie ein Klassenzimmer. Hier und da waren Tische und Stühle verteilt, in der Mitte des Zimmers stand ein Offizier und rauchte eine Zigarette. Pastor La führte mich zu diesem Mann, und ich musste mich auf einen Stuhl setzen.

„Dies ist die älteste Tochter von Pastor Yang-Won Sohn

und die Schwester von John und Matthew“, stellte Pastor La mich dem Mann vor. Da wandten mir alle ihre Aufmerksamkeit zu. Ich hob den Kopf und blickte mich um. Ich sah ungefähr sechs oder sieben Soldaten und Schüler, alle mit hochrotem Gesicht. Dann blickte ich in die Ecke und hatte einen Moment lang das Gefühl, als setze mein Herzschlag aus. Da kauerte er in seiner Schüleruniform, seine Hände waren mit einem Strick zusammengebunden. Seine schmalen Augen schielten nach oben, so dass man den weißen Teil des Augapfels sah. Er war von den Soldaten und Schülern so zusammengeschlagen worden, dass sein Gesicht mit Wunden bedeckt war. Eine Lippe war aufgesprungen, und aus der Wunde floss Blut über sein Kinn. Er hielt den Kopf tief gesenkt und sah mich kurz von der Seite her an, und in diesem Moment trafen sich unsere Blicke. Ich unterdrückte einen Schrei, und mein Herz erstarrte. Was für unbeschreiblich schreckliche Augen! Es lief mir kalt den Rücken herunter. Das waren die Augen eines Mörders. Ohne dass es mir jemand sagte, wusste ich, dass dies nur Chul-Min Kang sein konnte. Er war der Mörder meiner beiden Brüder. Was sollte ich nur tun?

Tief aus meinem Innern stieg ein mächtiger Zorn auf. Ich hätte ihn am liebsten mit aller Kraft angeschrien: „Was bist du nur für ein Mensch, dass du in diese Welt gekommen bist und Menschen ermordest … sogar zwei meiner Brüder?“ Ich hätte ihn am liebsten gepackt und geschüttelt und von ihm Rechenschaft gefordert für den Tod meiner Brüder. „Warum und mit welchem Recht hast du meine Brüder getötet?“ Doch plötzlich stand mir das Gesicht meines Vaters vor Augen. Ich bemühte mich, den Zorn zu unterdrücken, und wandte mich von ihm ab.

Allein wegen der ernsten Bitte meines Vaters war ich in der Lage, meinen Zorn zu zügeln, der mich zittern ließ. Wie sehr hatte er mich angefleht, für Chul-Min Kangs Begnadigung einzutreten! Als seine Tochter konnte ich ihm nicht ungehorsam sein, auch wenn sich alles in mir dagegen sträubte.

In diesem Augenblick mochte ich für Chul-Min Kang der letzte Hoffnungsschimmer sein. Innerhalb weniger Minuten würde er zum Hinrichtungsplatz geschleppt werden. Sah er in mir seine Rettung? In der Schwester der beiden Schüler, die er erschossen hatte?

Er starrte auf meine Lippen und wartete angespannt darauf, was ich sagen würde. Noch hatte er eine winzige Chance, der Todesstrafe zu entgehen.

Plötzlich schien die Luft im Raum stickig, und es herrschte eine drückende Stille.

„Wie heißt du?", fragte der Soldat.

„Dong-Hee Sohn, Sir." Meine Stimme klang erstaunlich fest.

„Sind Matthew und John Sohn deine Brüder?"

„Ja, Sir."

„In welche Klasse gehst du?"

„Ich gehe in die erste Klasse der Mittelschule für Mädchen in Soonchun."

„Was also hat dein Vater gesagt, dass du hierher kommst?"

„Mein Vater bittet darum, dass der Mann, der meine Brüder ermordet hat, nicht getötet und auch nicht geschlagen wird. Er soll verschont werden, und mein Vater möchte ihn als seinen eigenen Sohn adoptieren. Das tut er, weil Gott uns in der Bibel gebietet, unsere Feinde zu lieben." Dies alles stieß ich in einem Atemzug hervor. Erst dann brach ich zusammen, und die unterdrückte Tränenflut lief mir die Wangen herunter. Warum musste ich nur hierher kommen? Ich legte meinen Kopf auf den Tisch und weinte laut.

Selbst die Soldaten hielten jetzt nur mit Mühe die Tränen zurück. Ich hatte nicht mehr gesagt als das, was Pastor La ihnen bereits gesagt hatte. Aber ich hatte es wohl geschafft, dass diese Menschen mit ihren verhärten Herzen begriffen, wie sehr unsere Familie gelitten hatte, wie groß unser Verlust war und wie mächtig die Liebe meines Vaters, die dem vergeben konnte, der uns so große Schmerzen bereitet hatte. Der Soldat, der die Fragen gestellt und Pastor La so kalt abgefertigt hatte, merkte nicht einmal, dass ihm die Zigarette aus dem Mund fiel. Er zog ein Taschentuch hervor, wischte sich die Tränen vom Gesicht und rief aus: „Was für ein großer Mann!" Auch Chul-Min Kang ließ den Kopf sinken und schluchzte. Diese Szene hat sich bis zum heutigen Tag in mein Gedächtnis eingegraben.

Schließlich gab der Soldat nach, und Chul-Min Kang wurde im letzten Moment gerettet. Bald darauf kam der Lastwagen und die anderen Gefangenen wurden zum Hinrichtungsplatz gebracht.

23. Ein verlorener Sohn kehrt um

So wurde Chul-Min Kang aus der Untersuchungshaft entlassen und vor der Hinrichtung bewahrt – und wurde ein Mitglied unserer Familie. Er zog alle Liebe und Zuwendung meines Vaters auf sich, und mein Vater nannte ihn liebevoll „mein Chul-Min"; er schützte ihn und kümmerte sich um ihn. Wo mein Vater war, hielt auch er sich auf. Von allen Erinnerungen, die ich an meinen Vater habe, ist die eindrücklichste seine unglaubliche Liebe zu Chul-Min Kang. Das Verhalten meines Vaters hinterließ einen tiefen Eindruck bei mir und ist in meinem Gedächtnis eingegraben wie ein Fußabdruck im Schnee. Wie konnte mein Vater diesem schrecklichen, grauenhaften Mörder mit einer so überschwänglichen Liebe begegnen?

Ich konnte Chul-Min überhaupt nicht lieben. Wenn ich ihn von vorne sah, verabscheute ich ihn, und von hinten widerte er mich an. Ich hasste sogar seine Schritte. Wenn ich die Straße entlangging, sprach ich leise mit mir selbst und murrte gegen meinen Vater. *Seit meine beiden Brüder gestorben sind, hat Vater vollkommen den Verstand verloren. Wie hätte er sonst einen so grausamen Mörder als seinen eigenen Sohn adoptieren können? Chul-Min Kang – du Mörder! Aus welchem Grund hast du meine geliebten Brüder getötet? Warum? Bring sie ins Leben zurück oder töte dich selbst,* so schrie mein Herz.

Nach der Unabhängigkeit hielt mein Vater neben seinen regulären Gottesdiensten im Leprazentrum mehr als 2000 Erweckungsversammlungen. In der Regel verließ er das Leprazentrum am Montag und kehrte am Samstag zurück und selbst, nachdem meine Brüder gestorben waren, änderte er diesen Rhythmus nicht. Einmal sollte er eine Erweckungsversammlung in einer bestimmten Kirche halten, und ich begleitete ihn. An der Anschlagstafel der Kirche hing ein Plakat mit der Aufschrift: „Der weltberühmte Heilige, Pastor Yang-Won Sohn." Als mein Vater das sah, bestand er darauf, dass das Plakat entfernt wurde, sonst würde er nicht predigen. Über seine Predigtnotizen hatte mein Vater folgende Worte geschrieben:

„Lesen, bevor ich bei der Erweckungsversammlung predige:

Verlass dich auf Gottes Weisheit, nicht auf deinen eigenen Verstand.

Verherrliche nicht dich selbst, sondern zeige ihnen den Herrn.

Lüge nicht, indem du aus deinem eigenen Wissen heraus predigst und biblische Grundsätze verleugnest.

Lüge nicht, wenn du ein Glaubenszeugnis ablegst.

Belaste andere nicht mit gesetzlichen Vorschriften, die du selbst nicht einhalten kannst.

Halte dir stets vor Augen, dass ein Wort von dir über Leben oder Tod der Zuhörer entscheiden kann. Wähle also deine Worte mit Sorgfalt und Ernst.

In dieser einen Stunde kann ein Wort aus der Schrift über Leben oder Tod der Seele eines Menschen entscheiden, sie könnte aus der Hölle geholt oder in die Hölle hineingestoßen werden.

Geh gewissenhaft mit Gastfreundschaft und Geschenken um.

a. Da ich anstelle des Herrn die Gastfreundschaft annehme, muss ich mich ihrer würdig erweisen.

b. Iss und trink nicht, weil es dir schmeckt und du Appetit hast, sondern um dich für die Arbeit zu stärken.

c. Lass dich nicht von materiellen Dingen und Geschenken beeinflussen.

Gebet: Oh Herr, lass mich in dieser einen Stunde nicht gegen dich sündigen und gib, dass ich nicht wie eine Wolke ohne Regen bin und an den Menschen vorbeigehe, ohne ihnen von deiner Gnade zu erzählen. Und lass einzig und allein die 66 Bücher der Bibel die Leitlinie meines Leben sein."

Obwohl unser Vater als ein vollmächtiger Prediger bekannt war, verhielt er sich außerordentlich vorsichtig und distanzierte sich von mystischen Wundern und von einer Wohlstandstheologie. Vor einiger Zeit erzählte mir eine Tante folgende Begebenheit: Mein Vater leitete eine Erweckungsversammlung in einer Kirche in Pusan, und meine Tante berichtete, dass seine Predigt außerordentlich vollmächtig und bewegend war. Die Kirche war dicht besetzt, und die Leute lobten Gott aus vollem Herzen. Plötzlich rief jemand aus einer Ecke unter Tränen aus: „Pastor, Pastor! Ich kann sehen! Ich kann jetzt sehen!"

Es war ein blinder Mann, der behauptete, er habe das Augenlicht zurückbekommen. Er sprang überwältigt vor Freude auf und ab. Die Gemeindeglieder flüsterten miteinander und schauten zu dem blinden Mann hin, dessen Augen nun geöffnet waren. Spontane Ausrufe der ehrfurchtsvollen Scheu wurden laut, und hier und da begannen die Leute, Gott zu loben. Sie hörten auf zu singen, und mein Vater unterbrach seine Predigt und versuchte, die aufgeregte Stimmung zu besänftigen:

„Brüder und Schwestern, seid bitte still. Und setzt euch wieder, bitte. Dass die Augen dieses Mannes geöffnet wurden, hat nichts mit mir zu tun. Meine Predigt dient dazu, die Krankheit der Seele zu heilen, nicht die des Körpers. Sein eigener Glaube hat die Augen dieses Mannes geöffnet."

Diese Worte geben sehr gut wieder, was mein Vater im Innersten glaubte. Er predigte einzig und allein das Evangelium vom Reich Gottes, nie versprach er den Leuten ein irdisches Leben in Behaglichkeit und Reichtum. Seit diesem Tag kamen gelegentlich Kranke zu ihm und baten ihn, ihnen die Hände aufzulegen und um Heilung für sie zu beten. Doch mein Vater betete nicht um ihre körperliche Heilung.

„Unsere Seele ist wichtig, nicht unser Körper. Was macht es schon, wenn wir krank sind? Oder behindert? Wenn wir in unserem kurzen, irdischen Pilgerleben als Behinderte leben und in den Himmel kommen – könnte es etwas Besseres geben?"

Mit diesen Worten schickte er sie nach Hause. Er lebte sein Leben unter den Leprakranken und sorgte liebevoll für sie. Doch niemals betrachtete er ihre Krankheit als etwas Schlechtes oder Unnatürliches. Mein Vater war nicht jemand, der auf Zeichen und Wunder aus war. Sein Hauptanliegen war die Verkündigung des Wortes Gottes.

Schnell verbreitete sich die Nachricht, dass mein Vater Chul-Min Kang in jede Versammlung mitnahm, um ihm zu helfen, im Glauben zu wachsen. Bei jeder Erweckungsversammlung umringten viele Leute Chul-Min, manche aus Neugier, andere aus Hass. Deshalb meinte Vater schließlich: „Sobald der Gottesdienst vorbei ist, drängen sich die Leute um Chul-Min, als besichtigten sie einen Affen im Zoo. Das ist nicht gut für ihn. Selbst wenn er sich irgendwo versteckt hat, folgen sie ihm dorthin, und das macht mir Sorge. Ich glaube, es ist besser für ihn, wenn ich ihn nicht mehr mitnehme."

Um diese Zeit verbreitete sich ein Gerücht, das mir sehr zusetzte. Ich weiß nicht, wer es in die Welt gesetzt hatte; es entbehrte jeglicher Grundlage. Als ich es zum ersten Mal hörte, wäre ich am liebsten in den Boden versunken: „Pastor Yang-Won Sohn möchte, dass seine älteste Tochter Dong-Hee Chul-Min Kang heiratet." Das war natürlich purer Unsinn. Die Leute meinten, dass Vater Chul-Min nicht als Adoptivsohn, sondern als Schwiegersohn haben wollte.

Auch unsere Mutter war sehr bestürzt über dieses gedankenlose Gerede. „Was für eine absurde Vorstellung!"

Dieses Gerücht führte dazu, dass ich Chul-Min noch mehr hasste. Womöglich ist sogar Vater für dieses Gerücht verantwortlich, da er ihn ja als Sohn adoptiert hat. Nein, vielleicht ist alles meine eigene Schuld, weil ich mich nicht geweigert habe, der Bitte meines Vaters nachzukommen.

Die erste Begegnung zwischen meinem Vater und Chul-Min Kang kam so zustande: Einige Tage nach Chul-Min Kangs Begnadigung beschloss mein Vater an einem Nachmittag, der Familie Kang zum ersten Mal einen Besuch abzustatten. Er ging zu Pastor La, um ihn nach dem Weg zu fragen, doch der Pastor war nicht zu Hause, und so begleitete Frau La unseren Vater. Als sie zusammen losgingen, fragte Frau La: „Warum möchtest du Chul-Min Kang jetzt besuchen? Du wirst ihm doch später sowieso begegnen?" Sie hielt es für unmenschlich schwer, dass er als Vater den Mörder seiner beiden Söhne schon so bald aufsuchen wollte.

„Es hat keinen Sinn, es vor mich herzuschieben", antwortete Vater. „Ich muss ihn sofort besuchen und ihn zum Herrn führen. Ich bin sehr beschäftigt mit all den Evangelisationen und habe vielleicht keine weitere Gelegenheit mehr dazu. Er und seine Familie wissen ja auch, dass wir uns einmal begegnen müssen, und es ist ihnen gegenüber rücksichtsvoller, wenn wir es rasch hinter uns bringen."

Frau La schwieg betroffen, als sie hörte, wie sich mein Vater um Chul-Min und seine Familie Gedanken machte.

„Hier ist das Haus", sagte sie und ging allein hinein, um ihre Ankunft anzukündigen, während unser Vater an der Tür wartete. Es war ein kleiner Fischladen. Bald darauf kam Frau La mit Chul-Mins Eltern heraus. Sie begrüßten ihn überrascht.

„Pastor Sohn, wir hatten vor, Sie aufzusuchen, sobald das Reisen einfacher wird. Und nun besuchen Sie uns zuerst. Ich kann Ihnen gar nicht sagen, wie Leid mir das tut“, sagte der Vater verlegen. Der Sohn fühlte sich noch befangener und saß mit gesenktem Kopf da.

„Chul-Min, verbeuge dich vor Pastor Sohn“, forderte seine Mutter ihn auf. Der junge Mann hatte große Mühe aufzustehen und verbeugte sich, aber er wagte noch immer nicht, den Blick zu heben. Sein Gesicht wies noch die Narben der Schläge auf, und Vater empfand Mitleid mit ihm.

„Bist du Chul-Min? Komm einmal her zu mir“, sagte Vater und versuchte, ihm ins Gesicht zu blicken. Bewegt ergriff er seine Hand und fuhr fort: „Sei ganz unbesorgt. Ich habe dir bereits vergeben, und ich glaube, auch Gott sehnt sich danach, dir zu verzeihen.“

Bei diesen Worten stiegen Chul-Min die Tränen in die Augen. Voller Dankbarkeit trat Chul-Mins Vater vor und sagte: „Sie sind ein Retter für unsere Familie. Wir können gar nicht mit Worten ausdrücken, wie dankbar wir Ihnen sind. Ich hatte schon früher von Ihnen gehört, als Sie noch in Kwangju im Gefängnis saßen, weil Sie sich geweigert hatten, am Schintokult teilzunehmen. Ich war wegen eines Finanzdeliktes zur gleichen Zeit wie Sie dort. Ich wäre Ihnen damals gerne begegnet, aber ich hätte mir nie träumen lassen, dass es auf diese Weise geschehen würde. Die Welt ist wirklich klein.“ Er suchte mühsam nach Worten und fuhr dann voller Ehrerbietung fort: „Pastor Sohn, ich habe vier Söhne, und ich möchte sie gerne mit Ihnen teilen, wenn Sie damit einverstanden sind.“ Das lehnte Vater entschieden ab, aber er erkannte das aufrichtige Gefühl, das hinter diesem Angebot stand.

„Nein, das ist nicht notwendig. Sie sind sehr freundlich, aber das ist nicht mein Wunsch. Ich hoffe vielmehr, dass Sie Ihren Jungen zu einem guten Menschen erziehen, und dass

Ihre ganze Familie an Jesus glaubt und gerettet wird." Dann wandte Vater sich an Chul-Min: „Junger Mann, ich werde mich nicht mal an das erinnern, was du getan hast, werfe also alle deine Befürchtungen und Zweifel ab. Sei wie meine Söhne, wenn du mir diesen Ausdruck verzeihst. Wenn du an Jesus Christus glauben würdest und ihm treu wärst wie sie, wäre das wunderbar für dich."

Chul-Min stand mit gesenktem Kopf schweigend da.

Chul-Mins Mutter brachte einen kleinen Tisch mit Tee und Reiskuchen. Doch da so kurz nach den Ausschreitungen ab sechs Uhr abends Ausgangssperre war und die Uhr bereits halb sechs zeigte, betete mein Vater kurz und erhob sich, um zu gehen.

Wieder wandte sich Herr Kang an ihn: „Pastor Sohn, ich möchte Sie noch um etwas anderes bitten, das mir sehr am Herzen liegt. Ich habe gehört, dass Sie eine Tochter haben, die hier in die Mittelschule geht. Könnte sie nicht bei uns wohnen, während sie zur Schule geht? Wir haben auch eine schulpflichtige Tochter." Er schien fest entschlossen, aber Vater lehnte auch dieses Angebot ab.

„Nein danke. Ich möchte Sie in keinster Weise belasten. Ich komme bald wieder."

Doch Herr Kang ließ nicht locker. „Pastor Sohn, Sie haben mich missverstanden. Lassen Sie mich erklären. Unsere Familie hat bereits beschlossen, regelmäßig zur Kirche zu gehen, auch wenn wir uns schämen. Dieses Angebot habe ich nicht gemacht, um unsere Schuld zu begleichen, sondern damit die Mitglieder unserer Familie bessere Christen werden. Wenn Ihre Tochter hier bei uns wäre, würden Sie uns häufiger besuchen, und wir könnten mehr von Ihnen über das Christsein erfahren. Sie müssen einfach ja sagen, denn so werden Sie zum Segen für unsere Familie."

„Ich verstehe Sie gut", entgegnete Vater. „Aber ich kann

meine Tochter nicht dazu zwingen. Ich werde sie jedoch fragen und Ihnen berichten, wie sie selbst dazu steht.“ Dann verließ er ihr Haus.

Als Vater an diesem Abend nach Hause kam, fragte er mich: „Dong-Hee, Chul-Mins Vater möchte, dass du in seinem Haus wohnst. Er sagt, du könntest das Zimmer mit seiner Tochter teilen. Möchtest du das?“

„Vater, wie könnte ich?“, platzte ich heraus. „Ich könnte das nicht ertragen, egal, wie sehr sie mich bei sich haben wollen.“

Da mein Vater sehr wohl verstand, wie furchtbar ich unter dem Tod meiner Brüder litt, erklärte er mir behutsam, worum es Chul-Mins Vater ging: „Dong-Hee, Chul-Min wird nicht oft zu Hause sein, weil er ja bei mir ist. Außerdem wüsste ich nicht, wo du sonst bleiben sollst, wenn du weiter in Soonchun zur Schule gehen willst. Es ist ja nur vorübergehend. Versuche, für ihre Familie ein gutes Vorbild zu sein.“

Am Ende blieb mir nichts anderes übrig, als einzuwilligen. So kam es, dass ich eine Weile in dem höllischen Haus von Chul-Min wohnte, um von dort aus zur Schule zu gehen. Ich fürchtete mich ja auch davor, in dem Haus zu bleiben, in dem meine beiden Brüder gestorben waren, und wusste, dass ich weiterhin zur Schule gehen musste. Es gab kein anderes Haus, in dem ich hätte wohnen können, außer dem von Familie Kang. Das war ein weiterer Grund, ihr Angebot anzunehmen.

Während ich in diesem Haus lebte, verdorrten mein Körper und meine Seele. Von dem Augenblick an, da ich morgens die Augen aufschlug, bis ich sie abends wieder schloss, schwelte der Hass auf Chul-Min in mir. Wenn unsere Blicke sich gelegentlich trafen, wandte ich mich sogleich angewidert ab. Wie sehr ich es auch versuchte, ich konnte meinen Hass gegen ihn nicht unterdrücken.

Doch für Außenstehende, die nicht die wahre Situation kannten, war die Tatsache, dass ich im Haus der Kangs wohnte und von dort aus zur Schule ging, eine unglaubliche Geschichte. Vielleicht entstand auch so das unsinnige Gerücht, dass ich Chul-Min heiraten würde.

Obwohl Chul-Min der Mörder meiner Brüder war, suchte mein Vater überall nach einer Arbeit für ihn. Jedes Mal vertröstete man ihn: „Machen Sie sich keine Sorgen. Warten Sie ab. Wir werden schon etwas für ihn finden." Doch wenn er dann an dem abgemachten Tag mit Chul-Min wiederkam, schüttelten sie den Kopf und brachten mit verlegener Miene alle möglichen Einwände vor. Je mehr sie darüber nachdachten, desto unangenehmer wurde es für sie, einem Mörder Arbeit zu geben.

Eines Tages waren Pastor Yong-Joon Ahn (der das erste Buch über unseren Vater und meine Brüder geschrieben hat) und Chul-Min auf ihrem Weg zum Leprazentrum. Während Pastor Ahn Fahrkarten kaufte, verschwand Chul-Min plötzlich von seiner Seite. Pastor Ahn suchte überall nach ihm, konnte ihn aber nicht finden. Nach langer Zeit kam Chul-Min zurück, und sein Gesicht war geschwollen, als sei er geschlagen worden. Allem Anschein nach war er von einem Obdachlosen weggelockt worden, der ihn dann heftig zusammenschlug. Als der Obdachlose ihn erblickt hatte, hatte er ihn am Kragen gepackt, geschüttelt und gesagte: „Du Idiot! Hast du keine anderen gefunden, die du ermorden konntest? Musstest du gerade Matthew und John töten, die keiner Menschenseele was getan haben? Jetzt sollst du selbst zu spüren kriegen, wie es ist, wenn man stirbt!" Er hatte Chul-Min in eine Ecke geschleppt und ihn erbarmungslos getreten und mit Fäusten geschlagen. Chul-Min hatte die Schläge über sich ergehen lassen, ohne sich zu verteidigen. Und niemand hatte Anstalten gemacht, dem zornigen Obdachlosen Einhalt zu gebieten und

Chul-Min zu retten. Schließlich war der Obdachlose so erschöpft gewesen, dass er von allein aufgehört hatte.

Selbst bei uns zu Hause war Chul-Min nicht sicher. Wenn mein Onkel, der zusammen mit meinen beiden Brüdern in Soonchun gewohnt hatte, Chul-Min erblickte, ging er mit einem Küchenmesser auf ihn los: „Du Verbrecher! Du Mörder meiner Neffen! Ich bringe dich um!"

Alle im Haus rannten dann zu ihm und hatten große Mühe, ihm das Messer zu entwinden und Chul-Min an einen sicheren Ort zu bringen.

Unsere unmittelbare Familie hatte keine besonderen Probleme mit Chul-Min, doch außerhalb der Familie stieß er auf heftige Ablehnung. Viele hassten ihn und wünschten ihm den Tod. Doch solch offener Hass wurde immer seltener, als sie die wahre Absicht meines Vaters mit Chul-Min begriffen.

Mit der Unterstützung meines Vaters konnte Chul-Min das „Korea Bible Institute" in Pusan besuchen. Zu der Zeit war er schon ein verlorener Sohn, der Buße getan hatte. Zwar hatte er keine Ahnung von der Bibel, doch sein Glaube brannte leidenschaftlich, wie Öl, das ins Feuer gegossen wird. Er hatte sich vollkommen verändert. Jeden Sonntag ging er zum Bahnhof in Pusan und auf die Marktplätze, verteilte Traktate, schlug die Trommel und erzählte den Vorübergehenden, was Gott ihm geschenkt hatte.

Wenn ein Bekannter auf ihn zukam und fragte, wie es ihm ging, lachte er übers ganze Gesicht und entgegnete: „Ich weiß nicht mal so viel von der Bibel, dass ich die Kinder in der Sonntagsschule unterrichten kann, deshalb schlage ich hier die Trommel, um sie zum Gottesdienst zu rufen." Er erzählte auch jedem, wie dankbar er war, dass er Gott gefunden hatte, nicht durch das Lesen vieler Bücher, sondern durch die große Liebe meines Vaters, und wie dankbar er sei, dass er in der Bibelschule von den großen Wahrheiten Gottes erfuhr.

In jedem Brief, den Chul-Min ins Leprazentrum schickte, berichtete er voller Begeisterung von der Liebe Jesu und der Freude, sein Zeuge zu sein. Er hatte sich in der Tat verändert. Mein Vater war besonders froh darüber. Er war stolz auf Chul-Min, nicht nur, weil sein Glaube sich immer mehr vertiefte, sondern weil er nie vergaß, den Brief mit „dein Sohn Chul-Min Sohn" zu unterschreiben. Wenn er so einen Brief aus der Bibelschule erhielt, sprach Vater jedes Mal ein Dankgebet. Hier ist ein Auszug aus einem dieser Briefe.

28. Oktober 1949

Lieber Vater,
nun, da ich durch die Liebe Gottes wiedergeboren und vom Tod errettet bin, erkenne ich endlich, welche Liebe Gott und Jesus für mich haben. Wir müssen Gott bis zu unserem Tod verherrlichen. Ich bin so dankbar dafür, dass mir noch einmal das Leben geschenkt wurde, und nun kann ich mich im Glauben darauf freuen, in den Himmel einzugehen. Selbst wenn wir uns weigern, in den Himmel zu kommen, führt Gott selbst uns an seiner Hand dorthin. Ich suche nicht das Kreuz, aber sollte mir ein Kreuz auferlegt werden, werde ich es nicht auf andere abwälzen. Dein Sohn Chul-Min Sohn wird das Kreuz tragen und Jesus nachfolgen.
Chul-Min Sohn

Meine Mutter behandelte Chul-Min herzlicher als jeden anderen. Sie sorgte liebevoll für ihn, weil sie befürchtete, dass er sich aus einem schlechten Gewissen heraus falsch verhalten könnte. Doch je freundlicher sie ihn behandelte, desto größer wurde die Wunde in ihrem Herzen. Nie konnte sie die Erinnerung an ihre beiden Söhne und ihr furchtbares Schicksal auslöschen. Chul-Min erinnerte sie immer wieder an meine Brüder.

Die traumatische Zeit, als mein Vater unter den Japanern im Gefängnis gesessen hatte, war meiner Mutter schon sehr ans Herz gegangen. Nach dem Tod von John und Matthew verschlechterte sich ihr Zustand, und sie wurde depressiv. Sie fiel oft in Ohnmacht. Ich glaube, der Grund dafür war ihr aufgestauter Groll gegen die Menschen und die Umstände, die ihr so großes Leiden verursachten. Eine Behandlung war unmöglich, und ihr Leid verringerte sich nicht, selbst als Chul-Mins Glaube immer mehr zunahm. Wenn mein Vater auch noch so stolz auf ihn war – wenn sie Chul-Min sah, stand ihr auch immer wieder das Bild ihrer beiden Söhne vor Augen.

Manchmal, wenn ich meine Brüder erwähnte, veränderte sich ihr Gesichtsausdruck, und sie brachte mich zum Schweigen: „Sei still, ich will das nicht hören. Erzähl nie mehr etwas von deinen Brüdern." Doch dann wurde sie wieder von Kummer überwältigt, brach zusammen und lag schluchzend auf dem Boden. „Oh Matthew! Oh John!"

Jedes Jahr im Frühjahr verschlechterte sich ihr Zustand. „Was kann dieses Feuer löschen, das mein Herz verzehrt?", fragte sie dann, schlug sich an die Brust und sank in sich zusammen.

Auch andere Menschen müssen viel erdulden, doch ich glaube nicht, dass es viele gibt, die ein solches Ausmaß an Leid erfahren haben wie meine Mutter. Und nur wenige Menschen bewahren in einer solchen Situation die Worte Jesu in ihrem Herzen und leben allein aus dem Glauben, wie sie es tat.

Mein Vater sagte immer wieder zu uns: „Der Glaube eurer Mutter hat mich zu dem gemacht, der ich heute bin. Als ich im Gefängnis saß, hat der Glaube eurer Mutter mit dem meinem Schritt gehalten, so dass ich entlassen werden konnte, ohne in Schuld gefallen zu sein. Auch im Glauben muss zwischen Mann und Frau Übereinstimmung herrschen, und wir müssen uns gegenseitig fördern und unterstützen. Allein ist es zu schwierig. Was nützen uns Universitätsdiplome? Der Glaube ist das Allerwichtigste im Leben."

Seit mein Vater aus dem Gefängnis entlassen worden war, war er immer voll des Lobes über meine Mutter: „Wo sonst könnte man eine so wunderbare Frau finden? Die wahre Schönheit einer Frau liegt nicht in ihrer äußeren Erscheinung, noch in ihrem Schmuck oder Parfüm, sondern darin, dass sie ihren Mann unerschütterlich und treu unterstützt."

Und so war es auch. Meine Mutter, die nur einen Bibelschulabschluss hatte, hatte einen so tiefen, beständigen Glauben, wie ich ihn sonst nirgends erlebt habe. Selbst als mein Vater im Gefängnis saß, hielt sie getreu jeden Tag am Morgen und Abend mit uns die Familienandacht und erklärte uns das Wort Gottes. Wenn wir beteten, ermutigte sie uns immer, für unseren Vater zu beten, damit sein Glaube in Leid und Verfolgung nicht geschwächt würde. Es war meiner Mutter ungemein wichtig, dass unser Vater stark und treu im Glauben blieb. Diese innere Haltung der Treue und des Gebets bewahrte sie ihr ganzes Leben lang.

Meine Mutter liebte die Bibel wie sich selbst. Wenn sie Geschichten aus dem Alten und Neuen Testament erzählte, konnte es niemand mit ihrer Bibelkenntnis aufnehmen. Selbst mein Vater verließ sich auf sie, wenn er sich bei der Predigtvorbereitung nicht daran erinnern konnte, wo eine bestimmte Bibelstelle stand. Meine Mutter konnte ihm sofort das Kapitel und den Vers nennen, nach dem er suchte. Und es stimmte immer.

„Ich muss zugeben – dein Gedächtnis ist wirklich erstaunlich. Du bist ja eine lebende Konkordanz. Doch auch diese Gabe verdankst du allein der Gnade Gottes, vergiss das nicht." Mein Vater sah meine Mutter mit tiefer Bewunderung an und brach dann in fröhliches Lachen aus.

Chul-Min Kang (stehend), meine Mutter und meine Geschwister Dong-Lim (rechts hinten), Dong-Yeon (rechts vorne) und Dong-Kil in den Armen meiner Mutter (etwa Anfang 1949)

Mein Vater war fünf Jahre älter als meine Mutter. Als er zum ersten Mal ins Gefängnis kam, war er 38 Jahre alt und verbrachte seine besten Jahre hinter Gittern. Als das Land unabhängig wurde und er aus dem Gefängnis kam, war er 44. Die Zeit meiner Mutter als junge Ehefrau und Mutter war mit 33 zu Ende. Von nun an war ihr Leben voller Opfer, und sie hatte jahrelang Angst um ihren Mann im Gefängnis und um ihre vaterlosen Kinder.

Oft fühlte sie sich einsam. Zwar hatte sie einen Mann, aber in Wirklichkeit war sie immer allein. Selbst als mein Vater aus dem Gefängnis entlassen wurde, verbesserte sich ihre Situation nicht sehr, denn er verbrachte mehr Zeit mit den Leprakranken als mit uns.

Meine Mutter sehnte sich ihr ganzes Leben lang nach der Zuwendung meines Vaters, der dauernd mit seiner Arbeit in den Gemeinden und im Leprazentrum beschäftigt schien. Uns Kindern ging es ebenso. Mein Vater war immer mit anderen Dingen beschäftigt und hatte kaum Zeit für uns. Wir beklagten uns oft darüber, doch meine Mutter sagte ihm nicht ein einziges Mal, wie sehr sie sich nach Gemeinschaft mit ihm sehnte. Sie war es gewohnt, sich aufzuopfern.

Meine Mutter starb am 16. November 1977 während einer Behandlung in der Klinik in Pusan. Um Geld für den Bau einer neu gegründeten Kirche für Leprakranke aufzutreiben, hatte sie zu hart gearbeitet und wurde krank. An die Brust hatte sie ein kleines Bündel zusammengerollter Banknoten gebunden.

„Bring dieses Geld zur Milyang-Kirche“, lauteten ihre letzten Worte. Diese Kirche konnte nur gebaut werden, weil sich die Leprakranken und meine Mutter Tag und Nacht dafür abrackerten. Meine Mutter war drei Tage lang im Regen herumgelaufen, um Geld zu sammeln, dann wurde sie krank. Sie war damals 71 Jahre alt. So hatte sie bis zu ihrem Todestag all ihre Kraft für die Verbreitung des Evangeliums eingesetzt. Sie wurde im Grab meines Vaters beigesetzt, wie sie es sich immer gewünscht hatte.

Ein paar Monate, bevor meine Mutter ins Reich Gottes einging, kam Chul-Min, der damals in Seoul für den Sicherheitsdienst eines Mietshauses arbeitete, nach Pusan, um sie zu besuchen. Als er dort ankam, war meine Mutter gerade auf dem Markt. Chul-Min setzte sich und betete eine Weile. Als er aufblickte, sah er das Foto meiner beiden Brüder an der Wand hängen. Lange Zeit starrte er auf das Bild. Dann sprang er plötzlich auf und rannte, ohne sich noch einmal umzusehen, aus dem Haus, als würde er gejagt. Seit diesem Tag ist er nie mehr zurückgekommen. Als meine Mutter erfuhr, dass sie ihn nur um eine Stunde verpasst hatte, ging sie hinaus und suchte nach ihm, konnte ihn aber nirgends finden.

Was um alles in der Welt ging hier vor? Warum war Chul-Min so weit gereist, um meine Mutter zu besuchen, und dann verschwunden, ohne ein Wort mit ihr zu sprechen? Woran dachte er, als er auf das Foto meiner Brüder starrte?

Es gab wohl keine andere Erklärung als die, dass er noch immer von seinem schlechten Gewissen verfolgt wurde, weil er in seiner Jugend ein so schreckliches Verbrechen begangen hatte. Er wurde noch immer von dem Gedanken heimgesucht, dass Blut an seinen Händen klebte. Selbst, nachdem er Buße getan und die Vergebung empfangen und Gott in seiner Gnade seine Sünden abgewaschen hatte, erinnerte ihn sein Gewissen immer wieder an seine Schuld. Auch wenn ihm alle anderen vergaben – er selbst konnte sich nicht vergeben. Ich glaube nicht, dass er ein von Grund auf schlechter Mensch gewesen war, er war einfach feige und ängstlich gewesen.

Chul-Min hatte geheiratet und vier Kinder bekommen, zwei Söhne und zwei Töchter. Während sein ältester Sohn aufs Bible College in Daehan ging, besuchte er mich oft. Er nannte mich „Tante“ und war sehr freundlich zu mir. Und ich behandelte ihn so herzlich, als sei er mein eigener Neffe. Aber dann kam er plötzlich nicht mehr. Später fragte ich ihn nach dem Grund seines Wegbleibens, und er entgegnete, er könne nicht mehr zu mir kommen, weil er erfahren habe, dass sein Vater meine beiden Brüder ermordet hatte. Was muss das für ein furchtbarer Schock für ihn gewesen sein! Seit dieser Zeit hat er mich nie mehr besucht oder mir Briefe geschrieben.

Bis heute wünschte ich sehnlichst, Pastor Yong-Joon Ahn hätte in seiner Biografie meines Vaters, „Das Saatkorn muss sterben", nicht den wirklichen Namen des Mörders meiner Brüder genannt. Mein Herz tut weh, wenn ich daran denke, welches Trauma Chul-Mins unschuldige Kinder erlitten haben, als sie den Namen ihres Vaters in diesem Buch sahen. Auch wenn das Buch Hunderte von Menschen angerührt hat, ist ein großer Schaden entstanden, wenn es das Herz eines einzigen Menschen vergiftet. Aus diesem Grund habe ich ihn in diesem Buch Chul-Min genannt. Es soll kein dunkler Schatten auf die Zukunft seiner Kinder fallen.

Nach dem Märtyrertod meines Vaters wurde sogar gemunkelt, dass Chul-Min ihn getötet habe. Das ist natürlich purer Unsinn! Mein Vater wurde während des Koreakrieges von den Kommunisten ermordet. Er war der einzige Mensch, dem sich Chul-Min anvertraute, und nach seinem Tod fühlte er sich sehr elend. Er begann, den Leuten auf der Straße auszuweichen, und schien sich stets in dunkle Winkel zu verdrücken. Selbst in der Kirche ließ er den Kopf hängen, saß in einer Ecke und blickte den Leuten nie direkt in die Augen.

Wenn wir Geschwister zusammenkamen, reagierte Chul-Min argwöhnisch, wenn ihn jemand auch nur harmlos ansah. „Schwester, warum schaust du mich so an?", fragte er dann. Sein ganzes Leben lang lebte er in Furcht, und es lag ein Schatten auf seiner Seele. Er war sein Leben lang arm, arbeitete für einen Sicherheitsdienst und lebte mit der schweren Last seiner Sünde.

Ungefähr zwei Wochen vor seinem Tod besuchte mich Chul-Min. Zuerst war er zum Haus meiner Schwester Dong-Yun gegangen, und als er von ihr erfuhr, dass ich zu Hause war, kam er zu mir. Man hatte bei ihm Krebs festgestellt, und das war wie ein Todesurteil für ihn. Dong-Yun brachte ihn immer wieder zu Behandlungen und bat sogar eine Diakonisse, ihm die Hand aufzulegen und Gott um Heilung zu bitten, aber sein Zustand besserte sich nicht. Als er zu mir kam, war er schon so schwach, dass er sich kaum auf den Beinen halten konnte. Er nahm meine Hände in seine und brach in Tränen aus.

Mein ganzes Leben lang hatte er mir wie ein Pfeil im Herzen gesteckt, und nun starb er direkt vor meinen Augen! Vor langer Zeit hatte ich ihm im Palwang-Café in Soonchun mit einem Wort das Leben gerettet. Damals hätte ich ihn am liebsten verflucht! Wie oft hatte ich nur zähneknirschend seine Gegenwart erduldet und ihn mit meinen Blicken getötet! Doch als er nun wie ein Bild des Jammers vor mir stand, schmolz all mein Groll, Hass und Kummer dahin, als sei alles nur ein Traum gewesen. Wir fielen uns in die Arme, weinten laut und ließen endlich all unsere angestaute Verbitterung heraus. In diesem Augenblick verwandelte sich mein Hass in Mitleid.

Bruder, Bruder! Chul-Min, mein Bruder!
Warum verlässt du uns so früh?
Hat mein Vater dich nicht vor langer Zeit gebeten,
an Stelle meiner beiden Brüder das gute Werk
fortzusetzen?
Hast du nicht dein Wort gegeben, dass du für dieses
Volk ein großer Diener Gottes werden würdest?
Warum hältst du dein Versprechen nicht
und gehst so weit fort von uns?
Er sagte ‚Lebewohl für immer‘ und verschwand.
Ach, wie weit ist er gegangen?
Ein Schritt, zwei Schritte, und ich sehe nur seine
Fußstapfen …
Er ist die einsame Straße zur anderen Seite gegangen.

So ist das Leben.
Wie lange leben wir? 100 Jahre? 1 000 Jahre? 10 000 Jahre?
Die Sonne ist untergegangen, und nun bist du fort.
Auch ich sollte fortgehen!
In unsere ewige Heimat,
wo die sind, die ich liebe …

Man sagt, dass ein Mensch kurz vor seinem Tod die Wahrheit spricht. Als Chul-Min ging, vertraute er mir mit tränenerstickter Stimme an, was ihm auf der Seele lag: „Dong-Hee, jetzt gehe ich nach Hause und werde bald im Himmel sein. Wenn ich sterbe und in den Himmel komme, knie ich vor deinen Brüdern nieder und bitte sie um Vergebung."

15 Tage später verließ er diese Welt. 51 Jahre waren vergangen seit jenem verhängnisvollen Tag im Jahr 1948, an dem er vor der Hinrichtung bewahrt wurde.

Vielleicht halten meine Mutter, mein Vater, meine beiden Brüder und mein Bruder Chul-Min sich gerade jetzt im Himmel an der Hand, sehen mir beim Schreiben zu und loben Gott in alle Ewigkeit?

24. Wie konnte das noch einmal passieren?

Ich gehe zurück ins Jahr 1948. Ohne meine beiden Brüder in Soonchun zu leben, war die reinste Hölle. Besonders während ich im Haus von Chul-Min wohnte, ging es mir seelisch so schlecht, dass ich immer dünner wurde. Allein mich in dieser Stadt aufzuhalten, in der ich immer wieder den Spuren meiner Brüder begegnete, war eine Strafe für mich.

Wo immer ich hinkam, wurde ich an das strahlende Lächeln meiner Brüder erinnert. Wenn ich durch die Straßen lief, drehte ich mich immer wieder um, denn ich bildete mir ein, dass sie hinter mir herrannten und riefen: „Dong-Hee!" *Wenn ich so weitermache, werde ich eines Tages noch verrückt,* dachte ich.

Mein Vater und meine Mutter verstanden meine Gefühle. Sie wussten, dass der Tod meiner Brüder ein furchtbarer Schock für mich war, und machten sich Sorgen um ihre älteste Tochter, die ihr Lächeln und das Interesse am Leben verloren hatte. So beschlossen sie, dass ich aus der schrecklichen Stadt fort müsse, und schickten mich auf eine Mädchenschule in Seoul!

Ich mietete ein kleines Zimmer in der Nähe der Schule, bei Frau Duk-Soon Hwang, die meinem Vater den Lebertran ins Gefängnis geschickt hatte. Sie war leprakrank, aber man sah es ihr äußerlich kaum an. Sie studierte auf einem Bible College, während ich in die 8. Klasse der Mittelschule ging.

Ich erinnere mich noch gut an die erste Stunde in der neuen Schule. Wir hatten biblischen Unterricht, und die Lehrerin stellte mich meinen Klassenkameradinnen vor: „Diese neue Schülerin hat ihre beiden Brüder in den Aufständen von

Yeosoo und Soonchun verloren. Sie heißt Dong-Hee Sohn. Ich möchte, dass ihr alle ihre Freundinnen werdet und ihr mit Liebe begegnet, wenn sie eure Hilfe braucht." Die anderen Schülerinnen begannen miteinander zu tuscheln. Eine, die ganz hinten saß, stand auf und sagte: „Wir würden gern von Dong-Hee Sohn selbst etwas über die Aufstände hören, weil sie ja dabei war." Die anderen Schüler stimmten ihr zu, und die Lehrerin nickte und ließ mich nach vorne kommen. So blieb mir nichts anderes übrig, als mich ohne Vorbereitung und ziemlich fassungslos vor die Klasse zu stellen.

Aber was sollte ich ihnen erzählen? Lieber wäre ich gestorben, als über den grausamen Tod meiner Brüder zu sprechen. Hatte ich nicht Soonchun verlassen, um vor den grausigen Erinnerungen zu fliehen? Und nun sollte ich ihnen meine Geschichte erzählen! Ich war in meiner Selbstachtung getroffen. Sie plapperten munter weiter, während ich sprach, als läse ich ihnen eine Geschichte aus einem Buch vor. Ich wollte einfach nicht darüber reden. Denn ihre Welt und meine hatten nichts miteinander zu tun.

So machte ich den Mund zu und stand mit gesenktem Kopf da. Es wurde still im Klassenzimmer. Alle sahen mich voller Erwartung und Neugier an. Ich hörte, wie ein Mädchen leise sagte: „Sprich weiter." Doch ich beugte mich über das Lehrerpult und brach in Tränen aus. Ich war traurig und verbittert, dass die Tragödie meiner Familie wie eine Geschichte behandelt wurde, die ihre Neugier befriedigen sollte. Die Lehrerin war ratlos, und ich durfte mich wieder setzen.

Auch wenn ich aus Soonchun weggegangen war und eine Schule in Seoul besuchte, konnte ich mich nicht von den quälenden Erinnerungen an den Tod meiner Brüder befreien. Wo immer ich hinging, verfolgte mich ihr freundliches Lächeln, und ich vermisste sie schmerzlich. Überall hörte ich ihre liebevollen Stimmen und ihre wunderbaren Lieder.

Die beste Medizin war für mich das Vergessen, aber das wollte mir nicht gelingen. Meine Seele sehnte sich unaufhörlich nach meinen Brüdern, und ich litt körperliche und seelische Qualen. Doch Frau Hwangs liebevolle Fürsorge gab mir große Kraft, und ganz allmählich lernte ich, wieder ein normales Leben zu führen.

Aber die Tragödie meiner Familie war noch nicht zu Ende. In den frühen Morgenstunden des 25. Juni 1950 überquerten schwer bewaffnete kommunistische Truppen aus Nordkorea ohne Kriegserklärung den 38. Breitengrad und fielen über den unvorbereiteten Süden her. Wir hatten keine Panzer oder Militärflugzeuge, und unsere Armee war der aus dem Norden unterlegen, die von der Sowjetunion unterstützt wurde. So begannen die Koreaner, sich gegenseitig zu töten.

Gott hatte uns ein großes und kostbares Geschenk gegeben – die Freiheit. Was fehlte uns, dass sich ein Bruder gegen den anderen wandte? Statt dass wir dankbar waren für die Unabhängigkeit von den Japanern, schlachteten wir uns gegenseitig ab. Vielleicht war dies die Strafe Gottes, weil unser Volk nicht nur sein Gnadengeschenk der Freiheit missachtete, sondern auch noch überheblich wurde.

In Korea war die Hölle los. Die Bevölkerung aus dem Norden hatte sich in ihrer ganzen Art verändert. Sie hatten sich der Lehre von Marx und Lenin verschrieben und wurden wie Teufel, die ihre Stärke aus dem Blutvergießen zogen.

In dieser Situation sprach mein Vater folgendes Gebet: „Ich bete für die Republik Korea. Seit fünf Jahren sind wir durch deine große Gnade von der Unterdrückung durch ein anderes Volk befreit, die die Folge unserer Sünde war. Doch ich bin davon überzeugt, dass die zunehmenden Probleme unseres Volkes kein Zufall sind. Vielmehr glaube ich, die Ursache für unsere Not liegt darin, dass wir Christen, die wir zuerst berufen sind, unsere Aufgabe nicht treu und zuverlässig erfüllt haben. Herr, der du das Gebet Abrahams erhört hast, hab Erbarmen mit uns! Mache aus dieser Nation kein zweites Sodom und Gomorra, sondern ein Ninive. Lass mein Volk in Sack und Asche gehen und Buße tun. Und bitte, Herr, halte deinen Zorn vor ihnen zurück."

In der Morgendämmerung des dritten Tages, des 28. Juni, wurde die große Brücke über dem Fluss Han bombardiert und zerstört. Die Truppen der Republik Korea kämpften tapfer, um unsere Hauptstadt Seoul vor den Invasoren aus dem Norden zu retten, die wie eine Flut über uns gekommen waren. Doch sie waren den schwer bewaffneten Kommunisten und ihren sowjetischen T-34-Panzern nicht gewachsen. Der Himmel über Seoul war schwarz von Rauch. Die Menschen rannten wie Ameisen, um sich zu verstecken, und zitterten um ihr Leben. Der Han war rot vom Blut tausender Menschen, die auf der Flucht vor den Invasoren starben. Die Armee der Republik gab die Verteidigung der Hauptstadt auf und zog sich in den Süden zurück. So musste die Regierung nach Pusan an der Südküste der koreanischen Halbinsel ausweichen. Die Kommunisten trieben uns immer weiter nach Süden und wurden erst am Fluss Nakdong in der Nähe von Taegu gestoppt.

Zu der Zeit war ich erst in der 9. Klasse und zitterte vor Furcht, wenn ich die rote Fahne der Kommunisten vor unserem Schulgebäude wehen sah. Erst vor kurzem waren meine beiden Brüder während der kommunistischen Aufstände von Yeosoo und Soonchun getötet worden. Musste jetzt auch ich sterben? Aber ich wollte doch leben!

Seoul war bereits in den Händen der kommunistischen Truppen, und wo immer ich hinschaute, sah ich ihre roten Fahnen wehen. Über unseren Köpfen flogen Granatsplitter und Gewehrkugeln. Wenn ich einen roten Soldaten sah, bekam ich weiche Knie bei dem Gedanken, sie könnten mich ergreifen und töten. Frau Hwang und ich gelobten uns gegenseitig, dass wir uns in all dem Durcheinander nicht trennen lassen würden. Wir lebten zusammen, und so wollten wir auch gemeinsam sterben.

Am Abend vor ihrem Einfall in Seoul entführten die nordkoreanischen Truppen alle Pastoren der Hauptstadt. An diesem Samstag stürmten sie gegen 23 Uhr die Häuser der Pastoren und sagten: „Wir müssen Sie nur über einige Dinge befragen." Die Pastoren kehrten nie wieder zurück. *Warum haben sie alle Pastoren verschleppt? Vielleicht wollten sie zuerst alle Gemeindeleiter loswerden!* Die Familien dieser Pastoren konnten nicht einmal aus der brennenden Stadt fliehen, denn sie warteten auf ihre Männer, die nie wiederkamen.

Frau Hwang und ich versteckten uns zusammen mit anderen Gemeindegliedern im Haus von Pastor Yong-Joon Ahn. Manchmal verbargen wir uns sogar in einer Höhle. Wenn wir draußen jemanden trafen, der auf unserer Seite stand, fragten wir ihn nach dem Stand der Dinge. Die Nachrichten erschienen hoffnungslos.

So beteten wir verzweifelt zu Gott. Nie musste ich Gott so intensiv anflehen, mein Leben zu retten, wie in dieser Zeit. Und ich machte die Erfahrung, dass der Glaube durch unerträgliches Leid fester wird.

Selbst als wir mit anderen in der Höhle schlafen mussten, waren wir immer zum Aufbruch bereit. Wir waren vollständig angezogen, trugen Schuhe und hatten unsere Gürtel fest umgebunden. Unsere Rucksäcke benutzten wir als Kopfkissen. Sobald wir den Ruf: „Lauft", hörten, sprangen wir auf und liefen fort, so schnell uns unsere Füße trugen.

Gottes Zorn dauerte fast drei Monate lang. Es schien, als benutzte Gott einen schamlosen Despoten namens Kim Il-Sung, um unser überhebliches Volk zu züchtigen. Die nordkoreanische Armee zerstörte das ganze Land. Von den Häusern standen nur noch Ruinen, überall lagen Leichen verstreut, durch die Straßen liefen weinende Kinder und suchten ihre Eltern, dazu das Stöhnen der Verwundeten – es war die Hölle auf Erden.

Erst als der Sicherheitsrat der Vereinten Nationen eine Resolution erließ und die Kommunisten zwang, sich zum 38. Breitengrad zurückzuziehen, und dann zu unserer Unterstützung Truppen unter dem Kommando von General Douglas MacArthur schickte, wendete sich schließlich das Blatt, und wir bekamen wieder Luft zum Atmen. Die Truppen der UN aus den USA, Großbritannien, Frankreich, Kanada, Australien, der Türkei und den Philippinen landeten überraschend in Incheon bei Seoul und vertrieben die Kommunisten aus der Hauptstadt. Am 28. September, drei Monate nach Kriegsausbruch, stießen UN-Truppen in den Norden vor, einige Einheiten kamen sogar bis zum Fluss Yalu an der chinesischen Grenze. Es sah so aus, als würde die Einheit des Landes wiederhergestellt. Erst jetzt konnten wir uns aus unseren Verstecken wagen, unsere Angst abschütteln und wieder den blauen Himmel sehen. Und wie klar der Himmel war!

Hier und dort hörte man Gerüchte, dass alle Pastoren, die die Kommunisten entführt hatten, nach Nordkorea verschleppt und dort abgeschlachtet worden waren. Wir hörten auch, dass die Kommunisten bei ihrem Rückzug nicht-kommunistische Bürger bei lebendigem Leib in Massengräbern verscharrten. All diese Nachrichten waren düster und bedrückend.

Als ich vom Schicksal der Pastoren aus Seoul erfuhr, machte ich mir zunehmend Sorgen um meinen Vater. Ich glaubte, er sei sicher, da er ja weit im Süden des Landes lebte. Doch es wollte mir nicht gelingen, eine leise, düstere Ahnung abzuschütteln.

Eines Tages sprachen Frau Hwang und ich über die Sicherheit meines Vaters. In diesem Moment platzte Pastor Yong-Joon Ahn ins Zimmer. Er sprach zuerst kein Wort, aber seine Augen waren nass von Tränen. Da ich ohnehin immer mit dem Schlimmsten rechnete, spürte ich sofort ein bleiernes Gewicht auf meinem Herzen.

„Oh nein! Doch nicht ...“

„Ja, Dong-Hee. Auch dein Vater ...“ Pastor Ahn konnte den Satz nicht zu Ende sprechen und wischte sich immer wieder die Tränen vom Gesicht.

Jetzt ist auch mein Vater tot. Wie konnte das noch einmal geschehen? Oh Gott! Mir war, als stürze vor meinen Augen der Himmel ein. Als ich wieder zu Bewusstsein kam und mich etwas gefasst hatte, berichtete Pastor Ahn, wie mein Vater von den Kugeln der bereits auf dem Rückzug befindlichen Kommunisten niedergestreckt worden war. Mein Herz trauerte noch um meine beiden Brüder und nun, nach nur zwei Jahren, starb auch mein Vater den Märtyrertod. Und dazu durch seine eigenen Landsleute. Wie konnte das geschehen? Hätte jemand die Ereignisse meines Lebens in einem Roman beschrieben, er würde konstruiert wirken. Wäre dies alles ein Theaterstück, würde man es übertrieben finden. Was in meinem Leben passierte, war einfach unfassbar.

Wie kann ich das alles noch einmal ertragen? Warum hat Gott mir ein so furchtbares Schicksal auferlegt? Nicht einmal, sondern gleich zweimal! Nicht ein lieber Mensch, sondern drei! Nicht Freunde oder entfernte Verwandte, sondern meine Brüder und mein Vater! Und sie starben von der Hand unserer eigenen Landsleute!

Meine Augen waren blutunterlaufen vor Bitterkeit und Erschöpfung und mein Gesicht wurde bleich. Mein Herz brannte vor Zorn und Hass, und mein Kopf wollte schier platzen vor Schmerz. *Wie war das möglich? Andere erleben so etwas nicht ein einziges Mal. Warum muss gerade meine Familie so furchtbar leiden, nicht einmal, sondern gleich zweimal? Wie konnte Gott uns das antun? Wie ungerecht ist diese Welt! Was für ein Gesetz steht hinter alledem? Und wer beherrscht es? Gibt es überhaupt ein absolutes Gesetz? Gibt es einen souveränen Gott?* Mein Herz war voller Bitterkeit und Verachtung.

Man sagt, wenn eine Maus in die Enge getrieben wird, greift sie sogar eine Katze an. So begann auch ich, gegen Gott zu wüten. „Gott! Mein Großvater hat dir die Treue gehalten. Auch meine Eltern waren dir treu. Ebenso meine beiden älteren Brüder. Und das ist noch nicht alles, Gott. Alle meine jüngeren Geschwister glauben leidenschaftlich an deinen Sohn Jesus Christus. Und warum nun dies? Ist das der Lohn der Treue? Ist das deine Belohnung für unseren Gehorsam gegen dein Wort? Wenn du Augen hast, schau hin! Wenn du Ohren hast, höre! Wenn du einen Mund hast, antworte mir! Musste das wirklich sein?“ Voller Zorn starrte ich zum Himmel.

Gott hat in Jeremia 33,3 gesagt: „Rufe zu mir, dann will ich dir antworten und dir große und geheimnisvolle Dinge zeigen, von denen du nichts weißt!“ Aber seine Antwort auf mein Rufen war immer wieder nur Tod. So verließ dieser Bibelvers mein Herz und hatte nichts mehr mit mir zu tun. In diesem Moment kam der Satan zu mir und flüsterte mir ins Ohr: „Dong-Hee, schau einmal. Gott behauptet, dich zu lieben, aber was hat er dir angetan? Schau genau hin!“ So sprach die Stimme des Teufels, und seine Worte passten zu dem, was ich empfand. „Der Gott, dem du vertraust, verlangt nur Liebe und Opferbereitschaft von dir und hat dich in keinster Weise dafür belohnt, oder? Was für eine lächerliche Antwort hat er dir gegeben, nachdem du all die Zeit auf

Knien im Gebet verbracht hast? Du hast Gott treu gedient, aber gibt es jemanden, der unglücklicher ist als du? Dein Leben macht keinen Sinn." Ich begann zu glauben, dass Gott geradezu unbarmherzig war. *Gott ist zu grausam. Gott ist machtlos. Gott verlangt von uns nur, dass wir geduldig ertragen – Leid ertragen, Schmerzen ertragen, Widerstand ertragen. Er ist ein selbstsüchtiger Gott, der uns zwingt, um seines Namens willen als Märtyrer zu sterben. Ein Märtyrer! Alle sagen, das sei etwas Heiliges! Was für ein banales Märtyrertum!*

Empfangen wir etwa nur dann Belohnung, wenn wir über dornenreiche Pfade laufen und durch stinkenden Morast waten? Das war eine absurde Vorstellung, die ich nie würde nachvollziehen können. So etwas wollte ich auch gar nicht verstehen.

Für wen und zu welchem Zweck mussten die Menschen, die ich lieb habe, den Märtyrertod sterben? In den Herzen ihrer Eltern, Kinder, Ehefrau, Brüder und Schwestern steckt nun ein langer, dicker Nagel, den sie in ihrem ganzen Leben nicht mehr herausziehen können. Wie kann das die Wahrheit und Liebe Gottes sein! Welche irdischen Eltern würden von ihren Kindern verlangen, einen so schmerzlichen, dornenreichen Weg zu gehen, um sie dann hinterher zu belohnen? Welche Eltern würden ihre geliebten Kinder so leiden lassen? Wo ist der Vater oder die Mutter, die ihren Kindern mit der Peitsche Wunden zufügen, um ihnen dann hinterher eine Belohnung zu geben? Selbst menschliche Eltern fügen ihren Kindern nicht solche Schmerzen zu. Wie konnte dann Gott so etwas im Namen seiner Liebe zulassen? Wenn Gottes Liebe so aussieht, sollte man sie wirklich von irgendeinem Menschen verlangen?

Mein Herz wurde hart wie Stein, und ich konnte nicht mehr vernünftig denken. Ich war in endlosen Zweifeln gefangen und überschüttete Gott mit Vorwürfen. Die Wurzel des Glaubens, die meine Eltern so behutsam all die Jahre in mich eingepflanzt hatten, wurde immer lockerer und schwächer. Hatte mir der Tod meiner beiden Brüder einen tiefen, kummervollen Seufzer entlockt, so brachte mir der Tod meines Vaters das tödliche Gift der Bitterkeit, das sich in meinem ganzen Körper ausbreitete.

Frau Hwang und ich beschlossen, zu Fuß zum Leprazentrum aufzubrechen, weil die Brücke über den Han zerstört war. Ich hatte nur einen Gedanken im Kopf: Ich musste so schnell wie möglich zu meiner Mutter kommen. Die Entfernung zwischen Seoul und dem Leprazentrum war sehr groß, und wir wussten nicht, wie viele Nächte und Tage wir unterwegs sein würden. Trotzdem brachen wir eiligst auf.

Wenn unsere Beine uns vor Müdigkeit nicht mehr tragen konnten, ruhten wir uns eine Weile im Schatten aus. Wenn wir einen Ochsenkarren sahen, bettelten wir darum, in Richtung Ae-Yang-Won mitgenommen zu werden. Wenn wir Hunger bekamen, suchten wir nach einem Ort mit einem Kreuz und baten um Essen. Auch wenn wir uns mitten im Krieg befanden, waren die Gemeindeglieder in der Regel freundlich zu uns. Und wenn Frau Hwang ihnen sagte, wer wir waren, und unsere Situation schilderte, gaben sie uns immer einen Platz zum Schlafen und machten uns am nächsten Morgen Frühstück.

Die Straßen zogen sich endlos hin. Ich murrte und beklagte mich, wenn mich auf dem Weg etwas ärgerte. Es war sicher nicht angenehm, ein großes Mädchen so jammern zu hören, aber Frau Hwang ließ alle meine Klagen geduldig über sich ergehen.

Unsere Füße waren voller Blasen, und unsere Lippen wurden weiß und begannen sich zu schälen. Doch schlimmer als die körperliche Qual waren die Bitterkeit und der Zorn, die in meinem Herzen brodelten. Während ich mich die

Straßen entlangschleppte, überkam mich hin und wieder ein mächtiger Kummer, und ich brach in Tränen aus.

Wir hielten jedes Gefährt an, das in unsere Richtung fuhr, Lastwagen, Jeeps, Ochsenkarren – alles war uns recht. Nur, weil wir hin und wieder mitgenommen wurden, gelangten wir überhaupt zum Leprazentrum. Schließlich sahen wir bei Sonnenuntergang den Rauch aus den Schornsteinen der Häuser steigen. Die Hunde in der Nachbarschaft bellten, als wir näher kamen.

Das Leprazentrum war völlig zerstört! Es sah aus, als sei ein Wirbelsturm darüber hinweggefegt. Und es lag eine bleierne Stille über dem Ort. Früher war es so hell und freundlich gewesen, doch nun, ohne die Gegenwart meines Vaters, war es in Finsternis gehüllt. Es erschien mir wie eine Wüste ohne Oase.

Plötzlich kam mir das Gesicht meines Vaters mit seinem freundlichen Lächeln in den Sinn. „Ach, ist das nicht meine Tochter Dong-Hee? Wie furchtbar musst du gelitten haben! Mein Liebling, Dong-Hee ist nach Hause gekommen, mach ihr doch Reispfannkuchen, die sie so gerne isst!" Fast konnte ich ihn sprechen hören. Als wir an der Kirche vorbeikamen, stellte ich mir vor, ich hörte durch das halb offene Fenster seine donnernde Stimme, die von der viel benutzten Kanzel Gottes Wort verkündigte.

Unsere leprakranken Freunde sahen uns wohl kommen, blickten uns aber nur mit verweinten Augen an. Kein Willkommensgruß wollte ihnen über die Lippen kommen. Erst nach langer Zeit kam eine Frau auf mich zu und legte mir ihre verkrümmte Hand auf die Schulter.

„Dong-Hee, du bist also gekommen", sagte sie und wandte sich schluchzend ab.

Wie konnte meine Mutter sich überhaupt auf den Beinen halten, nachdem sie so kurz nach ihren beiden ältesten Söhnen nun auch ihren Mann verloren hatte? Doch sie lächelte mich mit neu erwachter mütterlicher Liebe und Freude an. Sie hatte Mitleid mit mir, dass ich eine so grausame Welt erleben musste. Dann berichtete sie mir, auf welche Weise mein Vater gestorben war.

25. „Ertragt euer Schicksal mit der Gesinnung von Märtyrern!“

Das erzählte mir meine Mutter: Am 13. September 1950, zweieinhalb Monate nach Beginn des Koreakrieges, kamen kommunistische Soldaten, die in Yeosoo die Abteilung für Innere Angelegenheiten übernommen hatten, und verhafteten meinen Vater. 15 Tage später, am 28. September, dem Tag, an dem die UN-Truppen Seoul zurückeroberten, wurde mein Vater Yang-Won Sohn im Alter von 48 Jahren erschossen.

Vor seiner Verhaftung hatte mein Vater viele Gelegenheiten gehabt, sich zu verstecken, hatte sie aber stets entschieden abgelehnt. Als der Krieg begann und die Pastoren aus Seoul nach Süden flohen, machte er sich große Sorgen.

„Um Himmels willen! Was soll aus den Schafen werden, wenn die Hirten das Weite suchen? Gott hat eine Peitsche in die Hand genommen, um die Menschen für ihre Sünde zu bestrafen. Die Hirten sollten in Seoul bleiben und Buße predigen und bereit sein, sich selbst als Opfer zu geben. Ich sollte selbst dort hingehen.“

So dachte er von Anfang an nicht einmal im Traum daran, zu fliehen, um sich in Sicherheit zu bringen. Im Gegenteil, er versuchte tatsächlich, nach Seoul durchzukommen. Doch die Straße war gesperrt, und so konnte er seinen Plan nicht durchführen.

Am 21. Juli kam Pastor Duk-Hwan La aus Soonchun und schlug ihm vor, er solle sich in Sicherheit bringen, doch mein Vater blieb fest.

„Ich bete zu Gott und folge seiner Weisung“, entgegnete er Pastor La und beendete damit ihre Auseinandersetzung.

Am nächsten Tag sagte mein Vater zu ihm: „Wie herrlich wird es sein, für den Namen des Herrn zu sterben! Ich hätte schon im Gefängnis sterben sollen. Ich bin nur dankbar, dass ich noch die Unabhängigkeit unseres Landes erleben konnte."

Ein paar Tage später schickte ein anderer Pastor einen Diakon seiner Gemeinde, Herrn Hong-Bok Kim, zu meinem Vater, um ihn zur Flucht zu bewegen. Diakon Kim bat ihn inständig zu fliehen, da er wichtig für die Zukunft der koreanischen Kirche sei.

„Pastor Sohn, so wie Ihnen Ae-Yang-Won am Herzen liegt, ist nicht auch die Zukunft der koreanischen Kirche wichtig? Denn von ihr hängt die Rettung dieses Volkes ab. Es erscheint mir daher vernünftig zu fliehen und sich für eine Weile in Sicherheit zu bringen."

„Diakon Kim, lassen Sie uns über diesen Punkt reden. Ist die Kirche von Ae-Yang-Won nicht Teil der koreanischen Kirche? Die Familien von Ae-Yang-Won sind doch ebenfalls Koreaner. Man kann nicht die Schafe einer Gemeinde im Stich lassen, und die koreanische Kirche im Gesamten für wichtiger erachten. Gerade jetzt ist die Kirche gespalten, und die Generalversammlung gleicht einem Schlachtfeld. Und unser Volk ist in eine nördliche und eine südliche Hälfte geteilt. Als Gemeindeleiter müssen wir bei unserer Herde bleiben, nicht nur in guten Zeiten, sondern besonders in Zeiten der Gefahr. Wenn wir unsere Gemeindeglieder verlassen, um unsere eigene Haut zu retten, wird dieses Volk wie Sodom und Gomorra werden. Was ist in dieser Krisenzeit das Allerwichtigste? Die Hirten müssen die Herde weiden, um ihren Glauben zu stärken. In dieser Zeit muss das Volk Gottes dem Herrn Blut und Schweiß opfern. Auch wenn ich ein sündiger und unzulänglicher Mensch bin, möchte ich mich durch die Gerechtigkeit unseres Herrn Jesus Christus zum Opfer darbringen, wenn der Herr es will." Als er diese leidenschaftliche Rede hörte, begriff Diakon Kim, dass er nichts mehr tun konnte, um meinen Vater zur Flucht zu überreden.

„Pastor Sohn, sollten wir nicht unser Leben bewahren, um später unsere Arbeit in der Kirche fortzusetzen?", brachte er als letztes Argument vor.

„Solch eine Logik ist grundfalsch. Wie ich Ihnen schon gesagt habe – wenn es dem Herrn gefällt, will ich mich ihm zum Opfer geben. Das Christentum ist nicht eine Religion, in der es darum geht, gut zu leben, sondern für das Reich Gottes und seine Gerechtigkeit in Würde zu sterben. Wir sollten nicht glauben, dass wir das Evangelium nur verbreiten können, während wir leben. Wie das Samenkorn sterben muss, um neues Leben hervorzubringen, so wird auch das Evangelium durch unseren Tod Früchte tragen." Der Glaube meines Vaters war unerschütterlich, selbst im Angesicht des Todes.

Am 24. Juli eilte auch Chul-Min zu meinen Vater und bat ihn zu fliehen, weil er Angst um ihn hatte: „Vater, wenn du hier bleibst, wirst du ganz gewiss sterben. Komm mit mir und bring dich in Sicherheit."

Doch mein Vater weigerte sich hartnäckig, und so konnte auch er nichts ausrichten. Am Ende ging Chul-Min zu meiner Mutter und forderte sie auf zu fliehen, aber sie schüttelte den Kopf.

„Wo sollten wir uns verstecken? Unsere Zuflucht liegt einzig und allein am Herzen unseres Herrn. Bald wird er wiederkommen. Wohin sollte ich gehen?"

Die Bewohner des Leprazentrums waren so sehr um meinen Vater besorgt, dass sie ihn mehrere Male mit Gewalt auf ein Schiff brachten, aber alle ihre Bemühungen waren umsonst. Jedes Mal sprang er wieder über Bord und schwamm zurück, um bei seiner Herde zu bleiben.

„Wie kann ich davonlaufen, um mein eigenes Leben zu retten, und die Kranken in ihrer Not zurücklassen? Wenn wir sterben, sterben wir gemeinsam, und wenn wir leben, leben wir gemeinsam", sagte mein Vater immer wieder und weigerte sich bis zum Schluss, sich in Sicherheit zu bringen. Deshalb blieben meine Eltern an Ort und Stelle bei den Patienten von Ae-Yang-Won, die nicht fliehen konnten, während die anderen mit den Leuten aus Chunjoo und Seoul zu einer anderen Insel aufbrachen.

Am 27. Juli fiel Yeosoo vollständig in die Hände der Roten Armee. Die Stadt und ihre Umgebung färbten sich rot von Blut. Die Kommunisten wüteten Tag und Nacht und schrien: „Lang lebe die Volksrepublik!" Die kommunistischen Sympathisanten, die gezwungen gewesen waren, sich nach den Aufständen von Yeosoo und Soonchun zu verstecken, kamen nun aus ihren Löchern und schlossen sich in wildem Triumph den Soldaten aus dem Norden an. Sie überfielen die Bewohner der südlichen Städte und schlachteten sie ab. In Windeseile verbreiteten sich Gerüchte, dass die Polizeibeamten, die sich versteckt hatten, getötet, die Pastoren auf der Flucht aus Seoul ermordet und die reichen Bürger nach einem „Volksgericht" erschossen wurden.

Jeder Morgen enthüllte neue Blutbäder, und die Straßen waren mit Leichen übersät. Es herrschte Gesetzlosigkeit und Ungerechtigkeit. Als die Leprakranken sahen, dass die Situation immer bedrohlicher wurde, hoben sie einen Luftschutzkeller aus und flehten meinen Vater an, sich dort zu verbergen und zu beten. Hin und wieder stapelten sie Apfelkisten aufeinander und baten ihn, sich dahinter zu verstecken und zu beten.

Mein Vater lehnte das alles ab. „Warum gebt ihr euch solche Mühe? Bitte lasst das sein. Es hilft mir nicht und dient nur dazu, einen Feigling aus mir zu machen. Wie könnte ich die Gemeinde im Stich lassen?" So weigerte er sich bis zum Ende, sich in Sicherheit zu bringen.

Bald stand das Leprazentrum vor großen Problemen, denn sie wussten nicht, wie sie der kommunistischen Armee begegnen sollten. Es war klar, dass niemand dem sofortigen Tod entgehen würde, der nur den geringsten Widerstand zeigte, denn diese Leute hatten keinerlei Gottesfurcht. Doch es kam auch nicht in Frage, sie willkommen zu heißen und zu unterstützen.

Mein Vater sprach sich am heftigsten gegen sie aus und hörte nicht auf, seine Herde zur Standhaftigkeit zu ermahnen. „Fürchtet euch nicht vor dem Märtyrertod. Es gibt keinen größeren Segen, als um Christi willen zu sterben." Er wurde sehr ärgerlich, wenn sie ihren Glauben verraten wollten, um die eigene Haut zu retten.

Alle Angestellten der Verwaltung und der Schule, Betriebsleiter und Vorstandsmitglieder, insgesamt ungefähr vierzig Personen, kamen etliche Male zusammen, um dieses Dilemma zu besprechen. Jedes Mal wandte mein Vater sich gegen ihre Kompromissbereitschaft und ermutigte sie, im Glauben fest zu bleiben.

„Aber Pastor", wandten sie ein, „natürlich können wir sie nicht mit einem Freudenfest empfangen. Doch sollten wir nicht wenigstens zur Sicherheit von Ae-Yang-Won rein äußerlich die kommunistische Flagge hissen?"

„Niemals!", lehnte mein Vater rundweg ab. „Wenn wir das tun, heißen wir sie praktisch willkommen. Lieber würde ich sterben!"

„Und wenn sie uns angreifen?"

„Ich trage die Verantwortung und stelle mich vor euch, um das zu verhindern. Ihr braucht keine Angst zu haben."

Doch sie ließen sich nicht beruhigen und waren voller Furcht. „Pastor Sohn, und wenn Sie verhaftet werden und sie dann zurückkommen und hier ein Blutbad anrichten? Was sollen wir dann tun?"

„Sterbt den Märtyrertod", antwortete mein Vater ohne Zögern. „Ertragt euer Schicksal mit der Gesinnung von Märtyrern." Dann fügte er hinzu, was er immer während der Predigt sagte: „Ich würde am liebsten sterben, während ich auf der Kanzel stehe oder in den Straßen evangelisiere oder an einem stillen Ort bete. Ich habe mehr Angst davor, an einer quälenden Krankheit zu sterben und mich an Medikamente zu klammern." Mein Vater fürchtete sich also nicht vor dem Tod, sondern sah diesem Tag freudig und festen Glaubens entgegen. So ermutigte er die Schwachen im Glauben durch sein Vorbild.

Eine Woche, bevor die Kommunisten in das Gelände des Zentrums einfielen, läutete dreimal am Tag die Glocke und alle Bewohner kamen zu Erweckungsversammlungen zusammen. Auch wenn es keinen musikalischen Leiter und keine Orgelbegleitung mehr gab, sangen die Leprakranken triumphierende Glaubenslieder und klatschten in die Hände. Es klang, als würden christliche Soldaten in den Krieg marschieren. Für den Samstag, den letzten Tag der Versammlungen, rief mein Vater alle zu einem nächtlichen Fasten- und Gebetsgottesdienst zusammen.

„Als Erstes kommt der Märtyrertod. Als Zweites kommt der Märtyrertod. Als Drittes kommt der Märtyrertod. Seid bereit, als Märtyrer zu sterben. Die Zeit ist gekommen. Bemüht euch darum nicht, gut zu leben, sondern würdig zu sterben. Da wir durch den Namen Jesu Christi erlöst sind, ist es für uns an der Zeit, im Namen Jesu zu sterben."

Nach diesem Grundsatz lebte mein Vater sein ganzes Leben lang. Normalerweise äußerte er sich in seinen Predigten niemals gezielt zum Kommunismus.

Im Gottesdienst am Mittwochabend, einen Tag vor seiner

Verhaftung durch die Kommunisten, hielt mein Vater eine Predigt mit dem Titel: „Seid getreu bis in den Tod", zu dem Text aus Offenbarung 2,10. Seine letzte Predigt handelte davon, wie wir unseren Herrn verherrlichen können, und dass wir für unseren Glauben sterben sollen, um die Krone des Lebens zu empfangen. Er sprach besonders über den Märtyrertod, als ahne er, was ihm bevorstand. Diese Predigt war sein Abschiedsgeschenk an seine geliebten Leprapatienten.

Am folgenden Tag, dem 13. September, kamen fünf Kommunisten um die Mittagszeit nach Ae-Yang-Won. „Macht das Tor auf!" Ihre lauten Rufe erregten den Unwillen des großen deutschen Schäferhundes, der hinauslief und die Männer laut anbellte. Ohne Umschweife erschossen sie den Hund. Der Türhüter war erschrocken und rannte hinein, um die anderen zu warnen, wurde aber ebenfalls von ihren Kugeln niedergestreckt.

„Wir sind gekommen, um Yang-Won Sohn mitzunehmen, einen Pastor oder einen Hund oder was auch immer er ist", riefen sie, sobald sie das Gelände betraten. „Wir wissen, dass er hier ist, und wenn ihr ihn nicht sofort herausgebt, werden wir alle Leprapatienten erschießen."

Die Leprakranken behaupteten zwar, ihr Pastor sei weit weg, doch die Männer glaubten ihnen nicht.

„Wir wissen, dass er hier ist! Wir werden selbst hineingehen und nach ihm suchen." Das Schicksal meines Vaters war unausweichlich. Es machte keinen Sinn mehr, sie anzulügen. Der Patient, der mit den Männern sprach, schickte jemanden zu meinem Vater.

Mein Vater hatte gerade die Predigten für drei Tage Erweckungsversammlungen vorbereitet, die an diesem Abend beginnen sollten, und ruhte sich ein wenig in seinem Zimmer aus. Er hörte die Dringlichkeit in der Stimme des jungen Mannes, der ihn von außen rief.

„Ist jemand zu mir gekommen?“, fragte er beiläufig und stand langsam auf.

„Ja, bewaffnete Männer von der Abteilung für Innere Angelegenheiten sind gekommen und suchen nach Ihnen, Pastor. Wir haben ihnen gesagt, Sie seien nicht hier, aber sie behaupten, sie wüssten, dass Sie sich hier aufhalten, und so …“

Da wusste mein Vater, wie ernst die Lage war. Er zog seinen Anzug an, nahm die Uhr ab und legte sie mit anderen Wertgegenständen aus seinen Taschen auf den Schreibtisch. Mit bleichem Gesicht, aber fest entschlossen ging er aus seinem Zimmer und begab sich ohne Hast zur Kirche, um zu beten. Er hatte allen im Leprazentrum eingeschärft: „Wenn jemand kommt und nach mir sucht, sagt ihm, er soll in die Kirche kommen, wo ich bete.“ So führte man die bewaffneten Soldaten in die Kirche, und sie kamen auf meinen Vater zu.

„Genosse, sind Sie Pastor Sohn?“, fragte einer.

Mein Vater antwortete nicht sofort, sondern verharrte noch ein paar Minuten länger im Gebet. Dann richtete er sich langsam auf und nickte. „Ja, ich bin Pastor Sohn.“

„Dann müssen Sie für kurze Zeit mit uns kommen, denn wir haben einige Fragen an Sie.“

Mein Vater, der genau wusste, was ihm bevorstand, ließ sich ohne Widerstand von den bewaffneten Männern abführen. Da er wie gewöhnlich unter Rückenschmerzen litt, ging er langsam und stützte sich dabei auf seinen Stock. Die Leprakranken gingen hinter ihm her.

„Genossen“, drohten die Soldaten ihnen und richteten die Gewehre auf sie, „folgt uns nicht weiter und gebt Ruhe. Sonst schadet ihr Pastor Sohn nur. Wir bringen ihn bald wieder zu euch zurück.“

Da konnten die Brüder von Ae-Yang-Won nichts mehr ausrichten und nur dastehen und zusehen, wie ihr geliebter

Pastor allmählich ihren Blicken entschwand. So trat mein Vater zum letzten Mal durch das Tor und ließ seine geliebten Leprapatienten zurück. Nachmittags sah es im Leprazentrum aus wie im Garten Eden, mit all den herrlichen Blumen und hübschen Vögeln. Wussten sie, dass mein Vater zum letzten Mal diese Straße entlangging, seinem Tod entgegen?

26. Die letzten Tage des Vaters

Mein Vater verbrachte die Nacht auf dem Polizeirevier von Yool-Chon und wurde dann ins Gefängnis nach Yeosoo überstellt, das der kommunistischen Abteilung für Innere Angelegenheiten als „Besserungsanstalt“ diente. In diesem Kleinstadtgefängnis saßen bereits eine Menge Gefangene ein. 40 bis 50 Insassen wurden in sieben Zellen gezwängt, die für nicht mehr als 20 Personen vorgesehen waren.

Sie waren alle keine Kriminellen. Die geringste Weigerung, mit den kommunistischen Behörden zusammenzuarbeiten, wurde mit sofortigem Arrest bestraft. Die meisten waren wohlhabende Landbesitzer, Christen, Gebildete, Lehrer und national gesinnte Studenten. Viele begriffen gar nicht, weshalb man sie so plötzlich in diese Zellen geschleppt hatte.

Die Zellen waren so überfüllt, dass man sich nicht hinlegen, ja nicht einmal bequem sitzen konnte. So schliefen die Gefangenen in zusammengekrümmter Stellung. Decken bekamen sie nicht, und es war nahezu unmöglich, in so beengter Lage überhaupt einzuschlafen.

Auch die Essensrationen waren sehr dürftig. Die Gefangenen erhielten jeden Tag einen Gerstenkloß von der Größe eines Enteneis und ein wenig Salz. Der Durst war am schwersten zu ertragen. Mehrere Gefangene mussten sich eine kleine Schüssel Wasser teilen, und wenn sie einen Schluck getrunken hatten, wurden sie sofort wieder durstig, weil sie den gesalzenen Kloß gegessen hatten. Es war heiß und ihre Kehlen waren ausgetrocknet, aber sie bekamen nicht mehr Wasser. Dazu waren sie völlig erschöpft, weil sie so wenig schliefen, und manche wurden beinahe verrückt. Die Situation war unerträglich.

Im Gefängnis begegnete mein Vater Johns Klassenkamerad Chang-Soo Kim. Er war der Sohn eines Gemeindeältesten, ein Schüler, der seine Meinung deutlich vertrat. Er blieb bei meinem Vater bis zum Augenblick seiner Hinrichtung – er selbst wurde auf wunderbare Weise gerettet. Heute lebt er in Seoul und hält engen Kontakt zu unserer Familie. Ich habe ihn gebeten, mir genau zu schildern, was sich bei der Verhaftung, dem Gefängnisaufenthalt und Märtyrertod meines Vaters abgespielt hat. Er ist mit dem Leben davongekommen und kann nun als Augenzeuge von den schrecklichen Ereignissen berichten.

Mein Vater und Chang-Soo Kim saßen gemeinsam in Zelle 3 des Gefängnisses von Yeosoo. Chang-Soo war ungefähr zehn Tage vor meinem Vater verhaftet worden und freute sich, ihn zu sehen. „Pastor Sohn!“ Chang-Soo ergriff voller Freude die Hand meines Vaters, aber gleich stiegen ihm die Tränen in die Augen. Für welche Sünde hatte man einen solchen Heiligen wie Pastor Sohn hierher gebracht? Hatte er nicht seinen Feind, der seine Söhne getötet hatte, als Sohn adoptiert? Weshalb wurde er nun wie ein gewöhnlicher Verbrecher behandelt?

Chang-Soo wusste noch, wie er versucht hatte, unseren Vater nach dem Tod von Matthew und John zu trösten. Doch eigentlich war es mein Vater, der ihn tröstete: „Warum sollen wir traurig sein, da meine Söhne in den Himmel eingegangen sind und es jetzt viel besser haben als hier? Chang-Soo, auch du musst an Jesus glauben und ihm vertrauen.“ Warum wurde ein so guter Mann an diesen Ort verschleppt? Chang-Soo wischte sich die Tränen vom Gesicht. Es war, als würde er in Pastor Sohn seinem Freund John begegnen.

Am folgenden Morgen wurde mein Vater ins Vernehmungszimmer geführt und verhört. Fotos von Kim Il Sung und Stalin hingen nebeneinander an der Wand. Zunächst sprach der Vernehmungsbeamte freundlich mit ihm und schien sogar Mitleid wegen seiner Inhaftierung unter der japanischen Besatzung mit ihm zu haben. Dann händigte er ihm ein Schriftstück aus und bat ihn, es zu unterschreiben.

Als mein Vater es durchlas, sah er, dass es ein Schuldeingeständnis war. Er sollte alles bekennen, was er in der Vergangenheit falsch gemacht hatte. Doch mein Vater war der Meinung, dass er nur Gott Rechenschaft schuldig sei, nicht diesen Kommunisten, und im Übrigen hatte er ihnen auch nichts zu bekennen. So wollte er zunächst gar nichts schreiben. Auf der anderen Seite sah er hier eine gute Gelegenheit, Gottes Wort in ihre gewalttätigen Herzen einzupflanzen. Er nahm also das Papier, überflog die Anweisungen und begann zu beten. Der Direktor lächelte höhnisch, als er meinen Vater beten sah. Er nahm eine Zigarette und zündete sie an. Nachdem er sein Gebet beendet hatte, begann mein Vater, das Bekenntnis seines Glaubens niederzuschreiben.

Schließlich war er fertig und gab dem Direktor das Schriftstück zurück. Als der las, was mein Vater geschrieben hatte, sprang er auf. „Unverschämter Kerl!“, schrie er. „Was ist das für ein Bekenntnis? Pastor Sohn, kommen Sie endlich zur Vernunft! Haben Sie noch immer keine Angst?“ Der Direktor kochte vor Wut und warf das Schriftstück auf den Tisch.

„Weil Sie so unter den Japanern gelitten haben, wollte ich Nachsicht mit Ihnen üben, aber ich sehe, dass Sie durch und durch verdorben sind. Aus welchem Grund haben die Japaner Sie denn ins Gefängnis gesteckt?“

„Ich habe mich geweigert, mich vor ihrem Schintoschrein zu verbeugen, weil das gegen Gottes Gebote verstößt.“

„Was für Gebote Gottes? Ich wette, das sind nicht Gottes Gebote, sondern die Gebote des kapitalistischen Amerika! Ich glaube, dass Amerika Sie einer gründlichen Gehirnwäsche unterzogen hat.“ Solchen Unsinn brüllte der Direktor und steigerte sich immer mehr in seinen Zorn hinein. Später hörte er nicht einmal mehr zu, was mein Vater ihm antwortete. Er versuchte nur, eine falsche Anklage gegen ihn zu erheben.

„Verleumden Sie nicht den Kommunismus, wenn Sie überall predigen? Sind Sie nicht in Wirklichkeit ein Spion für Amerika? Warum haben Sie zugelassen, dass das Buch ‚Das Saatkorn muss sterben' gedruckt wird, in dem revolutionäre Aktionen der Kommunisten während der Aufstände von Yeosoo und Soonchun kritisiert werden?" (Dieses Buch von Pastor Yong-Joon Ahn erzählte die Geschichte vom Märtyrertod meiner beiden Brüder und der Adoption von Chul-Min; ich habe es oben schon erwähnt.)

„Wenn Sie ein Pastor sind – warum setzen Sie sich nicht einfach still hin und beten, statt gegen den Kommunismus zu predigen?", beschuldigte er meinen Vater.

Doch mein Vater hörte den Anschuldigen zu, ohne sich zu verteidigen. Er begriff, dass der Direktor völlig irrational redete. Darauf holte der Direktor einen Holzstock unter seinem Pult hervor und schlug erbarmungslos auf meinen Vater ein. Mein Vater gab keinen Laut von sich, selbst als er sich vor Schmerzen auf dem Boden wand. Chang-Soo Kim erzählte mir später, dass er den Anblick seiner Wunden kaum ertragen konnte.

„Herr", betete mein Vater. „Ich danke dir für das Vorrecht, dass ich dein Kreuz tragen und an deinem Leiden teilhaben darf." Trotz seiner großen Schmerzen neigte mein Vater sich tief vor Gott und dankte ihm in aller Öffentlichkeit. Erst als es dunkel war, durfte er in seine Zelle zurückkriechen, von Kopf bis Fuß mit Wunden bedeckt. Chang-Soo Kim berichtete, dass mein Vater in dieser Nacht kaum schlafen konnte, weil er so furchtbare Schmerzen litt. Außerdem hatte er hohes Fieber und war dem Tode nah.

Doch selbst unter Qualen und Stöhnen vergaß er nicht, seinen Zellengenossen von Christus zu erzählen. Es war streng verboten, in der Zelle auch nur ein Wort zu sprechen. Doch er flüsterte die Botschaft seinen Mitgefangenen ins Ohr und achtete darauf, dass ihn der Wachmann nicht sah. Selbst als er aus einer kurzen Ohnmacht erwachte, ermahnte er die anderen mit leiser Stimme: „Glaubt alle an Jesus und lasst uns gemeinsam in den Himmel eingehen."

Jeder Tag in dieser „Besserungsanstalt" begann mit einer Stunde der Selbstprüfung. Alle mussten um 6 Uhr morgens aufstehen, sich gerade hinsetzen und ihre Lage überdenken. In dieser Stunde betete mein Vater zu Gott. Doch er bewegte nur die Lippen und achtete darauf, keinen Laut von sich zu geben, denn darauf stand eine harte Strafe.

In dieser Stunde sollten die Gefangenen ihre „Spionageaktivitäten" für das kapitalistische Amerika überdenken. Doch für meinen Vater war es eine kostbare Zeit, in der er frei mit Gott reden konnte. Während einige der Insassen voller Sorge um ihre Familienmitglieder waren und voller Furcht daran dachten, was mit ihnen geschehen würde, begegnete mein Vater Gott mit einem klaren Geist. Wann immer Chang-Soo Kim über die Schulter zu meinem Vater hinsah, war er mit geschlossenen Augen tief im Gebet versunken.

Die Stunde der Selbstprüfung war beendet, wenn mit einem Stück Aluminium über den Zementboden gekratzt wurde. Das war auch das Zeichen, dass es nun Frühstück gab. Wenn die kleinen Gerstenklöße ausgeteilt wurden, stießen und drängten sich die Gefangenen, um nur ja den größten Kloß zu erwischen. Zwar waren die Klöße alle ungefähr gleich groß, doch waren die Männer so ausgehungert, dass sie regelrecht darum kämpften und den faden Kloß rasch hinunterschlangen. Es war nicht ein Reiskörnchen in den Klößen, und doch schmeckten sie süß wie Honig. Und wenn sie ihre eigene Ration gegessen hatten, waren sie natürlich immer noch hungrig und blickten sehnsüchtig auf die Portionen ihrer Zellengenossen.

Doch mein Vater nahm sich immer das, was noch übrig blieb. Manchmal dauerte sein Gebet etwas länger, und wenn er endlich aufblickte, hatten die anderen ihre Portion bereits verschlungen und beäugten gierig den Kloß, der vor ihm lag. Einige leckten sich die Lippen, anderen lief der Speichel herunter. Bei jeder Mahlzeit teilte Vater seinen Kloß mit dem schwächsten Zellengenossen: „Ich war noch nie ein starker Esser. Die halbe Portion genügt mir."

Natürlich glaubte das niemand. Die Portion war zu klein, als dass man davon satt werden konnte. Doch die Mitgefangenen waren zu hungrig, um dieses Angebot abzulehnen, und vergaßen ihr natürliches Schamgefühl.

Chang-Soo Kim erzählte mir einmal, er sei sehr beschämt gewesen, dass er seine Ration immer aufaß, während mein Vater ihm die Hälfte von seiner Portion mit den Worten abgab: „Chang-Soo, du bist sicher hungrig hier." So war es auch, und deshalb aß er die Portion, die mein Vater ihm abgab. Bis heute hat er einen Kloß im Hals, wenn er daran denkt. Nie wird er vergessen, mit welcher Liebe mein Vater ihm diesen Gerstenkloß geschenkt hat.

Nach dem Frühstück mussten sich alle zusammengekrümmt auf den Boden setzen und sich mucksmäuschenstill verhalten. Sie durften weder die Beine ausstrecken, noch mit ihrem Nachbarn sprechen. Die Wachen schlugen jeden erbarmungslos, der gegen diese Regel verstieß. In diesem Fall musste der Gefangene seine Hände durch die Metallstäbe stecken und wurde mit einem dicken Holzstock darauf geschlagen, bis ihm die Knochen brachen und die Hände bluteten und anschwollen.

Als der Wachmann eines Tages an der Zelle vorüberging,

hörte er jemanden flüstern. Er ging hinein und fragte: „Wer hat da geredet?“

Mit stechendem Blick sah er in die Runde, um den Schuldigen auszumachen, aber keiner sagte einen Ton. Voller Wut drohte er den Gefangenen: „Wenn innerhalb von fünf Minuten keiner von euch gesteht, werde ich euch alle bestrafen!“ Als die fünf Minuten vorbei waren, schwiegen sie noch immer.

Da erhob sich mein Vater. „Ich habe geredet“, sagte er und trat vor, „bestrafen Sie also nur mich.“

Der Wachmann sah meinem Vater tief in die Augen, brach in sarkastisches Lachen aus und ging dann fort, ohne ihm etwas anzutun. Er wusste wohl, dass nicht mein Vater gesprochen hatte, weil das Geräusch aus dem vorderen Teil der Zelle gekommen war, und mein Vater in der hintersten Reihe saß.

Jeden Tag wurden einige der Gefangenen zum Verhör geführt. Jeder, der die Zelle verließ, klammerte sich an die winzige Hoffnung, nach diesem Verhör entlassen zu werden. Doch nach Einbruch der Dunkelheit kamen sie alle wieder zurück, meist blutüberströmt. Manche mussten sogar auf dem Rücken von anderen Gefangenen in die Zelle getragen werden. Schuldig oder nicht, keiner von ihnen wurde entlassen.

Auch mein Vater wurde mehrere Male verhört. Jedes Mal stellten sie dieselben Fragen wie am Anfang, und danach wurde er immer blutüberströmt in die Zelle zurückgebracht. Es herrschte eine bedrückende Atmosphäre. Die Fragen waren so unzumutbar und unvernünftig, dass niemand wusste, wie er sie beantworten sollte. Sie versuchten, meinen Vater zu einem Schuldeingeständnis zu zwingen, aber er hatte ihnen nichts zu gestehen. Die Verhöre stützten sich auf keinerlei Beweismaterial, man befahl ihm einfach nur, zu bekennen und zu bereuen.

Auch Chang-Soo Kim wurde zum Verhör geführt. Einmal wurde er ins Gesicht geschlagen, sobald er das Zimmer betrat.

„Du Reaktionär!“, riefen sie. „Wie viele Leute hast du getötet?“

Völlig verwirrt stand er da und wusste gar nicht, wie ihm geschah, und die Soldaten, die um ihn standen, traten ihn erbarmungslos. Zuerst glaubte er, sie verwechselten ihn mit jemand anderem, aber das war nicht so. Sie weigerten sich, ihm auch nur zuzuhören, und so war es völlig sinnlos, sich zu verteidigen.

„Du Schuft! Hör auf mit deinen Entschuldigungen und beantworte unsere Fragen. Wie viele Leute hast du getötet?“ Sie schlugen ihm mit dem Knüppel auf den Rücken, die Beine und ins Gesicht. Der Schmerz war so unerträglich, dass der Tod ihm wie eine Erlösung erschienen wäre. Chang-Soo hätte alles darum gegeben, damit diese Folter endlich aufhörte. Daher gab er nach und drückte seinen Daumenabdruck auf das falsche Geständnis. Als er blutüberströmt in die Zelle gebracht wurde, legte mein Vater ihn hin und betete für ihn. Unter Tränen erzählte ihm Chang-Soo, was beim Verhör passiert war.

Mein Vater schwieg lange Zeit mit geschlossenen Augen und sprach dann mit leiser, freundlicher Stimme: „Der Schmerz in unserem Körper währt nur einen Augenblick lang, doch die Freude unserer Seele währt in alle Ewigkeit. Nur durch inbrünstige Gebete erhalten wir das Vorrecht, ein Märtyrer zu werden.“

Doch Chang-Soo wollte nicht mit 18 Jahren sterben. Als er meinem Vater zuhörte, erinnerte er sich immer wieder an meine beiden Brüder Matthew und John, und er zitterte vor Scham. Als er zu meinem Vater aufblickte, der gar keine Angst vor dem Tod zu haben schien, dachte er bei sich: *Wirklich, wie der Vater, so der Sohn.*

Dieser unerträgliche Zustand dauerte zwei Wochen. Der Sommer war an den Gefangenen vorübergegangen, und nun spürten sie die Kühle der Herbsttage.

Am frühen Morgen des 28. September 1950 herrschte vor den Zellen sichtliche Aufregung. Die schwer bewaffneten kommunistischen „Untergrundaktivisten" liefen mitsamt den Wachen unruhig hin und her. Die Letzteren trugen nun Militärkleidung. Einer kam in die Zelle und verkündete: „Heute Morgen haben wir bei unserer Versammlung beschlossen, euch Genossen freizulassen. Also sorgt auch ihr dafür, dass alles geordnet abläuft, und tut, was man euch sagt."

Das Wort „freilassen" rief bei den Gefangenen eine mächtige Erregung hervor. Wie lange hatten sie darauf gewartet, dieses Wort zu hören? Bei all den Qualen, die sie hier im Gefängnis erlitten, hatten sie nahezu jegliche Hoffnung verloren. Und nun würde man sie freilassen! Sie fühlten sich, als sei jemand von den Toten auferstanden, stießen Freudenschreie aus und trösteten einander, weil sie so gelitten hatten. Die sonst so strengen Wachen schritten merkwürdigerweise nicht ein, ja, man sah sie gar nicht mehr. Die Gefangenen erhielten große Mengen Trinkwasser und Zigaretten.

So verging die Mittagszeit, und der Nachmittag wurde zum Abend, ohne dass sich ihre Zellentür öffnete. Chang-Soo saß neben meinem Vater und fragte: „Pastor Sohn, glauben Sie, dass sie uns wirklich gehen lassen?"

„Wichtig ist nicht", sagte mein Vater, „ob wir entlassen werden, sondern ob wir den letzten Sieg erringen. Daher müssen wir intensiv und mit allem Ernst um das Heil unserer Seele beten." Mein Vater hielt Chang-Soo fest an der Hand, um ihm in seiner Angst Mut zu machen. Dann erzählte er ihm von einem Traum, den er in der vergangenen Nacht gehabt hatte. In diesem Traum hatten ihn seine beiden ermordeten Söhne besucht. Ihr Gesichtsausdruck war ganz seltsam gewesen, als würden sie lächeln und gleichzeitig ärgerlich sein.

Die ängstliche Zeit des Wartens zog sich bis zum Abend hin. Plötzlich hörte man in den Fluren eilige Schritte. Die Gefangenen freuten sich auf ihr Essen, doch es kamen nur bewaffnete Wachleute und die Männer, die sie zuvor gefoltert hatten. Vor jeder Zelle stellten sich die Soldaten in einer Reihe auf. Es sah nicht so aus, als würde eine Mahlzeit ausgegeben. Was ging hier vor? Wollten sie sie endlich entlassen? Das fragten sich alle und warteten angespannt darauf, was die Wachen tun würden.

Schließlich öffneten sie eine Zellentür nach der anderen, gestatteten den Gefangenen, ihre Habseligkeiten zusammenzuraffen und hinauszugehen. Doch als sie draußen waren, begriffen sie, dass sie nicht in die versprochene Freiheit entlassen worden waren. Die Wachen fesselten sie und stießen sie in einen großen Raum.

Einer der Soldaten, der eine Führungsrolle zu spielen schien, wandte sich mit schriller Stimme an die Gefangenen: „Hört gut zu, Genossen! Die Amerikaner bombardieren Yeosoo gerade so stark, dass wir euch nach Soonchun überstellen müssen. Wenn die Luftangriffe vorüber sind, werdet ihr wieder hierher zurückgebracht. Beruhigt euch, Genossen, und folgt unseren Anweisungen. Wenn wir euch töten wollten, könnten wir das hier und jetzt tun. Wir werden euch nicht umbringen, Genossen, und wir lassen euch auch nicht zu Sklaven der amerikanischen Imperialisten werden. Seid unbesorgt und tut, was wir sagen.“ Der Soldat, der so sprach, trug eine Pistole an der Hüfte und ein langes, japanisches Schwert. Alle Soldaten, die um die Gefangenen herumstanden, waren mit Degen, Schwertern und Maschinengewehren bewaffnet.

Der Anführer starrte mit kaltem, durchdringendem Blick auf die 150 national gesinnten Gefangenen und fuhr fort: „Wenn wir nach Soonchun kommen, werden wir euch umerziehen, und ihr sollt eure Einstellung nochmals bedenken. Dann werden wir euch freilassen. Doch wenn jemand auf dem Weg dorthin seinen Mund aufmacht und redet oder zur Seite schaut oder zu fliehen versucht, werden wir ihn sofort erschießen. Merkt euch das!"

Damit zerplatzte die Hoffnung der Gefangenen auf Freiheit wie eine Seifenblase. Keiner glaubte, dass ihnen in Soonchun die Freiheit geschenkt werden würde. Sie logen. Sie hatten immer die Wahrheit verdreht!

Dann zogen die Wachen die Stricke um die Hände der Gefangenen noch fester zusammen. Chang-Soo Kim stellte sich direkt neben meinen Vater, damit er mit ihm zusammengebunden würde, aber irgendwie wurden sie getrennt. Die Soldaten hatten die Hände jedes Mannes hinter seinem Rücken zusammengebunden, fesselten dann jeweils vier Gefangene aneinander und flochten die einzelnen Stricke wie Zöpfe zusammen.

Der Marsch nach Soonchun begann nach zehn Uhr abends. Angst lag in der Luft. Die Soldaten marschierten auf beiden Seiten der Gefangenen und richteten ihre Gewehre auf sie. In all dem Chaos verlor mein Vater seine Schuhe und musste barfuß auf der steinigen Straße gehen. Als Chang-Soo das sah, hatte er großes Mitleid mit ihm. Es war so weit von Yeosoo nach Soonchun, und die Straßen waren mit spitzen Steinen übersät. Wie würde Pastor Sohn diese Strecke ohne Schuhe gehen können?

Die kommunistischen Soldaten führten die Männer ruhig aus Yeosoo heraus, doch außerhalb der Stadt wurden sie zu wilden Tieren, beschimpften die Gefangenen und führten sie auf eine entlegene Bergstraße.

„Du Hund! Was hast du getan, nur um was zu fressen zu kriegen?“, höhnten sie und hielten die Gewehrmündung auf die Gesichter der Gefangenen, die kein einziges Wort von sich geben durften. Einigen schlugen sie ohne Grund mit dem Gewehrkolben auf den Rücken, um ihrem Ärger Luft zu machen. Sie versuchten, einen Streit mit den Häftlingen vom Zaun zu brechen, da sie wussten, dass sie sich mit den auf dem Rücken zusammengebundenen Händen nicht verteidigen konnten. Hier und da hörte man das Geräusch von Schlägen und Schmerzensschreie. Die Soldaten stellten den Gefangenen immer wieder ein Bein, damit eine ganze Gruppe hinfiel. Die Kommunisten hatten vor niemandem Respekt, und keiner wurde von ihnen verschont, auch nicht mein Vater.

Es war Erntedank, zwischen 22 und 23 Uhr, und der Mond schien ungewöhnlich hell. Gelegentlich hörte man einen Gewehrschuss, der die Soldaten veranlasste, die Männer zu bedrohen. „Jemand hat einen Fluchtversuch gewagt. Sollte das noch einer versuchen, wird er auch erschossen!“

Chang-Soo, der hinter meinem Vater ging, bekam genau mit, wie dieser angepöbelt und geschlagen wurde. Er erzählte mir, dass mein Vater selbst in dieser Situation noch versuchte, seinen Peinigern Gottes Wort zu verkündigen.

„Genosse, was ist dein Beruf?“, fragte einer der Soldaten meinen Vater mit scharfer Stimme.

„Ich betrachte meine Arbeit eigentlich nicht als Beruf. Ich bin ein Pastor“, erwiderte mein Vater ruhig.

„Aha, du bist also der Pastor Sohn, von dem ich gehört habe. Sogar im Gefängnis hörst du nicht auf mit Predigen, damit die Leute an Jesus glauben. Warum in aller Welt tust du das eigentlich?“, fragte der Soldat mit donnernder Stimme.

Doch mein Vater antwortete wieder ganz ruhig: „Ich möchte ihnen Mut machen, an Jesus zu glauben, damit auch sie in den Himmel kommen. Das Leben in dieser Welt ist kurz, aber das Leben im Himmel währt ewig. Bitte handeln Sie nicht länger so gesetzlos und glauben Sie an Jesus."

„Was für ein unverschämter Kerl! Du möchtest also sogar mich bekehren? Du hast wohl den Verstand verloren. Wo ist überhaupt der Himmel?"

„Wenn Sie in der Bibel lesen, werden Sie Gottes wunderbare Macht erkennen. Dann bleibt Ihnen nichts anderes übrig, als an das ewige Leben und den Himmel zu glauben."

„Ja, ja. Du kommst in den Himmel und hast ein schönes Leben. Wir versuchen aber, unser Paradies auf Erden zu schaffen. Du faselst noch vom Himmel, wenn du schon tot bist und dein Körper verfault! Wer glaubt schon solch einen Unsinn? Hast du schon mal jemand gesehen, der in den Himmel gekommen ist?"

Mein Vater, Pastor Yang-Won Sohn, am Eingang des Leprazentrums Ae-Yang-Won.

„Wir sollten nicht nur das glauben, was wir sehen. Es gibt noch eine größere Wahrheit, die man nicht mit den Augen sehen kann. Solche Zweifel kommen vom Satan. Es gibt keine größere Wahrheit als Gottes Wort, deshalb müssen wir ihm bedingungslos vertrauen. Jesus ist der einzige Weg zum Himmel. Glauben Sie an Jesus. Nehmen Sie ihn als persönlichen Herrn und Heiland an.“

„Halt’s Maul! Wie kannst du es wagen, so zu mir zu sprechen!“ Der Soldat schlug meinen Vater mit dem Gewehrkolben, so dass er zu Boden stürzte.

„Du nichtsnutziger Reaktionär!“ Die Soldaten stürzten sich auf meinen Vater und schlugen ihn auf den Kopf und den Rücken.

Sie hatten den Gefangenen zwar gesagt, dass sie nach Soonchun gebracht werden sollten, aber sie marschierten nur bis Mipyung, am Rand von Yeosoo. Dort hielten sie den Zug an.

„Genossen, hört gut zu! Der Mond scheint gerade so hell wie die Sonne. Um den amerikanischen Luftangriffen zu entgehen, wollen wir euch in Kleingruppen von zehn Mann aufteilen. Doch versucht ja nicht zu fliehen, sonst werdet ihr auf der Stelle erschossen“, sagte der Kommandant mit seiner scharfen Stimme.

So wurden die Gefangenen in Zehnergruppen aufgeteilt. In ihren Gesichtern stand die Angst.

„Erste Gruppe, vorwärts, marsch!“ Die erste Gruppe marschierte los, während die anderen sitzen blieben. Ungefähr zehn Minuten später durchbrach eine Salve von Maschinengewehrfeuer die Stille der Nacht. Da verließ alle der Mut, denn sie begriffen, dass man ihre Kameraden erschossen hatte.

Die Männer bekamen entsetzliche Angst, doch die kommunistischen Soldaten meinten lakonisch: „Ihr Hundesöhne!

Da hat wohl jemand einen Fluchtversuch gewagt. So einer hat den Tod verdient."

Man hörte in gewissen Abständen einzelne Gewehrschüsse, als die Soldaten von einem zum anderen gingen, um sicherzugehen, dass die Männer auch wirklich tot waren. Alle bekamen furchtbare Angst um ihr Leben. Chang-Soo sah, wie mein Vater mit letzter Kraft den Männern in seiner Nähe von seinem Glauben erzählte. Er wusste, dass er bald sterben musste, und so predigte er ihnen mit aller Kraft, denn ihm war klar, dass dies für viele die letzte Gelegenheit war, gerettet zu werden.

„Halt die Klappe, Genosse! Hab ich dir nicht verboten, zu quatschen?" Dann schlug der Soldat meinen Vater mehrmals mit dem Gewehrkolben auf den Mund, so dass ihm alle Zähne brachen und der Mund sich mit Blut füllte. Als keine Schüsse mehr zu hören waren, kamen die Peiniger auf die nächste Gruppe zu.

„Zweite Gruppe, vorwärts, marsch!" Ich mag gar nicht daran denken, wie es in meinem Vater ausgesehen haben mag, in diesem Augenblick, in dem es um Leben und Tod ging.

So starb mein Vater am 28. September 1950 den Märtyrertod. Was habe ich an jenem Tag gemacht? War ich vor Freude außer mir, weil Seoul von den Alliierten befreit wurde? Habe ich friedlich in meinem Zimmer geschlafen? Warum habe ich nicht gespürt, dass mein Vater an der Schwelle des Todes stand? Wie kann ich je mein Gewissen beschwichtigen? Wie kann ich diesen Mangel an Tochterliebe je wieder gutmachen?

Der folgende Bericht stammt von Chang-Soo Kim:

„Als die zweite Reihe vorwärts marschiert war, knatterte wieder das Maschinengewehrfeuer. Selbst aus der Entfernung zerriss es uns fast das Trommelfell. Nun gab es keinen Zweifel mehr, dass die Kommunisten uns alle erschießen wollten.

Pastor Sohn drehte sich noch einmal zu mir um und sah mich an: ‚Bete, Chang-Soo. Was auch immer dir geschieht, vergiss nicht zu beten. Gott wird dir die Kraft geben, die du brauchst. Wir sehen uns im Himmel wieder.' Da begann ich im Stillen den Namen Gottes anzurufen. Während ich betete, klangen mir die letzten Worte von Pastor Sohn in den Ohren.

Jetzt ist alles zu spät. Ich sollte mich mutig auf den Tod vorbereiten, überlegte ich. Aber ich war noch nicht bereit, mich vom Leben zu verabschieden. In mir war ein starker Lebenswille, und so versuchte ich mit aller Kraft, mich von den Stricken zu befreien. Nach langer Zeit gelang es mir wunderbarerweise, eine Hand frei zu bekommen. Doch wie sehr ich mich auch abmühte, ich schaffte es nicht, auch die andere Hand zu befreien.

Schließlich bekam die dritte Gruppe den Marschbefehl. Während ich dem Erschießungskommando immer näher rückte, bewegte ich heftig die Hände, um auch die andere Hand freizubekommen. Als wir 20 bis 30 Meter auf der Straße durch die Obstplantage gegangen waren, drang uns der Geruch von Blut und Pulver in die Nase. Unter den Bäumen sahen wir viele Gefangene zusammengebunden am Boden liegen. Manche lebten noch, schrien um Hilfe und stöhnten leise. Doch als ich aufblickte, sah ich viele kommunistische Soldaten um sie herum stehen, die die Gewehre auf sie richteten.

So sah also der Tod aus! Verzweifelt drehte und wendete ich meine gefesselte Hand und versuchte, sie mit der anderen zu befreien. In diesem Augenblick stand ich ganz links in der vordersten Reihe. *Wenn sie schießen, wird es mich zuerst treffen. Vielleicht sollte ich mich tief ducken?* Verzweifelt drehte und wendete ich mich und dann, kurz bevor die Kugeln flogen, riss der Strick. Es war ein Wunder! Das Erschießungskommando hatte schon die Finger am Abzug. Ich konnte nur noch an Flucht denken und rannte, so schnell ich konnte, in die Dunkelheit an einem Graben entlang ins Feld.

Hinter mir hörte ich jemanden rufen: „Einer von ihnen ist abgehauen!“ Dann schwirrte ein wahrer Kugelhagel an mir vorbei. Gewehrschüsse und Maschinengewehrfeuer! Ich fiel in eine Abflussrinne. *Ich bin getroffen! Das ist das Ende.* Ich war verzweifelt, dass ich hier so elend sterben musste. Aber dann merkte ich, dass ich unversehrt war. Ich tastete meinen ganzen Körper ab, aber nirgends hatte mich eine Kugel getroffen. Ich hatte nur ein wenig Blut auf der Wange. Die Kugeln waren an meinem Kopf vorbeigeflogen. Ich war wohl nur aus Angst vor den ratternden Gewehrschüssen gefallen. Alle Kraft war aus meinen Beinen gewichen.

Ich trug eine kurzärmelige Schuluniform. Da man den weißen Kragen in der Dunkelheit leicht würde erkennen können, zog ich die Uniform aus und kroch weiter, so schnell ich mich bewegen konnte. Bald war ich schweißüberstömt und von oben bis unten schmutzig.

So kroch ich den ganzen Weg auf den Berg hinauf. Die Schritte meiner Verfolger hörte ich nicht mehr. Unter einem großen Felsen kauerte ich mich nieder und stieß einen Seufzer der Erleichterung aus. Erst jetzt dachte ich an das Schicksal meiner Mitgefangenen. Ich hätte gern gewusst, was mit Pastor Sohn geschehen war, aber natürlich konnte ich jetzt nicht den Berg hinuntergehen. Ich zitterte heftig am ganzen Körper, und meine Zähne klapperten, als sei ich aus einem Alptraum erwacht. Ich zitterte vor Angst, Kälte und Freude zugleich.

Immer noch hörte ich aus der Ferne Schüsse und das knatternde Geräusch der Maschinengewehre. Ich dachte: *Zuerst muss ich zu Pastor Sohns Haus gehen und seiner Familie berichten, was geschehen ist.* So überquerte ich ein Flüsschen, lief an vielen Reisfeldern vorbei und rannte die ganze Nacht hindurch. Als der Morgen dämmerte, stand ich schließlich vor dem Tor von Pastor Sohns Haus."

Chang-Soo erklärte: „Ich habe überlebt, weil Gott mich dazu ausgesucht hat, über das, was in diesen Tagen geschehen ist, als Zeuge zu berichten." Bevor er mit der furchtbaren Nachricht erschien, waren meine Familie und die Gemeinde im Leprazentrum guten Mutes. Sie glaubten, dass mein Vater bald wieder gesund und munter nach Hause zurückkehren würde. Seit seiner Verhaftung hatte jeder Besucher ihnen versichert: „Selbst wenn sie alle anderen töten, Pastor Sohn werden sie nicht umbringen. Wie könnten sie das tun, da er doch einen kommunistischen jungen Mann – den Mörder seiner beiden Söhne – als seinen eigenen Sohn adoptiert hat? Auch wenn die Kommunisten noch so hartherzig sind, wird ihr Herz doch von einem solchen Akt der Vergebung und Nächstenliebe bewegt werden, und sie werden ihn bald entlassen." Solche Vermutungen wurden überall bei uns im Dorf laut.

An diesem Morgen hatte meine Mutter einen weiteren Sohn zur Welt gebracht, Dong-Kil. Sie hatte erfahren, dass die UN-Streitkräfte in Incheon eingetroffen waren und die nordkoreanische Armee erfolgreich zurücktrieben.

Seit dem Morgen des 24. September hatte meine Mutter den ganzen Tag angespannt auf meinen Vater gewartet. Sie hatte Gerüchte gehört, dass alle Gefangenen an diesem Tag entlassen werden sollten. Doch sie wartete vergebens. Am 25. bereitete sie für ihn sogar ein warmes Frühstück vor, doch er kam auch an diesem Tag nicht nach Hause. Am 26. wartete sie wieder vergeblich. *Sicher wird er heute heimkommen*, dachte meine Mutter am 27., aber er war nirgends zu sehen. Am 28. wurde dann mein kleiner Bruder geboren.

Meine Mutter hielt das Neugeborene in den Armen und wartete weiter auf meinen Vater. Doch nun beschlich sie eine düstere Vorahnung, die sie nicht mehr abschütteln konnte.

Die Nacht verging, und der nächste Morgen brach an. Als sie jemanden ans Tor klopfen hörte, dachte sie, es sei vielleicht mein Vater. Eilig stand sie auf und ging hinaus. Als sie das Tor öffnete, sah sie einen jungen Mann, nur mit Unterwäsche bekleidet, sein Gesicht mit Blut verkrustet und von oben bis unten voller Schmutz. Das war Chang-Soo Kim.

„Mein Gott! Ist das nicht Johns Freund, Chang-Soo?"

Mutter war überrascht, ihn hier zu sehen, und glaubte einen Augenblick lang, er bringe gute Nachricht von meinem Vater. Sie bat ihn herein und gab ihm saubere Kleidung.

„Frau Sohn, bitte gehen Sie schnell zur Mipyung-Obstplantage. Pastor Sohn, Pastor Sohn …" Er konnte nicht weitersprechen und brach in Tränen aus.

Nun war er den Märtyrertod gestorben! Das war ihr sofort klar. Doch sie nahm sich zusammen und fragte Chang-Soo: „Sag mir, was in der Obstplantage mit meinem Mann passiert ist."

„Ich weiß es nicht sicher, aber ich glaube, sie haben ihn ermordet."

„So hat Gott deinen Wunsch erfüllt, mein Liebster. Du wolltest doch immer für Christus sterben", murmelte sie. *Lieber Gott, ich danke dir! Ich danke dir von ganzem Herzen, dass er dir sein ganzes Leben lang dienen durfte. Und wie es immer der Wunsch meines lieben Mannes war, hast du ihm erlaubt, als Märtyrer zu sterben.* Die Tränen strömten ihr übers Gesicht.

Die schlimme Nachricht verbreitete sich in Windeseile im Leprazentrum. Einige junge Leute gingen zur Mipyung-Obstplantage, um meinen Vater heimzuholen. Bei ihrer Rückkehr säumten über 1 000 Gemeindeglieder den Weg nach Ae-Yang-Won und warteten auf den Leichnam meines Vaters.

Schon von weitem sahen sie, dass die jungen Männer jemanden auf einer Bahre trugen. Als sie näher kamen, erkannten sie, dass es tatsächlich der Leichnam meines Vaters war.

„Noch vor 16 Tagen war er am Leben. Es kann doch nicht sein, dass unser Pastor nun tot ist!“ Alle Leprakranken weinten und schlugen in ihrem Kummer mit den Fäusten auf den Boden. Ihre feste Überzeugung, dass er unversehrt heimkommen würde, verwandelte sich nun in großen Schmerz. Die Bahre mit dem Leichnam meines Vaters wurde auf dem Hof mitten im Leprazentrum abgestellt, genau an dem Platz, an dem man meine toten Brüder vor zwei Jahren aufgebahrt hatte. Als meine Mutter das Tuch hob, mit dem sein Körper bedeckt war, sah sie, dass sein Mund zerschmettert war und ihm alle Zähne ausgebrochen waren. Sanft schloss sie seine Augen.

„Mach dir keine Sorgen um Ae-Yang-Won“, sagte sie leise zu ihm. „Geh in Frieden ins Himmelreich ein.“ Dann betete sie leise: „Lieber Herr, du hast Josua vorbereitet, als du Mose, den Führer Israels, zu dir genommen hast. Nun hast du den Hirten von Ae-Yang-Won heimgeholt, und ich glaube, dass du uns wieder einen guten Hirten schenken wirst.“

So kam es, dass mein Vater diese traurige Welt im Alter von 48 Jahren verließ und als kalte Leiche in sein irdischen Zuhause zurückkehrte. Die Kranken klammerten sich an seinen Körper, weinten bitterlich und rieben ihre Wange an seine. Sie schlugen sich an die Brust und zerrissen ihre Kleider, und die Tränen strömten ihnen übers Gesicht.

Meine Mutter betete und weinte leise, während sie liebevoll das schlafende Gesicht meines Vaters betrachtete. Sein Körper war blutüberströmt. Ob er im Augenblick seines Todes gebetet hatte? Beide Handflächen waren von Kugeln durchschossen. Selbst an der Schulter hatte er eine große Geschosswunde. Nachdem man den Körper meines Vaters gewaschen und eingekleidet hatte, wurde er erst in ein Klassenzimmer gebracht und dann in einen Sarg gelegt.

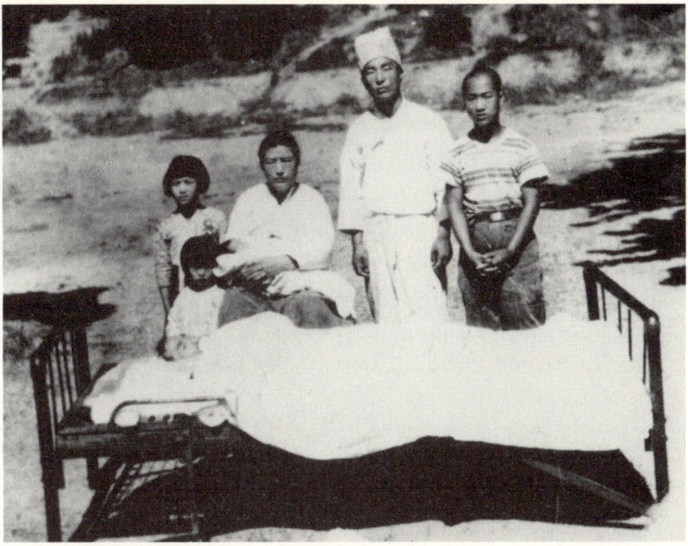

Meine Mutter neben meinem toten Vater, mit Chul-Min Kang (stehend, mit der weißen Mütze des trauernden ältesten Sohnes) und mehreren meiner Geschwister. Im Arm hält sie Dong-Kil.

Im Sarg wurde mein Vater drei Tage lang in unserem Haus aufgebahrt und dann in einem provisorischen Grab bestattet. Später wurde er nach einer weiteren Trauerfeier in seine endgültige Ruhestätte gelegt, direkt hinter den Gräbern von John und Matthew.

Es fällt mir schwer, mit Worten das kummervolle Bild zu beschreiben, als ungefähr 1 000 Leprakranke vor dem Leichnam meines Vaters standen und bitterlich weinten. In gleicher Weise hatten sie meine beiden Brüder betrauert.

Einer jedoch klagte und weinte mehr als alle anderen. Das

war Chul-Min, mein Bruder. „Vater … du hast mich gerettet. Warum musstest du vor mir sterben?“ Chul-Min umklammerte den toten Körper meines Vaters und weinte sich die Seele aus dem Leib. Er trug Sackleinen und tat alles, was der älteste Sohn tun sollte, bis die Beerdigung vorüber war.

Oh Himmel, schau herab! Oh Erde, hör auf das klagende Rauschen des Ozeans. Das Brausen der Wellen und das Klagen der Menschen klangen an diesem Tag bis zum Himmel und hallten in den fernen Bergen wider. Ich glaube, dass die Tränen, die wir an diesem Tag vergossen haben, für alle Zeit in diesem tiefen Ozean bleiben.

27. Unvergessen für alle Zeiten

Die Beerdigung fand am Freitag, dem 13. Oktober 1950, um neun Uhr morgens statt. Gemeinsam mit den 1 000 Gläubigen im Leprazentrum versammelten sich viele Gäste von nah und fern, um meinem Vater ein letztes Lebewohl zu sagen. Sie alle standen vor seinem Sarg, der nun wunderbar mit Blumen geschmückt war.

In der Namdae-Moon-Kirche in Seoul wurde am 29. Oktober um zwei Uhr nachmittags ein weiterer Gedenkgottesdienst gehalten. Frau Duk-Soon Hwang, bei der ich in Seoul gewohnt und die meinem Vater in seiner ersten Haft den Lebertran geschickt hatte, sang ein Solo, und ich sprach am Ende des Gottesdienstes.

An diesem Gottesdienst nahm ein Mann in den Fünfzigern teil, der verzweifelt schluchzte. Er hieß Sung-Ki Kim und hatte unter den Japanern im Gefängnis von Kwangju gearbeitet, als mein Vater dort inhaftiert war. Er hatte sich auf die Seite der Japaner geschlagen und so eine bessere Position erhalten. Mein Vater war damals auf alle mögliche Weise gefoltert worden, weil er sich nicht vor dem Schintoschrein verneigen wollte, und Herr Kim gab zu, einer der Folterknechte gewesen zu sein. An jedem Sonntag hatte sich mein Vater geweigert zu arbeiten und darauf bestanden, unter Fasten und Beten einen Gottesdienst zu halten. Herr Kim und andere hatten ihn angeschrien und gefoltert.

An einem sehr kalten Tag im Januar 1943 war mein Großvater, damals schon über 70, weit gefahren, um meinen Vater im Gefängnis zu besuchen. Herr Kim hatte dieses Treffen streng bewacht und ihnen nur ein paar Minuten des Zusammenseins gewährt. So hatten sie kaum genug Zeit gehabt, um sich über die Familie auszutauschen. Mein Großvater wurde gezwungen, in aller Eile den Raum zu verlassen, er wischte sich beim Abschied die Tränen aus den Augen. Herr Kim hatte die ganzen Jahre hindurch bedauert, dass er Vater und Sohn nicht mehr Zeit miteinander gelassen hatte. Er sagte, dass ihm immer das Bild meines Großvaters vor Augen gestanden habe, wie er mit tieftraurigem Gesicht gebeugt hinausging und seinen Sohn im Gefängnis zurücklassen musste.

Nach der Befreiung Koreas von den Japanern gab Herr Kim seine Stelle auf und wurde durch den Glauben seiner Frau schließlich zum Christentum bekehrt. Auch wenn er ein treuer Christ wurde, trug er doch immer eine große Schuldenlast mit sich herum, weil er meinen Vater so oft gequält hatte. Er hatte die Absicht gehabt, meinen Vater zu besuchen und ihn um Vergebung zu bitten, doch er schämte sich jedes Mal so sehr, dass er es nicht wagte, ihm unter die Augen zu treten. So verschob er seinen Besuch immer wieder, bis es schließlich zu spät war. Aus diesem Grund nahm er an dem Gedenkgottesdienst teil und vergoss bittere Tränen der Reue. Er fügte hinzu, dass selbst die japanischen Wachen in Kwangju später vom Verhalten meines Vaters bewegt gewesen waren und ausgerufen hatten: „Pastor Sohn ist wahrhaft ein Heiliger!“

Wie kann ich das Leben beschreiben, das mein Vater auf dieser Erde geführt hat? Vom menschlichen Standpunkt aus war es ein Leben voller Traurigkeit und Leiden.

Als Sohn eines armen Bauern hatte er kein Geld für eine Schulausbildung gehabt. So trug er am Tag Zeitungen und Milch aus und verkaufte Klöße, damit er die Abendschule besuchen konnte. Nach der Hochzeit mit meiner Mutter zog er ins Leprazentrum, um dort den Kranken zu dienen und ihre guten und schlechten Zeiten mit ihnen zu teilen. Weil er sich weigerte, am Schintokult teilzunehmen, kam er mit 38 Jahren ins Gefängnis. Fünfmal wurde er von einem Gefängnis in ein anderes überstellt und schließlich entlassen, als das Land von Japan unabhängig wurde.

Mein Vater hat uns nie erzählt, was er während der fünf Jahre Haft hat erleiden müssen. Das weiß allein der lebendige Gott. Hier kann ich nur berichten, was ich selbst erlebt oder von anderen gehört habe.

Im Glauben hat er den Tod seiner beiden geliebten Söhne überwunden. Und dann ist er selbst auf genau dieselbe Weise umgekommen. Wenn er dem Tod hätte entgehen wollen – er hätte viele Gelegenheiten dazu gehabt. Doch er hat sich aus freien Stücken für den Weg des Martyriums entschieden. Sein Leben war alles andere als glücklich. Leiden und Unglück folgten ihm auf allen seinen Wegen. Seine einzige Leidenschaft galt Gott, und es war sein größter Wunsch, allezeit seinem Wort zu gehorchen. Persönliches Glück war ihm nicht wichtig. Sein Leben war nur kurz und endete mit 48 Jahren. Seit er 38 war und von den Japanern inhaftiert wurde, bis zum Tod durch eine nordkoreanische Kugel, waren die letzten zehn Jahre seines alptraumartigen Lebens fast so schrecklich wie der Tod selbst.

Wenn ich darüber nachdenke, glaube ich, dass mein Vater vorausgesehen hat, dass Tod, Tränen, Leiden und Armut meine Familie wie ein Wirbelsturm mitreißen würden. Das geht deutlich aus einem Brief hervor, den er am 15. August 1934 an einen Freund schrieb:

„Nach der Auferstehung wird mein Fleisch und Blut im Himmel vor Freude singen, selbst wenn mein Körper hier in 1 000 Stücke gerissen wird. Warum sollte ich mich grämen? Selbst der Tod und die Hölle werden sich einmal ergeben müssen. Durch den Tod werden wir eine größere Wahrheit erkennen, die jenseits des Todes liegt, und durch unsere

Tränen werden wir Gottes große Liebe spüren, die sich in Tränen verbirgt.“

Als die Zeiten immer dunkler wurden und er immer mehr leiden musste, verwandelte er seine Not immer wieder in ein Lied. Am 26. August 1950 schrieb er in sein Tagebuch: „Betrachte die Armut wie eine geliebte Frau und das Leiden wie einen guten Lehrmeister.“ Diese Einstellung lebte er auch. Wenn er Widerständen begegnete, ließ er sich nie von ihnen überwältigen, sondern versuchte, Gottes Willen, seine Wahrheit und seine Liebe in ihnen zu erkennen. Selbst im täglichen Leben war es ihm einzig und allein wichtig, so zu leben, dass er Gott die Ehre gab, und einmal so zu sterben, dass er die Krone des Lebens erlangen würde.

Man sagt, dass man den Charakter eines Menschen an denen erkennt, mit denen er Umgang pflegt. Mein Vater war kein Freund der Mächtigen oder Reichen. Er war ein Freund der Leprakranken und liebte sie treu und von ganzem Herzen.

Die Leute fragen mich oft, wie mein Vater ausgesehen hat. Er sah nicht wie ein Pastor oder Heiliger aus. Er war klein und eher unscheinbar. Wenn er mit Kindern zusammen war, verhielt er sich wie ein Kind, wenn er bei den Leprakranken war, war er einer von ihnen, und zu uns war er wie ein Freund.

Er hatte ein Herz voller Liebe, war freundlich zu jedermann und konnte mit jedem Menschen umgehen. Doch wenn er auf der Kanzel stand, verwandelte er sich in einen wilden Löwen.

Viele Menschen sagen, dass Pastor Yang-Won Sohn ein Heiliger oder ein großer Märtyrer war, der nach dem Wort Gottes lebte und sein Leben opferte, um dieses Wort zu halten. Vielleicht wäre unsere Familie glücklicher gewesen, hätten wir einen ganz gewöhnlichen Vater gehabt. Statt „Kinder eines Märtyrers oder Heiligen“ genannt zu werden, hätten wir einen Vater gehabt, der bei uns lebte. Wären wir alle dann nicht viel glücklicher gewesen?

Erst Jahre nach seinem Tod gab ich meinen Groll gegen ihn auf. Vorher konnte ich mit meinem kleinen Verstand sein weites Herz nicht begreifen. Heute bin ich sehr stolz auf meinen Vater und habe große Achtung vor ihm. Ich bin so stolz vor Gott, weil mein Vater ihm bis zum Ende treu geblieben ist. Ich bin stolz auf ihn, weil mein Vater nicht nur Liebe predigte, sondern in seinem täglichen Leben wahre Liebe praktizierte. Auch wenn das Glück unserer Familie in Scherben brach, wurde sein Gehorsam gegen das Wort Gottes ein wertvoller Nährboden für die Weitergabe des Glaubens in unserem Volk. Ich bin stolz auf ihn vor allen Christen. Tertullian hat einmal gesagt, dass das Blut der Märtyrer der Samen der Kirche sei. Wie konnte die Kirche in Südkorea in den letzten Jahrzehnten so schnell wachsen? Heute bin ich davon überzeugt, dass der Märtyrertod meiner beiden Brüder und meines Vaters Gottes Willen entsprach. Er hat unserer Familie große Gnade erwiesen.

Vielleicht feiert mein Vater gerade jetzt seinen Geburtstag im Himmel. Am 6. August 1949 findet sich folgender Tagebucheintrag von ihm:

„Am letzten Tag einer Erweckungsversammlung gab mir eine ältere Dame ein Blatt Papier und sagte: ‚Pastor, bitte schreiben Sie mir Ihre Adresse und Ihren Geburtstag auf.‘ Ich dachte, sie wolle mir vielleicht ein Geburtstagsgeschenk schicken. So schrieb ich: ‚Meine Adresse ist die Brust unseres Herrn und mein Geburtstag ist der Tag meiner Wiedergeburt. Ich weiß nicht mehr, an welchem Tag ich mich bekehrt habe. Daher bin ich nur ein flüchtiger Gast auf Erden, und meinen Geburtstag werde ich an dem Tag feiern, an dem ich in den Himmel eingehe.‘“

Wer könnte sich gegen den souveränen Willen Gottes stellen? Doch eines bedauere ich heute noch: Einige Monate vor den Aufständen von Yeosoo und Soonchun hatte meine Familie die Gelegenheit, nach Pusan zu ziehen. Mein Vater hatte in einer Gemeinde in Pusan Erweckungsversammlungen gehalten, und danach bat ihn der Ältestenkreis, als Pastor in ihre Gemeinde zu kommen. Die Predigt meines Vaters hatte sie tief bewegt, und sie wollten ihn unbedingt als Gemeindeleiter gewinnen. Alles war vorbereitet, und man wartete nur noch auf seine Entscheidung.

Meine Familie, besonders wir Kinder, waren begeistert und freuten uns schon auf den Umzug. Ich wäre gern dorthin gezogen, weil die Gemeinde ein Klavier besaß. Auch meine Mutter wollte sehr gern in Pusan wohnen und begann schon, Kisten für den Umzug zu packen.

Doch als die Familien im Leprazentrum von der Sache erfuhren, kamen sie zu uns nach Hause und bestürmten uns Tag für Tag, dass keiner ihnen ihren Pastor wegnehmen solle. Besonders Dr. Wilson riet meinem Vater ernstlich davon ab, das Zentrum zu verlassen. So gab es ein regelrechtes Tauziehen zwischen Ae-Yang-Won und der Gemeinde in Pusan, und mein Vater fastete und betete eine Woche lang, um die richtige Entscheidung zu treffen. Schließlich teilte er uns mit, er sei davon überzeugt, dass dieser Umzug nicht Gottes Wille sei, und so packten wir die Kisten wieder aus.

Ich frage mich oft, was im anderen Fall geschehen wäre. Wären mein Vater und meine Brüder am Leben geblieben? In Pusan gab es keine so furchtbaren Aufstände wie in Yeosoo und Soonchun. Selbst im Koreakrieg blieb Pusan verschont. Mein Vater hätte sich nirgends verstecken müssen. Doch weil mein Vater in Ae-Yang-Won blieb, wurde er getötet. So hatte die Entscheidung, nicht nach Pusan zu ziehen, den Tod dreier Menschen zur Folge.

Ein Umzug ist etwas ganz Alltägliches. Wer hätte voraussehen können, dass ein Umzug über Leben und Tod entscheiden würde? Tod! Tod! Wer kann ihm entkommen? Man sagt, dass nicht einmal ein Sperling zu Boden fällt, wenn Gott es nicht zulässt. So war das Schicksal meines Vaters und meiner Brüder wohl bereits von ihrer Geburt an vorherbestimmt. Deshalb gebot Gott meinem Vater, im Leprazentrum zu bleiben, und er gehorchte dem Willen Gottes.

In einem Artikel schrieb mein Vater:

> Ich muss von Jesus abhängig werden.
> So wie der Alkoholiker von Alkohol lebt und daran stirbt,
> wie der Drogensüchtige von Drogen lebt und daran stirbt,
> so sollen wir von Jesus leben und für ihn sterben.
> Wenn wir unser ganzes Leben für Jesus leben,
> werden wir wie er auferstehen.
> Wir sind seine Diener.
> So lasst uns allein für unseren Herrn
> und nicht für uns selbst arbeiten.

Von einem solchen Glauben war mein Vater durchdrungen. Er war ganz und gar von Jesus abhängig und konnte nicht ohne ihn leben.

Doch bei mir war das anders: Nachdem ich zuerst meine geliebten Brüder und dann meinen Vater verloren hatte, begann ich, an Gott zu zweifeln. Vor diesen tragischen Ereignissen war der Glaube an Gott Ziel und Zweck meines Lebens gewesen. Aber nun begann ich mich immer stärker gegen ihn aufzulehnen. Ich warf Gott vor, dass er unserer Familie solche Tragödien zugemutet hatte, aber ich konnte ihn doch nicht völlig leugnen. Seit meiner Geburt hatten meine Eltern mich im Wort Gottes unterwiesen, und wir hatten als Familie danach gelebt, und so war es mir unmöglich, ganz davon abzufallen. Aber der Glaube wurde für mich zu einem harten Kampf.

Ich litt in jener Zeit unter schweren Schlafstörungen, Halluzinationen und Verfolgungswahn. Nachts hatte ich Wahnvorstellungen und bildete mir ein, ich würde am folgenden Tag ermordet werden. Jede Nacht hörte ich eine Stimme unter Tränen sagen: „Werde ich diese Nacht überleben? Werde ich das Licht des Morgens sehen?“ Diese Furcht, diese Unsicherheit vergiftete mir die Tage und jeden wachen Augenblick. Das Geräusch der Gewehrschüsse, die meine beiden Brüder und meinen Vater töteten, geht mir bis heute nicht aus dem Sinn und ich werde es wohl hören, bis ich sterbe.

Ich lebte in der beständigen Angst, dass von irgendwoher eine Kugel auf mich zufliegen würde, wenn ich auf die Straße ging. Ich war davon überzeugt, dass ich das nächste Opfer sein würde, und hatte das Gefühl, als hefte sich der Tod an meine Fersen, ja, als hätte das Sterben bereits begonnen. In jenen Tagen bestimmte ein einziges Wort alle meine Gedanken: „Tod“.

Ich lehnte Gott ab und wollte nichts mehr mit ihm zu tun haben. Doch auch wenn ich ihn vergaß, vergaß er mich doch nicht und liebte mich weiter. Als ich bitter und voller Groll gegen ihn war, schwieg er still. Doch als ich in völlige Verzweiflung fiel, kam er zu mir und tröstete mein verwundetes Herz.

Eines Tages zitierte mein Pastor in seiner Predigt ein Bibelwort, das mich zutiefst traf: „Du Narr! Noch in dieser Nacht wirst du sterben. Wer bekommt dann deinen ganzen Reichtum, den du angehäuft hast?“

Das stimmt, dachte ich. *Wenn ich mich weiterhin gegen*

Gott auflehne und sterbe und in die Hölle komme, wie werde ich dann meine beiden Brüder und meinen Vater wiedersehen können? Ich muss in den Himmel kommen, wenn ich ihnen begegnen will. So wie ich jetzt bin, kann ich nicht sterben. An diesem Tag sprach Gottes Stimme fast hörbar zu mir. Er versprach mir, dass er die, die ihn lieben und seine Gebote halten, über Tausende von Generationen segnen wird.

Ich spürte, wie mein Herz wieder froh wurde. Es war nichts Außergewöhnliches passiert, doch von diesem Tag an wurde ich Stück für Stück von meiner Todesfurcht befreit. Die Halluzinationen verschwanden, und der quälende Verfolgungswahn hörte auf. Heute, nach so vielen Jahren, erkenne ich, dass alles, was damals geschah, einem bestimmten Ziel in Gottes vollkommenen Plänen diente. Er hat mir die wichtige Aufgabe anvertraut, die Ereignisse jener Zeit zu bezeugen. Durch den Märtyrertod meiner Brüder und meines Vaters hat Gott meinem Volk gezeigt, wie wahrer Glaube aussieht. Und den heuchlerischen Pastoren, die Gott nur mit den Lippen bekennen, hat er ein Beispiel wahren Glaubens gegeben.

Kurz nach dem Tod meines Vaters zog ich aus Seoul fort und besuchte eine Highschool in Soonchun. Nach meinem Abschluss begann ich eine Ausbildung am Bible College in Seoul und wechselte im zweiten Jahr ans Bible College in Pusan. Am Ende des dritten Jahres brach ich die Ausbildung ab, unter anderem aus finanziellen Gründen.

In dieser Zeit organisierte Pastor Yong-Joon Ahn Sammlungen für die Familien von Märtyrern, und so erhielten auch wir finanzielle Unterstützung. Doch es reichte kaum für das Notwendigste zum Leben, und unsere Familie lebte in bitterer Armut.

Doch ich hatte Glück: Pastor Ahn stellte mich dem bekannten Pianisten und Missionar D. R. Malsbary vor, und von dieser Zeit an widmete ich mich ausschließlich dem Klavierstudium. Bei Malsbary Unterricht zu bekommen war, als würde man einen Stern vom Himmel holen. Als Matthew noch am Leben war, hatte er dafür gesorgt, dass ich bei einer Missionarin Klavierstunden bekam. Jetzt stürzte ich mich mit aller Kraft auf das Studium dieses Instruments, damit ich eine große Pianistin wurde, auf die mein Bruder stolz sein würde.

Meine Mutter blieb im Leprazentrum und bemühte sich mit großem Eifer, Geldmittel für die Sungam-Gemeinde für Leprakranke in unserem Dorf aufzutreiben. Mit einem Empfehlungsschreiben von Pastor Sang-Dong Han, der unter den Japanern ebenfalls im Gefängnis gewesen und schwer gefoltert worden war, reiste sie im ganzen Land umher. So konnte die Kirche aufgrund ihrer unermüdlichen Anstrengungen schließlich fertig gestellt werden. Meine Mutter wohnte in einem Haus mit zwei Zimmern, das ihr die Leprakranken mit eigener Hand gebaut hatten.

Meine jüngeren Geschwister lebten in Soonchun, um in der Nähe ihrer Schule zu sein. Pastor Hyun-Shik Suh, der zu Lebzeiten meines Vaters Hilfspastor im Leprazentrum gewesen war, übernahm nach seinem Tod die Leitung dieser Gemeinde.

Es würde wahrscheinlich ein weiteres Buch füllen, wollte ich die schwierigen Umstände beschreiben, in denen unsere Familie zu dieser Zeit lebte, aber einiges möchte ich doch kurz schildern. Als älteste Tochter hatte ich die Verantwortung für meine jüngeren Geschwister. Doch ich hatte Glück: Die Frau eines Pastors in Pusan stellte mich einer Diakonisse ihrer Gemeinde vor, die es mir ermöglichte, als Klavierlehrerin zu arbeiten. Sie hatte drei Klaviere in ihrem Haus. So konnte ich selbst üben und für meine Familie sorgen, da meine Schüler mich großzügig bezahlten.

Von dieser Zeit an begann ich, auch meinen jüngeren Geschwistern Klavierunterricht zu geben. Zuerst besaßen wir kein Klavier, und so zeichnete ich die Tasten auf ein Stück Papier und machte nur Fingerübungen mit ihnen. Doch als eine Mitarbeiterin der Gemeinde davon erfuhr, besorgte sie uns ein Klavier. Ihr ist es zu verdanken, dass wir drei Schwestern wirklich gut Klavier lernen konnten. Wir übten Tag und Nacht. Wir waren alle musikalisch, und ich glaube, dies war der größte Segen, den Gott uns zuteil werden ließ. Durch seine große Gnade erhielten wir Gelegenheit, Klavierunterricht zu bekommen, obwohl wir bitter arm waren.

Wir arbeiteten hart und wurden alle Pianistinnen. Dong-Rim machte einen Abschluss am College of Education in Pusan im Hauptfach Klavier und arbeitete als Kirchenpianistin in mehreren Gemeinden. Dong-Yun war die Beste von uns und machte im Fach Klavier eine Magisterprüfung an der Kyunghee-Universität. Danach unterrichtete sie am Woman's College in Pusan, an der Sejong-Universität und der Kyunghee-Universität. Ich habe viele Klavierkonzerte in Pusan gegeben und später viele Konzerte und Gesangssolisten begleitet. Heute bin ich über sechzig und begleite noch immer den Kirchenchor meiner Gemeinde in Pusan. Mir macht diese Arbeit viel Freude, und ich bin dankbar, dass ich den Herrn durch meine Musik verherrlichen und seiner Gemeinde dienen kann.

Mein jüngerer Bruder Dong-Jang, der mit mir im Waisenhaus gewesen war und der an dem Tag, als meine Brüder ermordet wurden, ganz allein von Soonchun nach Hause gelaufen war, litt später unter ähnlichen psychischen Folgeerscheinungen wie ich. Wie ich lehnte er sich gegen Gott auf und kam für lange Zeit weit vom Glauben weg. Doch auch er ist schließlich in Gottes Arme zurückgekehrt.

Unser jüngster Bruder Dong-Kil, der am Tag geboren

wurde, als mein Vater in den Himmel ging, machte einen Abschluss an einem Bible College und gründete die Sandol-Gemeinde in Sungnam. „Sandol" bedeutet „der lebendige Stein" und war das Pseudonym meines Vaters. Im Moment arbeitet Dong-Kil als Missionar auf den Philippinen.

Im Rückblick erkenne ich, dass Gott immer an unserer Seite stand, und ich bin ihm von Herzen dankbar. Auch in Zeiten voller Schwierigkeiten, Schmerzen und Verzweiflung war er uns nahe. Als wir nicht wussten, welchen Weg wir einschlagen sollten, hatte er den Weg schon für uns vorbereitet. So wie ein Samenkorn sterben muss, um 100- oder 1000-fach Frucht zu tragen, wurden meine Brüder und mein Vater als Samen geopfert, um große geistliche Frucht hervorzubringen und zahllose Seelen auf der Welt zu retten.

Gott hat seine Pläne mit meiner Familie zur Vollendung gebracht. Vielleicht ist das die Antwort auf die Gebete meines Großvaters, meiner Eltern, der Familien im Leprazentrum und meiner beiden Brüder. Auch wenn sie alle diese Welt verlassen haben, sind sie „ein Duft Christi" für die ganze Welt geworden, wie Paulus einmal schrieb.

Man sagt, es sei besser, kurz und gut, als lang und schlecht zu leben. Ein langes Leben ist nicht immer auch ein glückliches. Ich glaube, dass es nicht auf die Quantität, sondern auf die Qualität des Lebens ankommt. Auch wenn meine Brüder und mein Vater allzu früh von uns gegangen sind, werden sie für alle Zeiten unvergessen bleiben, auch wenn ich oder spätere Generationen längst nicht mehr auf dieser Welt leben.

Der Pastor und Dichter Hoon Ko schrieb ein Gedicht zur Erinnerung an meinen Vater, das am Schluss dieses Buches stehen soll:

Ein Mann, den die Welt nicht verdient hat

Als heute dein Name genannt wurde, fühlten wir uns beschämt,
und er wurde uns zur Last.
Verstoßene Leprakranke, schmutziges Blut und Eiter:
Als du ihre Wunden mit dem eigenen Mund aussaugtest,
warst du ein Mann, den die Welt nicht verdient hat.

Deine beiden Söhne Matthew und John:
am Tag, da sie als Märtyrer ihr Blutopfer brachten,
hast du Gott unter Tränen gedankt und gesagt:
Ist schon der Märtyrertod eines Sohnes köstlich,
wie viel mehr der Tod zweier Söhne?
Du warst ein Mann, den die Welt nicht verdient hat.

Der Mörder, den wir nur mit Grausen betrachteten:
am Tag, als du den Mörder deiner beiden Söhne
als eigenen Sohn adoptiert hast,
explodierte eine Atombombe der Liebe,
und das Kreuz Christi stand hoch aufgerichtet in unserem Land.
Voller Freude blicktest du in den Himmel.
Du warst ein Mann, den die Welt nicht verdient hat.

Heute, auf dem Hügel von Ae-Yang-Won hoch über dem Ozean,
wurdest auch du als Märtyrer an die Seite deiner Söhne gelegt.
Du warst ein Mann, den die Welt nicht verdient hat.
Als heute dein Name genannt wurde, fühlten wir uns beschämt,
und er wurde uns zur Last.

Wichtige Stationen im Leben meines Vaters

3. Juni 1902	geboren in Haman in der Provinz Kyung-nam, Korea
3. Juni 1925	Beginn der Ausbildung auf der Bibelschule in Kyungnam
5. April 1935	Beginn des Theologiestudiums am Theologischen Seminar in Pjöngjang
14. Juli 1939	Bibellehrer (Evangelist) im Leprazentrum Ae-Yang-Won auf der Insel Dong-Do in Korea (heute Südkorea)
25. Sept. 1940	Verhaftung unter japanischer Herrschaft wegen seiner Weigerung, am Schintokult teilzunehmen. Nach Verbüßung der Strafe neues Urteil: lebenslänglich. Gefängnis-aufenthalte in Kwanju, Kyungsung und Cheongju
17. Aug. 1945	Entlassung aus der Haft nach dem Ende der japanischen Kolonialherrschaft über Korea
März 1946	Ordination zum Pastor durch die „South Kyungsang Provincial Mission“ in Masan
Sept. 1946	Leiter des Koreanischen Theologischen Seminars in Pusan
21. Okt. 1948	Seine Söhne Matthew und John werden während der Yeosoon-Soonchun-Massaker wegen ihres Glaubens von aufständischen kommunistischen Schülern ermordet
28. Sept. 1950	Während des Koreakriegs als christliche Führungspersönlichkeit von koreanischen Kommunisten erschossen

27. April 1993 Die Gedenkstätte für meinen Vater in Ae-Yang-Won wird eingeweiht und seitdem jährlich von mehr als 40 000 Pilgern besucht

Soon Ok Lee

Lasst mich eure Stimme sein

Sechs Jahre in Nordkoreas Arbeitslagern

192 S., Taschenbuch
ISBN 3-7655-3848-5

Flucht aus der Hölle – Bericht einer Überlebenden

Sie glaubte der Propaganda und war eine bedingungslose Anhängerin von Kim Il Sung. Sie hatte eine gute Position in der Partei und teilte der Elite des Landes die begehrten Importgüter aus dem Ausland zu. Dann gerät sie durch eine Intrige in einen Machtkampf zwischen Partei und Sicherheitsapparat. Trotz ihrer Treue zur Partei wird Soon Ok Lee zu 13 Jahren Arbeitslager verurteilt und erträgt dort unvorstellbare Leiden. Christen werden am brutalsten behandelt und teilweise vor ihren Augen zu Tode gefoltert. Nach 6 Jahren überraschend entlassen, gelingt ihr die Flucht von Nord- nach Südkorea, wo sie selbst Christin wird.

BRUNNEN VERLAG GIESSEN
www.brunnen-verlag.de

Bruder Yun, Paul Hattaway

Heavenly Man

Die atemberaubende Geschichte von Bruder Yun

384 S., Taschenbuch
ISBN 3-7655-3788-8

Von der Polizei nach Namen und Wohnort gefragt, will er beides nicht preisgeben, um die Christen in seiner Hauskirche und in seinem Heimatland China nicht zu gefährden. Er antwortet: „Ich bin ein Mann des Himmels. Ich wohne im Evangeliumsdorf." So kommt Bruder Yun zu seinem Spitznamen „Heavenly Man".

Ein Leben wie im Abenteuerroman. Oder besser: wie eine neue Version der Apostelgeschichte. Mit 16 zum Glauben gekommen. Erhält von Gott Aufträge, auch in Träumen und Visionen. Mehrfach verhaftet, aber auf wundersame Weise entkommen. Schließlich doch Gefängnis und schwerste Folterungen.

Doch er bleibt ein Zeuge Gottes. In riesigen Wellen verbreitet sich der Glaube in China.